教育部普通高校中华优秀传统文化
（东北师范大学五行通背拳）传承基地研究项目

吉林省非物质文化遗产（五行通背拳）传习所研究项目

东北师范大学东北民族传统体育研究中心研究项目

东北师范大学哲学社会科学优秀学术著作出版资助项目

文化性确证

中国武术教育的历史演进与现代转型

关 博 / 著

中国社会科学出版社

图书在版编目（CIP）数据

文化性确证：中国武术教育的历史演进与现代转型 / 关博著. —北京：中国社会科学出版社，2020.5
ISBN 978-7-5203-6208-5

Ⅰ.①文⋯ Ⅱ.①关⋯ Ⅲ.①武术—体育教育—研究—中国 Ⅳ.①G852-4

中国版本图书馆 CIP 数据核字（2020）第 054995 号

出 版 人	赵剑英
责任编辑	刘　芳
责任校对	石春梅
责任印制	李寡寡

出　　版	中国社会科学出版社
社　　址	北京鼓楼西大街甲 158 号
邮　　编	100720
网　　址	http://www.csspw.cn
发 行 部	010-84083685
门 市 部	010-84029450
经　　销	新华书店及其他书店
印　　刷	北京君升印刷有限公司
装　　订	廊坊市广阳区广增装订厂
版　　次	2020 年 5 月第 1 版
印　　次	2020 年 5 月第 1 次印刷
开　　本	710×1000　1/16
印　　张	14.5
字　　数	202 千字
定　　价	78.00 元

凡购买中国社会科学出版社图书，如有质量问题请与本社营销中心联系调换
电话：010-84083683
版权所有　侵权必究

目　录

导论 …………………………………………………………（1）
 一　研究缘起 ……………………………………………（1）
 二　研究意义 ……………………………………………（10）
 三　研究主题、思路与方法 ……………………………（12）
 四　研究现状 ……………………………………………（15）

第一章　武术教育文化性的理论诠释 ……………………（23）
 一　武术教育文化性的概念与内涵 ……………………（24）
 二　武术教育文化性的主要表征 ………………………（44）
 三　武术教育文化性的思想根基 ………………………（62）

第二章　武术教育文化性的价值意蕴 ……………………（84）
 一　传统武术教育文化性理论研究的时代回应 ………（85）
 二　以"武"育"人"：武术教育的本体价值 …………（93）
 三　至"武"即"文"：武术教育的发展价值 …………（98）
 四　借"武"塑"魂"：武术教育的文化担当 …………（104）

第三章　武术教育文化性的历史溯源 ……………………（116）
 一　"术"与"道"：武术教育文化的萌发 ……………（117）
 二　发展与异化：武术教育文化的历时考察 …………（118）

三　武术教育文化要素的流变：横向的剖析……………（130）
　　四　武术教育文化性发展的历史启示…………………（135）

第四章　文化性缺失：武术教育异化的表征与原因………（140）
　　一　武术教育文化性异化的表现…………………………（140）
　　二　武术教育文化性异化的归因…………………………（146）

**第五章　本土之承与他山之石：武术教育文化性的
　　　　　理性建构**…………………………………………（165）
　　一　武术教育文化性建构的核心原则……………………（165）
　　二　武术教育文化性建构的本土之承……………………（171）
　　三　武术教育文化性建构的他者之鉴
　　　　——基于仪礼的视角…………………………………（176）
　　四　武术教育文化性建构的具体理路……………………（184）

结语……………………………………………………………（206）

参考文献………………………………………………………（208）

导　　论

一　研究缘起

近代以来，纵观中国近现代体育的发展轨迹可以看出，中国体育事业经历了"三次冲击"。这三次冲击分别表现为引进西方体操后的第一次冲击、照搬苏联模式后的第二次冲击和以奥运金牌为指挥棒的第三次冲击。这些过度急功近利的发展目标使得近年来的中国现代体育步入了一条畸形的发展道路。因为在这种价值观的引导之下，中国体育的发展道路步入了"全面引进"或者"照搬国外"的物质体育模式。虽说对中国体育的发展在一定程度上和一定时期内起到了不可磨灭的促进作用，也使中国体育在短时间内缩小了与体育大国之间的差距，但纵观中国体育的发展历史和现实情况，我国现在所开展的体育项目中，真正符合中华民族文化特点的体育项目正如日中天。世界许多国家已不仅仅满足于在国际体坛夺取奖牌，而是不断发掘自己的传统体育，把代表本民族文化的运动项目弘扬于世，从而掀起了体育的"新文化运动"热潮，形成了"人文奥运"的概念。

当今时代，国家与国家之间的体育竞争正在变得日趋激烈。除了在竞技体育舞台上争金夺银之外，将代表着本国民族文化的体育项目向世界予以推广正在成为一种潮流，而这也恰恰符合了"人文奥运"的发展理念。中国体育在实现现代化进程的同时，也要在现代体育（国外体育）和传统（本民族）体育之间寻找一种新的平衡，应在全面融入国际体育这个大家庭的同时，注意自身优秀民族传统体育的开发与整理，全面推动本民族优秀的传统体育项目的兴起和繁荣，由现在的"物质体育/竞技体育"向"文化体育/人文体育"过渡，突出共性与个性的有机结合，实现民族性与世界性的融合。

中国传统体育具有极其深厚的内涵。作为中国传统文化的优秀代表，武术以其内外兼修、术道并重的鲜明特色传承至今。武术自原始社会诞生以来，集技击之大成，摄养生之精华，形成了具有鲜明特色的文化体系。作为一项诞生在中国传统文化土壤之上的民族传统文化的优秀成果，武术蕴含着中国朴素哲学思想的精髓，并最终形成了结构复杂、内容丰富的系统理论体系。在广博的武术文化体系中，武术技术体系属于外显层，是看得见和摸得着的中国传统文化的外在表现形式。武术的本质、理论基础等则是武术文化的深层内涵，是内隐之"道"。二者互为表里，相得益彰，共同构成了"武术"的完整文化性。

文明的传承、更新与创造，需要教育这一文化实践的参与。无论是以"术"为表征的武术技术，还是以"道"为表征的武术文化，都依赖于武术教育的传播、交流与升华。然而，通过观察包括体育在内的教育不难发现，由于近年来对升学考试的过度功利主义追求，不可避免的带来了学生发展的诸多问题。如身体素质严重下降，很多青少年长期处于亚健康的状态；自我中心倾向严重，团结合作意识较弱，民族精神与爱国情怀不断被淡化等。青少年是国家民族的未来，因此改革当今学校教育、加强身体锻炼与体育教育已经刻不容缓。作为一项外可强身健体、内可修身养性的优秀民族传统体育项目，推进武术进入校园体育课堂，通过"武术"来"育人"，以此丰富青少年的人格培养途径，是具有非常重要的现实意义的。

下面将推进武术教育的必要性,总结为以下几点。

(一) 民族传统文化发展之需

中国传统武术是以儒家思想为核心,同时融会道家、佛家、美学、兵法、医学等思想,是一个博大精深的武术文化体系,它构成了传统文化的不可或缺部分。中国共产党的十八大会议以来,习近平总书记多次在中央领导会议上提出复兴中华民族传统文化,赋予传统文化以新的时代内涵这一重要思想。作为一个国家、民族的重要象征,文化产业的繁荣昌盛也代表着一个国家的兴盛。几千年来,中华民族创造了源远流长的中华传统文化,加快推进传统文化在当代社会的复兴,也可以更好地促进社会主义文化事业的大发展、大繁荣。

"伴随着全球化进程,西方体育文化正在对我国本土体育文化形成强烈的冲击,西方的一些体育项目也成为我国青少年群体竞相追逐的时尚运动。这使我国本土体育项目逐渐呈现边缘化倾向,进而导致民族文化的传承在教育中失去主体地位。在这样的背景下,在教育中融入中华民族的精神和文化,已经成为当代教育的理性诉求,武术是在中国这块特有的土地和文化的酝酿下形成发展起来的,武术本身就是中华文化的重要组成部分。作为一项从远古走来的民族传统体育项目,武术中蕴含着华夏文明所特有的文化体系和思维方式。武术教育的本身就是传统文化的传承过程,因此我们今天要推广和发展武术教育,就需要探讨和研究武术教育的文化性问题。"①

(二) 新时期国民性塑造之思

一个国家的国民性塑造,需要借助武术教育文化的滋养。党的十一届三中全会以来,随着社会经济结构的快速转型,以及经济全球化的影响,人们逐渐接受了更多的西方文化,这些西方现代文化

---

① 关博:《武术教育的文化性探析》,《体育与科学》2014 年第 3 期。

在展现精神文明多元化的同时，也通过娱乐、音乐、电影、健身、竞技等途径，把西方世界的思维模式、价值观、人生观、世界观，潜移默化地灌输到当代中国青少年的思想中。值得警醒的是，大量西方文化的冲击，使得中华传统文化的影响力不断弱化，在社会上出现很多国民精神缺失的现象。比如爱国情怀的缺乏，民族精神的缺失，尤其导致了青少年群体的自我认知和社会认知偏差或片面化，这需要引起足够的重视和及时加以解决。而探索中华传统文化教育的途径，塑造健康正直，积极向上的国民性格，是解决这一问题的关键。

中华民族传统文化的现代教育，可以与武术教育相结合的方式进行入手。利用武术教学中的文化属性及其独有的"武道"① 教育可以影响学生的思维观念，进而对社会和个人产生有益的影响。

作为塑造我们精神文明生活的重要组成部分，武术以其独有的文化性和教育内涵传承至今。作为一项中华民族具有悠久历史的传统文化项目，急需保护和继承。随着21世纪中国的迅速崛起，中国武术传统文化逐渐受到重视，并且不断壮大，它所内含的深邃文化对教育的意义也在当前社会迸发出夺目的光辉。因此，应意识到学校武术教育是传承武术文化、提升社会国民精神、强化民族意识、增强爱国情怀、丰富青少年自我认知的重要途径和有效方式。重视武术的文化传承性，潜心研究武术传统文化的普及，贯穿配合武术礼仪，品质的引导，最终创造良性的武术教育环境，是目前武术教育的一个方向。当武术文化教育不断普及壮大，当中国武德成为真正能代表中国人民身份的文化标志性符号，中国国民精神，民族精神也会随之巩固强化，从而能够自信开放地屹立于世界多元文化之列。

---

① 武道即武术之"道"，是与"技"相对应的思想文化体系。其中，"武德"是"武道"之精神灵魂，是习武之人的绝对信仰和毕生追求，也是约束，梳理习武之人思考行事的准绳。武德是中华传统文化的重要组成部分，通过千百年的传承、积累、升华，它已经与中华民族融为一体，对于弘扬中国文化，培养强烈的民族自豪感，维护民族尊严，激发爱国情怀，塑造国民精神等方面都发挥着巨大的作用。

（三）武术教育价值平衡之求

武术教育不仅要注重武之"术"，还要重视武之"道"。以武术之道统领武术之术要求我们研究武术内蕴的文化性。作为一项孕育在中华民族传统文化土壤之上的传统体育项目，武术的衍生与发展可以说与传统儒家思想有着千丝万缕的联系。发展至今，可以说武术早已脱离了简单身体练习的层面，已经上升成为一种文化。自武术产生以来，对于武术的认识①可谓多种多样。在这些概念之中，从最早的"武艺"到后来的"技击""技勇""功夫"，抑或民国时期的"国术"。不难发现，作为"武"之"术技"，武术似乎一直没有脱离开与"术"字之间的关联，通过对"术"一字进行分析，我们可以得知：武术之术可以分为人造之术②和自然之术③。但是，"武"本身就蕴含着深厚的哲学与文化观，习武并非单纯地是习"技"，很多武术家究其一生所学所创，便是为了体悟与把握这个神圣的"道"字。在这一点上，便体现出了武术练习者所一直强调的"术道并重"这一理论基础。

以日本的国技柔道为例。究其本源，其实最早源自于中国明末时期的"捕人之本"④。作为一项在国际社会上传播最广的日本武

---

① "武术"作为一个名词，史料中最早见于南朝刘宋颜延年的《皇太子释奠会作》四言诗，其曰："偃闭武术，阐扬文令。"考此八字，源出《尚书·武成》篇中的"偃武修文"，简单说，亦即"停止武事，振兴文教"之意。作为一个属于体育文化范畴、并包含多种价值功能的"武术"，目前所见文献则始于清晚期。近代的《中国武术教程》则说：武术是以攻防技击为主要技术内容，以套路演练和搏斗对抗为运动形式，注重内外兼修的中国传统体育项目；2009年7月国家体育总局武术运动管理中心召集国内有关学者经过反复讨论、推敲后所作出的武术概念定义是：武术是以中华文化为理论基础，以技击方法为基本内容，以套路、格斗、功法为主要运动形式的传统体育。
② 人造之术即为练习者之间用于传授与交流的方式，也就是传统流传下来的一种拳术。
③ 自然之术则为习武者根据多年体悟的武术之道，在武术实践中具体落实的表现形式。
④ 空手道、日本剑道的雏形都可以说与中国武术有着密不可分的关系。这一点也体现出了武术作为一种文化的重大影响力。

技。"柔道"一词最早也称为"柔术"。其由"术"向"道"的更名，源于1882年嘉纳治五郎在东京下谷永昌寺创立的讲真馆柔道，道馆成立后对日本全国武术界进行称谓上的统一。随着技术体系与理论体系的进一步规范统一，柔道这项日本民族传统项目的理论技术也更加趋于完善。柔道逐渐进入日本中小学成为必修科目，进而走向世界，并成为1964年东京奥运会的正式比赛项目。通过对柔道这一项日本国技由日本向国际以及由"术"至"道"的发展轨迹进行分析，可以得知：柔道这一项目在最初的柔术发展阶段所体现出来的"借力打力、引进落空"这一技术特点，也恰恰与我国太极拳所强调的口诀要领不谋而合。然而，仅仅强调技术层面则是远远不够的，因为在这样一套"永不以力抗敌，完全靠他自己的力量打倒自己"（小泉八云）的思想背后，蕴藏的是深厚以及奇妙的东方思想。也正因为如此，使得柔道远超于防御科学之上，从而表现出了民族的文化性与哲学方法论。这也使得柔道这一项目得以由"术"发展为"道"，在引起日本国民重视的同时，不但得到了很好的保护，也增强了整个民族的文化向心力与自信心。

同样是以术道并重并且风靡全球的例子，便是为世人熟知的跆拳道。作为世界范围内传播较广的一项格斗运动，跆拳道的推广充分借鉴了日本武道的发展模式。本质上来说，跆拳道这一韩国国技与中国武术以及日本武道均有着诸多相似之处。然而，通过对服装、礼仪、精神进行统一规范，跆拳道也将其国家的民族统一精神融入项目之中。因此，通过练习跆拳道这一项目，在掌握一项防身强体方法的同时，亦能树立一种为国家、民族、正义而献身的精神追求。这也正是跆拳道由"术"入"道"这一发展主线的精髓，同时也体现出了在一个国家之中，传统体育项目的发展不能仅仅停留在"术"的层面，也需要重视处于上位哲学文化观与方法论的"道"。

通过对以上两个案例的分析，我们不难发现：作为一项与中国武术有着诸多相似点甚至可以说源于中国武术的日本武道以及韩国跆拳道，不论在其国内或是在国际社会之上，都通过"术"与"道"的结合，或者以由"术"入"道"的推广模式，取得了项目发展的巨大成功。然而近年来，作为中华民族传承千年的武术文化却在近年来走上了"体育化武术"或者"中国式体操"的发展误区。不可否认，这与近年来我国竞技体育举国体制以及"金牌效应"的整体环境有一定关系。在这种大环境的影响之下，将原本门派繁多的中国武术统一动作、规范标准的确可以为武术的教育以及推广做出有力贡献。然而，过度重视技术内容的教学则忽略了武术文化中关于精神、礼义、道德方面的约束与教育，这也恰恰就是我们一直强调"术道并重"的武之"道"的层面。因此，笔者认为，在武术教育的平衡过程中，不仅应重视武之"术"，还要重视武之"道"，将武术的"文化"教育与"技术"教学提到同等高度。唯有这样，方可更好的传承弘扬武术文化。

（四）研究者的教育责任之期

本人最终选择这个题目也是基于自己的工作需要和自己的研究兴趣。本人在大学从事体育科目中的武术工作，又从小师从父亲习练传统武术，对武术及其对人的发展的影响有着天然的兴趣。在大力倡导弘扬传统民族文化的当下，如何更好地去传承武术这一优秀传统文化，不仅是理论界研究的热点问题，也是一名高校武术课教师的责任和使命。

在中华人民共和国成立以后，为更好地促进武术事业的传承发展，国家体委[①]将武术这一国粹以一项现代体育学科的模式进行发展。这也使农耕社会时期建立在模拟血缘关系之上的武术传承制度

---

① 国家体委（全称为中华人民共和国体育运动委员会）于1952年成立。当年11月15日，中央人民政府委员会第19次会议决定成立中央人民政府体育运动委员会，任命贺龙为主任，蔡廷锴为副主任，荣高棠为秘书长，黄中为副秘书长，负责领导、协调、监督全国的体育工作。1954年，在第一届全国人民代表大会第一次会议上，政务院改称国务院，中央人民政府体育运动委员会（简称中央体委）改为中华人民共和国体育运动委员会（简称国家体委）。

在今天演化为一种建立在契约关系之上的课程制教学模式。这种学校课程制传承模式的出现一方面是因为武术在古代杀敌保身、维持生计这一方面的功能正在逐渐被淡化;另一方面也与近年来受西方竞技体育思想而创编的竞技武术这一新兴项目息息相关,传统武术在被规定了统一的量化标准以后便出现了以"打、练分离"为主要表现形式的武术散打和武术套路,人们练习武术的初衷也由古代社会的战场保身杀敌、平日维持生计这一目的转化为健身健体,娱乐身心。此外,正如习近平总书记所言"少年强则国强",将武术这一项目推广入校园之中,使更多的适龄青少年学生得以更加直观地接触到武术,势必会为武术这一国粹更好地向国人推广起到不可言喻的作用。

随着原国家体委将武术开始作为一种专业学科的方式进入校园,武术的发展走向了更加科学化的轨道,并逐步确定了武术专业"教学——训练——竞赛"这种一体化的人才培养体系。以中国武术为骨干,涵盖中华民族民间体育和传统养生体育的民族传统体育学这一学科正式成立,为我国培养从本科学历一直到博士学历的武术科研人才作出巨大贡献。在设立了民族传统体育学这一学科专业之后,除了编写专业课程校本,又编著并出版了一系列的武术专业教材。从而实现了校园武术人才培养的标准化与规模化,实现了武术与现代教育制度之间的完美融合,使得武术项目在现代社会得到空前发展。

然而,任何一件事情都有其双面性。将武术作为一项现代体育项目推广进入校园之中虽然对武术的发展有着极为重要的意义,但是过度重视技术内容教学则使得传统武术文化所一直强调的术道并重被忽视。在传统师徒制传承中,各门派武术因为其拳种风格的不同故而形成了拳种林立,百家争鸣的局面。然而,在推进武术教学进入校园以后,传统师徒制一对一或者一对几的教学方式也在悄然发生着变化。以规范统一的教学内容进行教学,虽然方便进行统一教学、提高教学效率,以及对动作标准进行统一的量化评判,却在另外一个方面抑制了学生个性特长的发展,造成整个班级后期"千人一面"的培养结果。从而使丰富多彩的传统武术逐渐趋于消亡,进而失去特色。同时,这种一对多的教学方式由于标准过度统一化,容易忽视对有天资学生的单独培养,失去武术传承过程中的高水平人才。

此外,传统武术文化是建立在古代哲学基础之上,融合儒家、道家、佛家、阴阳五行等学说发展起来的一项民族传统精华,弟子在向师父取经学艺的过程中除了学习武艺之外,需要对传统武术蕴含的哲学、中医学、兵法等思想进行长时间的感悟以及熏陶才能体会到其中本质,而这种文化氛围并不是有形的,它是需要长时间的"熏""耗"以及"悟"才能得以提高,所谓"十年不出门"就是对这一过程的形象阐释。对比现代课程制的武术教学,因其是在西方现代体育思想基础之上建立的,所以其强调的是技术层面以及动作规格上面的讲解。虽然具备简洁易懂的特点,却缺乏了传统武术教学中对精神文化以及德育方面的培养。

总的来说,这样两种传承(教学)体制,可谓各有利弊,我们可以认为一对多的校园武术教学模式增加了武术人口,拓宽了武术练习者的受众面;而传统师徒传承教学模式则因其一对一的精英制教学特点,尽可能地为武术练习者的学艺精纯创造了有利条件。在继续坚持以课程制教学为主弘扬、宣传武术的同时,学校武术选课应多样化,不应局限于竞技武术,否则会使丰富多彩的传统武术走向没落。

同时,在国家大力提倡社会主义文化大发展大繁荣的社会环境之下。这样两种传承体制也不应该相互抵制。脱离了国家的支持,传统武术的路子只会越走越窄,最终走向消亡。对学校学生予以大规模规范性教学的同时,要保证传统武术教学老师的教学水平;传统武术教学老师应多向专业的民间门派传承人进行学习,进而提高自身水平,更好的面向学校进行普及性教学。同时,校内对少数品学兼优的弟子予以武德及传统武术观念教育,从而更好地将武术文化这一国粹在当代社会更好的传承下去，这也是本人作此研究的初衷和期盼。

二 研究意义

维系一个民族魂魄的是这个民族的传统文化。同样，继承和发展一个民族的传统文化也可以有效的促进民族精神的塑造。在全球化进程的不断发展过程之中，武术以其蕴含的民族精神和文化特征，可以在长期以来受西方经济、文化思想影响的科学教育内容中，有效地为我国民族文化的传播占据一席之地。

（一）理论意义

扎根于中国传统文化土壤之中的武术，是中国传统道德教育、身体教育、哲理教育广泛内涵的最佳载体。选择武术来传承和培育民族精神，延续民族文化，对当代中国学校教育中"西化"的矫正，毋庸置疑是具有其独特作用的。有国术之称的中国武术，源远流长，作为一项"道"与"术"兼备的体育运动，在几千年的发展过程中，中国武术已不仅仅是一项体育运动，而且它也代表着中国传统文化。

武术的文化性是其灵魂所在，也正是因为武术在数千年的发展过程中蕴含了儒家的中庸思想、道家的天人合一学说以及释家的禅定参悟等诸多理论，使中国武术形成了一个除具有身体锻炼功能之外，又独具中国传统文化风格和特点的文化体系。因此，武术也被不少学者定义为"属于体育但高于体育"。近年来，受到强势的西方文化冲击，武术被作为一项体育项目来进行发展。然而，作为中国传统文化的载体，仅仅将武术的发展停留在技术层面上的发展，显然是远远不够的。因此，将武术的文化内涵与民族特色推向世界，必然少不了对武术教育过程中的文化传承机制与内容进行研究。

本书试图阐述具有我国鲜明传统文化特色的体育项目，揭示武术本身的教育与文化内涵，探索武术的文化价值和教育价值，为武术在我国当前教育系统中如何更好地发挥作用提供实例借鉴或理论参考。

（二）实践价值

2004年4月3日，中宣部和教育部从文化战略的高度，联合颁发了《中小学开展弘扬和培育民族精神实施纲要》指出，"体育课应适量增加中国武术等内容"。2004年5月10日，中共中央在北京召开全国加强和改进未成年人思想道德建设工作会议，胡锦涛总书记发表了重要讲话，指出：加强和改进未成年人思想道德建设，是推动党和国家事业不断发展的必然要求，是提高全民素质、促进人的全面发展的必然要求，是增强我国发展后劲和国际竞争力的必然要求，是坚持立党为公、执政为民的必然要求。党的十六大报告中，也明确提出："必须把弘扬和培育民族精神作为文化建设极为重要的任务。"2011年10月，在北京召开了党的十七届六中全会，审议通过了《中共中央关于深化文化体制改革、推动社会主义文化大发展大繁荣若干重大问题的决定》，2017年1月25日，中共中央办公厅、国务院办公厅颁布了《关于实施中华优秀传统文化传承发展工程的意见》再一次充分体现了我们党在我国传统文化上的高度重视和政治上的远见卓识。子彬在其所撰写的《国家的选择与安全》一书中曾提道："在当代国际社会竞争中，文化已成为衡量一个民族、国家综合实力的一杆重要标尺，保持与弘扬传统文化的民族性与继承性，对维护国家安全具有独到的、不可替代的作用。"

在遭遇西方现代体育文化强烈冲击的背景之下，将深蕴中国传统文化精华的武术项目推广进入学校，不仅可以有效地保护和传承武术这一重要的非物质文化遗产，也可以针对西方国家对我国实行的"分化、西化"图谋进行有力回击。在青少年学生群体思想及价值观日益受西方文化影响的背景之下，我们从文化战略的高度处理这一问题，通过武术入校进而加强青少年群体对于民族文化的认同感、弘扬民族精神、促进民族文化的传承都有着非常积极的意义。

作为我国优秀的民族文化遗产，武术是弘扬民族传统文化与传承民族精神的优秀代表。自古以来，习武之人便以保家卫国、除暴安良、行侠仗义的正义形象作为其理想追求。在国际化的文化交流浪潮中，许多武者也以实际行动映射出了中国武术追求自尊、自强、自豪的文化意识。在青少年学生身体素质连续下滑的今天，中国武术因其兼具"道"与"术"的二元属性，可以通过使人在习练武术提高身体素质的同时，也可以感受博大精深的传统文化，进而培养青少年的爱国情怀与民族精神。故推广武术进入校园对体育、武术教育的发展以及对青少年意志品质、人格健全方面，都有着非常重要的理论意义和现实意义。

特别需要指出的是，坚持"和而不同"的中华精神，成为自觉构建我国文化安全屏障的一块重要基石。笔者通过研究武术教育的文化性，并探讨武术的文化价值和教育价值，以全球化趋势下的国家文化安全为视角，基于中华武术教育的文化意义、历史走向等几个层面予以剖析，旨在呼唤当代武术的发展应在全球化的汹涌浪潮中增强其文化创造力与竞争力。

三　研究主题、思路与方法

（一）研究主题

本书的主要问题有三个，其一，对中国传统武术教育文化性的内涵进行解析，精炼概括武术教育文化性的外在表征；其二，阐述中国传统武术文化性的教育价值；其三，针对中国传统武术教育文化性的缺失表象，提出文化性重构的具体理路。

（二）研究思路

武术教育的文化性研究，是一个宏观的、综合的课题。要对这一问题进行研究，首先要明确武术教育文化性的内涵及武术教育文化性的主要表征。其次，以文化学、历史学和教育学为理论基础，通过对不同时空的武术教育思想与制度等进行比较，进而发掘其演变规律。最后，在对当前我国武术教育文化性缺失予以归因分析的基础上，提出当前我国武术教育文化性建构的原则和路径。

（三）研究方法

本研究采取思辨研究与实证研究相结合的研究范式，运用文献资料、专家访谈、逻辑推理等研究方法对中国传统武术教育文化性的外在表征、教育价值、缺失原因以及重构思路进行系统分析。

1. 文献资料法

根据研究目的和任务，本书从以下几个方面进行了文献资料的收集：以"武术教育""武术教育文化性""文化传承""教育与文化"为关键词，通过对 CNKI 中国知网、东北师范大学图书馆、中国优秀博硕论文数据库、EBSCO 数据库、超星图书馆等网络数据库资源进行检索，收集与"教育文化性""武术教育文化性""武术教育"及"教育与文化"等主题有关的学术期刊共计 189 篇，优秀博士论文 87 部；通过查阅图书馆、馆藏书目及与本课题相关的历史学、文化学、教育学资料，对与本课题研究相关的资料进行收集。通过对搜索的相关文献进行深入研读和梳理，为本课题研究奠定了理论基础。

2. 专家访谈法

德尔菲法，又称专家规定程序调查法。该方法主要是由课题组织者拟定调查表，按照课题研究顺序，以邮件的方式分别向课题专家组成员进行征询；而专家组成员又以匿名的方式提交意见。经过几次反复征询和反馈，专家组成员的意见逐步趋于集中，最后获得具有高度准确率的判断结果。

对武术理论研究者和民间武术家的访谈是丰富本书的一个主要方法。对于武术这种流派广泛、内涵深邃的文化形式，民间武术家往往会保留最原始、最本真、最生态的文化内涵，对这些教育主体的访谈，将有利于深度发掘传统武术文化的本质，进而使本书更加丰富、更加真实。

首先，根据本书的实际需要，选择15位社会学、体育学以及文化传播学领域的专家学者，就"武术教育的文化性"论题进行了两轮专家访谈后，请专家对本课题研究的观点方案与理论假设进行两轮的推断选择，最后进行一致性检验，删除不能较好反映预测结果的观点方案与理论假设，确保预测观点的真实性与可靠性，并最终保留专家认可的观点及方案。其次，根据专家方案进行问题阐释与论证。

3. 田野调查法

根据"理论—概念—操作"的研究顺序，在征询武术教育领域相关专家以后设计出与本书研究相关的访谈提纲。之后，对教育学、文化学以及民族传统体育学领域的专家深度访谈，并对本书所涉及的理论假设进行一一验证，进而明确研究思路，推导出研究结论。与此同时，对武术理论研究者和民间武术家的田野调查也是丰富本书的一个主要方法。对于武术这种流派广泛、内涵深邃的文化形式，民间武术家往往会保留最原始、最本真、最生态的文化内涵，对这些教育主体的访谈，将有利于深度发掘传统武术文化的本质，进而使本书更加丰富、更加真实。

4. 逻辑推理法

中国武术文化的伦理和哲学基础部分也是本课题研究的关键，这部分研究也是本书的重点，为此笔者在查阅大量权威、经典参考文献的前提下，运用分析、综合、归纳与演绎等方法，对收集的课题相关资料进行深度剖析，以探索武术教育文化性的深层次内涵，以及从理论层面深度把握武术教育发展过程与规律，为本书的研究提供技术保障。

5. 比较研究法

辩证唯物主义认识论一个基本的观点——事物都是相比较而存在的。比较是确立事物之间异同关系的方法。没有比较，就没有辨别，就不能区分事物的共性与个性、发展与变化等。没有比较，对任何问题进行事实和价值判断也许就会显得无能为力。因此，比较方法乃是认识事物的最一般方法，自然科学、社会科学、人文科学等一切科学都无一例外要运用比较方法。俗语说："有比较才会有鉴别。"在研究过程中，将对不同时期的武术教育思想、制度等内容进行比较，以期通过比较发现武术教育的演变规律，从而对当今及未来的武术教育发展提供借鉴。

对于传统武术文化与现代武术文化的时间和空间维度的比较也是本书的重点，目的在于通过比较研究分析武术文化社会变迁的内在机制与文化记忆的表达方式。此外，对中西方体育文化的横向比较，也是本书所关注的。

四 研究现状

任何学术研究都不是凭空想象的。数十年来学术界对武术领域进行探索，积累了一定的武术及武术教育的研究成果。近年来，随着国家对文化的重视，越来越多的围绕着"文化"的研究成果开始涌现，通过文献资料的查阅发现，已有武术教育文化性研究的主题主要集中在以下几个维度：

（一）基于武术史学视角对武术发展轨迹的研究

其专著有，张山主编的《中国武术史》、林伯原的《中国武术史》、习云太的《中国武术史》以及周伟良的《中国武术史》等。论文方面：旷文楠以早期的少林文献资料为参考，对少林武术体系的形成过程以及历史发展特点进行了完整的研究。研究认为，少林武术体系中最先发展成熟者为器械武艺，其中又以棍术为先，大致形成于明代中叶；而少林拳法发展成为一种武术体系则要追溯到清朝，在清朝时期，少林武术的拳法发展成熟并形成内功体系。周伟良以史料为基础，对梅花拳的形成时间、发展脉络及相关的活动方式进行了考查、勾画出梅花拳活动的主要轮廓。他在《清代秘密结社武术活动试析》中分析了三类秘密结社组织中的各自武术活动特点和形成的某些文化遗存历史背景，其次又考察了秘密结社对武术活动的影响；在《近代武术史中思维方式的嬗变》中，通过描述20世纪二三十年代，中国传统武术与西方现代竞技体育之间的冲突与对抗，进而揭示出以武术为代表的中国传统文化和以西方现代体育为代表的西方文化之间思维方式上存在的差异性，以及传统武术寻找到与近代社会发展相连的一个结合点，从而实现自身裂变的因素。历史学视野下武术教育的研究离不开对武术历史寻绎。因此，这一研究范式的文献，为本书提供了丰富的文献资料，具有重要的学术价值。从此类文献中可以看出，以研究某一拳种的文章相对较多，但宏观全面探讨武术史学问题的相对较少，书籍中多是将武术发展轨迹以朝代划分，且文中谈及教育相关内容者可谓少之又少。

（二）基于武德及武术教育视角对学校武术与教育关系的讨论

张志勇认为，在中国传统武术教育中，习武者的社会生活和行为准则形成了自身独有的惩恶扬善、重义轻利、谦和含蓄、自强不息的处世观和价值观，集中体现了中国武术重视人的德行培养和德艺并举的传统武德思想。白永正等则从中华武术道德的现代意义角度，认为，新时期的武德具有树立正确理想，努力为国争光；尊师爱生，团结互助；爱国爱民，见义勇为；修身养性，遵纪守法等现代教育、教化功能。[①] 宿继光认为，针对当前阶段我国学校教育中

---

① 白永正：《论中华武术道德的当代意义》，《山西师大体育学院学报》2001年第11期。

的学生道德品质不足的现象，加强武术文化的教育可以有利于促进学生健全人格的形成和健康和谐社会关系的塑造；同时，对于校园文明环境以及依德治校，武术文化教育也有着不可替代的作用。曾世华以素质教育为切入点，论述了素质教育与武术文化教育之间的关系，并且指出：中华武术在增强体质，发展智力，陶冶情操、磨练意志，提高文化素养等方面具有其他项目所不具备的特殊功能；并在文末指出武术在学校素质教育中不可或缺的地位及武术在学校素质教育中相关途径。其他如杨安花的《武术在中小学实施素质教育中的地位与作用》、蔡大炎的《武术教学如何贯彻素质教育》等，都是有关武术在素质教育中的作用研究。樊花梅以现象学为切入点，认为，理性的武术教育应当是能够帮助学生在武术实践中获得自我理解、自我尊重、自我反思的教育过程，是满足学生精神文化需要的教育过程，是实现"以人为本"武术教育的具体体现。这种教育关系是确保各种武术教育价值得以全面良好实现的基本前提。武术教育科研也是以解决武术教育中的具体问题为出发点，而非"纸上谈兵"式的构筑各种玄远高深的"文化、理论、学说"等体系。成英、葛小军认为，普通高校体育院系武术教学要重视武术中蕴含的厚重文化因素，在传授武术技法的同时，注重武术文化意识的培养。只有这样，武术才能迸发出勃勃生机。武术教学改革是一个渐进的过程，需要高校武术教师积极参与长期实践不断探索和创造，然而，当前武术教师的整体改革意识综合素质状况（特别是传统文化素养）令人担忧。

从此类文献中看出，往往就武德本身谈其育人的特征，以教育学为视角进而阐述的文章实属凤毛麟角。

（三）基于文化学视野对武术的文化学阐释

阮纪正认为，武术以其独有的文化现象和文化活动，在无形之中已经融入中国人民的生活，体现了中国人的人生态度和发展战略；武术是在中国社会历史文化整体的背景下发展的，反映了整个中华民族的心路历程；武术的整个练功过程实际上也就是浓缩了的人的发展过程。刘学谦认为，武术产生于原始生产劳动和部落战争，由于祭祀和仪式的需要，从功利性向健身性转化，在转化过程中得到了传统文化的滋养和规范，形成了现代健身体育；武术追求的"天人合一""内外协调"等传统文化与现代生态意识上的健康意识相契合，由此得出健身是武术的未来发展方向。周伟良对中国武术传统拳种缘起传闻故事进行文化学探究后，认为，一方面通过对各类传闻故事的深入剖析，能了解到长期以来广大民众对武术活动的价值观念和价值取向，另一方面通过对这类故事的梳理考证，能为武术史的研究提供新的资料来源。康戈武从文化的三层次结构对武术的表层、中层、内层结构的内容进行了剖析。朱永光从武术文化的渊源视角，论述了在尚武精神的教育下，培养了以刘邦为首的一帮武将，创造了西汉王朝的雄伟霸业。该文献为研究尚武精神条件下，武术教育的发展轨迹提供了思路。刘惜荣等主要探讨了武术在中国朴素哲学思想、军事战争、养生等方面的价值体现。这为研究提供有价值的思考：在研究武术教育中，也可以从武术的一些故事中去寻觅武术的教育思想、教育内容等问题。戴国斌认为，武术的全球化发展战略既要防止"文化霸权主义"的出现，也要谨防"狭隘民族主义"的抬头，应通过适度保持自身个性，进而将武术向"接着讲、借着讲、通着讲"的方向去重建。这一研究范式的文献，把武术作为中华民族优秀的传统文化进行理论上的探讨，为我们认识、理解武术本质，研究武术教育提供了大量资料。郭志禹教授从武术与奥林匹克精神相融合角度，认为，武术文化的发展过程有其固定规律，现阶段的武术文化发展正处于良好势头——即正在向奥运会的国际赛场上发展，在这种趋势的引导之下，武术的框架内容、技术规则变得更加明确了，竞技武术套路运动的理论成为社会的广泛共识，并内化为人们积极参与的奥运武术意识和情怀。邱丕相先生从《武术文化与教育研究的现代意义》视角，认为中国武术最好的继承和弘扬是将武术文化的研究和教育研究与国家的利益和民族的兴衰相连接，只有站在全人类发展的高度研究，才是真正意义的传承武术。王岗教授以《武术是一种文化》为视点，认为，武术是传统文化的一个综合体，但是由于武术在进入宋代以后，逐步由贵族走向了民间，传播主要是在平民中进行，致使武术传播在很大程度上成为一种"口传"文化，甚至于"秘密"文化，对武术的认识一直停留在"术"上，这成为当今武术发展的最大阻力，故提出在新的时期要从"术"向"文化"的转变来发展武术。另外，他还认为，文化变迁和改良是社会进步所产生的必然结果，在武术发展过程中，应以社会需要为出发点，才能实现武术的可持续发展。这为笔者研究武术教育要考虑时代背景提供了有益的启示。申国卿认为，作为构成人类灿烂文化的一个重要组成部分，在几千年的发展历程中，武术以其独有的文化特征，反映着中华民族传统文化的整体发展特点。

因此，应该从文化发展的角度出发，将武术与中国文化发展过程中表现的特点联系起来进行研究，才是应该遵循的研究思路。李吉远、谢业雷认为，在师生关系日益淡漠的今天，应该重新重视师徒传承，使这一流传千年的精英化教学模式薪火相传；同时，师徒传承制在进行武术教育活动时，除了传授技能之外，也可以将传承千年的中华民族传统文化的价值观与精粹以一种更好的形式保存下来，这样做也能够更好地发挥武术文化的巨大影响力，从而更好地为青少年学生群体营造体育文化环境。另外，在大力弘扬和谐社会的背景之下，师徒如父子这一传统伦理观念也正在向师徒、师生、师友方向进行转变，并且，这种传承方式也在长期保留下去，但承担的任务及其作用有所不同，共同组成中国传统武术文化传承的长堤，他们共同成为中国武术文化的自觉守望者。权黎明、王岗认为，武术是中华民族传统文化历经千年的传承与发展，所保留下来的集中体现。这一民族文化精髓不仅可以展示中华民族的历史、社会、生活、文化特色，也可以体现出古代劳动人们的智慧与灵性。因此，在武术发展中应坚持"取其精华，去其糟粕"的理念，抛弃掉与当代社会不符合的价值和信念，但是唯一不能抛弃的是对传统武术的文化阐释与渗透。为此，我们必须时刻保持对传统文化的一份敬意与温情，对于传统武术来说，亦如此。鹏翔提出，想要让中国的武术文化更好地适应现代化并融入世界文化体系，需要的不仅仅是简单的传承武术文化。作为文化学习的主要场所，将武术这一传统文化改造成为适应现代社会的运动项目，并推入校园当中，才是保护和传承武术文化的关键。而通过这种武术文化的转化与再生，也可以帮助青少年学生树立具备积极价值观的思想与精神追求，这正是武术文化在当代社会的价值体现，也是文化发扬的过程。以文化学视角为出发点谈及武术文化性的文章近些年来正在组建增加，但真正从武术与体育、武术与我国传统文化、武术教育与武术文化之关系谈及的文章并不多见。

（四）基于国家推动层面对当今武术教育必要性的阐释

杨建营等认为，国家对武术的需要程度决定了武术在社会发展中的地位。① 封建社会时期，武术发展之所以空前繁荣，很大程度上是因为国家军事活动的需要。而发展至近代，随着抵抗外敌背景的出现，尚武精神的萌发是武术发展繁荣的重要基石。时至今日，随着竞技武术的出现，传统武术文化应该将其主要发展场所转移至校园之中，通过对校园之内的武术教育进行改革，最终将武术打造成提高国家文化软实力、培养民族精神、塑造和平崛起的中国形象的重要载体。涉及国家层面的文章是近年来尤其是党的十六大以来才出现的，但此类文章往往谈及形而上的宏观问题，不够微观与具体，难有可操作性意见。

综上所述，研究武术教育的文章有之，研究武术文化的文章有之，研究武术历史的文章与书籍亦有之。但，以教育学为切入点，谈及武术演进与现代转型的相关文章仍暂时缺乏。

---

① 杨建营：《国家需要对武术发展的驱动力探析》，《体育学刊》2010年第2期。

本书将在学术界已有研究成果基础上，以教育学为支点，对中国武术教育历史、教育思想、教育制度等问题进行理论上考察。并通过对武术教育文化性的历史沿革进行梳理，从中厘清武术教育过程中的文化性确证，以及现代转型后的武术教育发展，为21世纪的中国武术教育文化发展提出建设性意见。

（五）对已有研究的总体评价

武术文化的传承关键取决于武术的教育问题，武术教育的文化性特征是本土体育文化发展的基本途径。目前国内很多研究都是关于武术教育文化性价值的研究，对于当今的武术教育的文化性定义也是很清晰明确，但是中国武术教育是经历过岁月这位艺术家运用时代文化特征的工具雕刻出的具有时代特征的中国独有的教育文化。现阶段，国内新型武术人才正在通过不断的研究实践，将传统的武术教育与当今时代发展的基本国情相结合，并探索出了一条更加有利于向大众推广普及的道路。让中国广大群众"正解"武术的文化，增加武术正能量，守护武术的文化，树立武术民族品牌意识观念。

从已有的研究文献来看，国内学者关注的视域主要集中在武术的教育价值、武术文化的社会化传承与推广、武术教育的文化性塑造等几个维度。从整体上来看已有文献在一定程度上概括了武术教育的内涵和本质，同时也揭示了在社会转型期武术文化传承的基本态势，具体如下：

其一，研究内容不断深入。从国内研究现状来看，从武术教育的开展现状到武术文化性的内涵与塑造；特别是对于武术文化与民族传统文化的融合等专题研究不断深入。

其二，研究方法不断创新。从定性描述的质性研究发展到量化研究，逐步实现运用统计学的回归分析研究，提高了研究结果的可信度，特别是一些人类学以及社会学研究方法的选用更是丰富了既有的研究成果。

但是，还有尚需提升的空间。一是研究的视野尚需拓宽。很少有从国家发展战略的视角来设计武术文化的传承与教育，特别是跨学科的研究成果的运用更是有待于进一步的提升。二是研究内容尚需拓展：从研究的内容来看，主要是基于文本研究的成果较多，特别是综述类的研究较多；缺乏具有一定意义的理论建构和基于文化人类学等学科的深度研究和追踪研究。三是研究方法需要创新。已有的研究成果中研究方法相对单一，缺乏规范的、权威的人文社会科学理论支撑。

有鉴于此，本书从"武术文化的教育性"的角度出发，以教育学、社会学等相关理论为基础，以促进武术文化的传承和发展为研究目标，探究"武术教育的文化性"内涵和内在机制，为落实"文化自信"和民族传统体育文化的现代化提供借鉴和保障。

第一章 武术教育文化性的理论诠释

　　武术在中国文化中，有着五千年的悠久历史。武术教育就是以"武术"为载体、旨在促进人的身心发展的一种文化活动。武术教育的文化性，即武术文化以武术为载体运用教育的手段和方法，进行传承和传播，具有一定的方向性、规范性和价值性。这种活动实际上在先秦之际就有了，《周礼》云："乃教六艺，即礼、乐、射、御、书、术。"其中，射、御等内容，实际上就是具有军事性质的专门化武术教育。长期以来，由于中国传统文化与哲学观念的独特文化基因，"武术"也形成了自身的一整套思想文化体系。作为武术文化的传承媒介，武术教育必然有其独特的思想文化基因，这种文化基因来源于武术思想文化的影响，此谓武术教育的"文化性"面相。但实际上，武术教育的文化性不仅仅停留于"武术"的层面，而是"武"与"育"互生的特殊教育形态。具体而言，武术教育的文化性发展，是在"育人"的过程中积淀下来的。没有"育"的过程，"武"的文化性基因就不会在武术教育中得到生成和传承。区别于专门体育院校的武术专业教育，基础教育阶段或高校的武术教育都是一种"通识教育"或"体育活动课程"，是落实整体教育目的的一个途径。因此，探讨武术教育的文化本质，必然要坚持教育"培养人"的立场，以教育的视角去审视武术文化的独特育人价值，去阐述武术教育的"教育"规定性。

　　简言之，武术教育的文化性应当是一个能动的实践概念，是要通过武术文化传承而育"人",它试图通过武术文化的传承,传播"武德"和"侠义"等体育文化知识与价值精神,以此涵养人的价值观念、精神性格和道德修为,从而使人实现身心全面发展。

一 武术教育文化性的概念与内涵

(一)武术教育文化性的概念界定

1. 武术

《易经》上说:"民物相攫,而有武矣。"武术的武字,在东汉许慎的《说文解字》中,分为止、戈二字,其实质是制止横暴,停息战争。武术一词最早见于南朝,梁昭明太子萧统所编《文选》第二十卷,有《皇太子释奠会作诗一首》,诗曰:"国尚师位,家崇儒门,禀道毓德,讲艺立言……偃闭武术,阐扬文令。"后两句是指偃武修文之意,当然这里的武术泛指军事。民国时期对以武术为主体的民族体育的官方称谓即为"国术"。张之江于民国十六年(1927)正式向国民政府申请改"武术"为"国术",国术馆于第二年三月宣告成立,"国术"一词自此广为流传。现代"武术"一词,在清人徐珂辑撰的《清稗类钞·战事类》中出现"冯婉贞胜英人于谢庄"记载:"咸丰庚申(1860年)英法联军自海入侵,京洛骚然。……中有鲁人冯之保者,精技击。女婉贞,年19,姿容妙曼,自幼好武术,习无不精。"

中华人民共和国成立后,正式使用"武术"一词。1952年6月24日,荣高棠在《为国民体育运动的普及和经常化而奋斗》报告中,运用了"武术"一词。1958年9月8日在北京举行了全国武术运动大会,其后成立了中国武术协会。"武术"一词真正显其本来面目。伍绍祖在《中国武术史》序言中说道:"从广义上讲,武术的某些功能属于体育范畴,但它有许多内涵,超过了一般体育概念。它与西洋体育处于不同的层面——武术属于体育,但高于一般体育。"武术,从严格意义上来说,其包含内容超越一般体育的范畴。合乎科学地有计划地锻炼身体，获得健康或赢得比赛的胜利是体育的目的。而通过身体练习，获得超乎寻常的搏杀功能才是武术，在两人或多人对抗中的致伤、致残对手或使对手失去抵抗能力是其不懈的追求。因而，武术与体育之间在追求的目标上存在较大的差距。由于武术的产生是人类为生存而斗争的产物，因而中国武术的格斗形式存在于各个民族中。但作为武术，它产生于中华民族，带有明显的区域特征和民族特色，有其特殊的表现形式。其他民族的格斗形式，例如跆拳道等，已经成为单独的体育竞技项目，与世界竞技体育的大门有着较好地融入。

作为中华民族传统体育文化的重要组成部分，我们通常将武术的定义区分为狭义与广义两种概念。广义武术概念：武术，亦称"武艺""功夫"，旧称"国术"，内容为技击，手段为身心练习，属于个人防卫实践活动。狭义武术概念：武术又称武术运动，是对传统武艺基础上形成的以技击动作为主要内容的民族体育项目的技能，运动形式为套路、对抗等。本书所提到的武术文化为广义概念上的武术定义。

2. 文化性

（1）文化概念的起源

"文化"是伴随着人类的出现而产生的，那么何为"文化"，国内外暂无公认的权威定义，因此，对文化的理解是随着人类历史发展不断丰富和深化的。文化一词源于西方拉丁语 cultura，它的基本含义为祭祀、打扮、耕种、崇拜、敬仰、修饰。"文化"在现代汉语中属于外来语，它是由欧洲经日本传入中国的，在西汉以前，文化二字最初是分开使用的，"文"的含义是指各色交错的纹理。在我国古代对"文化"一词已有解释，例如在《诗·小雅·六月》中有"织文鸟章，白旆央央"一句。以及东汉许慎说："文，错画也。象交文。今字作纹。"在古代汉语中"文"通"纹"。可见，在古代"文"字不单指的是文章和文字，显然它已经有文化的特征。"化"的含义是指造化、变化、生成。"化"在我国的古文字中是

"匕"。如在《周礼·大宗伯》中说道:"以礼乐合天地之化。"在《说文解字》的解释是:"匕,变也。"这已和现代"文化"的含义基本相似。在我国古代,最早将文化一词连起来使用是在西汉的《说苑·指武》中,刘向记载:"圣人之治天下也,先文德而后武力。凡武之兴,为不服也,文化不改,然后加诛。"在这里的文化是与武力相对立的,主要指的是"教化和文治"。由此可见,在我国古代"文化"一词包含了制度文明、物质、精神等含义。

(2) 对文化内涵的认识

民族学和人文人类学是早期将"文化"作为一个特定的学科领域进行研究的。英国著名的人类学家爱德华·泰勒1871年在其名著《文化的起源》一书中对文化的概念进行诠释,这也是人类学意义上最有权威的文化概念。"文明或者文化,从其广泛的民族志意义上言,它包括艺术、习俗、法律、知识、信仰和人作为社会的一分子所获得的任何其他习惯和能力,它还是一个错综复杂的总体。"[①] 泰勒对文化的定义后来成为社会学家和人类学家探讨文化问题的基础。

社会学的文化概念是从行为特征和社会共享的价值观念等方面进行论证的,这里比较有代表性的是美国著名社会学家罗·布莱斯蒂德的"文化"定义:"文化是一个具有多重意义的词语,在社会学的含义里有着较为广泛的意义,用来指一个民族社会遗产的价值、手工、技术过程、观念、货物等。"他还指出,"文化的基本要素是它的教育、法律、知识、经济结构、宗教、巫术等。"[②] 总之,文化在社会学中,包括社会组织、一切习惯的行为、知识、经济、精神和道德的价值。马克思、恩格斯早在19世纪40年代,对文化的定义及其本质就有过重要的论证。恩格斯在1876年编写的

[①] Edward Burnett Tylor, *The Origins of Culture*, New York: Harper and Row, 1958, p. 1.

[②] Paul J. Braisted, *Cultural, Cooperation: Keynote of the Coming Age*, New Haven: The Edward W. Hazen Foudation, 1945, p. 6.

《劳动在从猿到人转变过程中的作用》一文中就指出，文化是借助于语言和意识所存在的，文化就是人化，它作为一种意识形态，是人类所特有的现象，它起源于人类的劳动。①

分析以上学者的观点可以看出，大多数学者认为"文化"是一个包含多方面内容和多层次的统一体系。因此，文化在广义上的理解是指："人类在发展过程中由人类活动创造的精神财富和物质财富及其他一切成果的总和，狭义文化主要指精神文化②。"文化所覆盖的范围较为广泛，既包括教育、经济、社会制度、政治与法律；也包括宗教、语言、道德；它还包括人生观、价值观、世界观等。

3. 武术教育的文化性

正如乔晓光先生所言："一种文化的兴衰往往依赖于拥有这种文化的人。"武术的教育问题是文化传承的关键点，武术教育的文化性特征是本土体育文化发展的基本途径。武术教育的本质就是武术文化的传递与沿承，而这种武术文化即为物质层面上的拳种、器械，理论与精神层面上的思维方式、价值观以及精神追求，武术教育是一种基于武术知识传播和技能训练为载体的"武功"与"武德"等的文化精神与价值的传承过程。武术教育受所处时代影响巨大，自古以来武术教育主题各不相同；中国武术文化具有"多元一体"的特征，其文化层次主要涵盖器物、思想以及方式三个层面；将单纯的技能传习转变为文化传承，消除武术异化的基本途径是彰显武术的文化特性。

4. 武术教育文化性的历史演进

（1）古代武术教育文化的萌芽

不同的时代背景赋予了武术教育不同的文化内涵，武术教育文化性与时代背景息息相关。比如武术教育的文化与"礼"的教育相

---

① 邱少明：《民国马克思主义经典著作翻译史》，博士学位论文，南京航空航天大学，2011年。

② 赵东海、梁伟：《中国传统文化精髓述略》，《内蒙古大学学报》2011年第1期。

互结合就是从西周开始，孔子说："君子无所争。必也射乎！揖让而升，下而饮。其争也君子。"孔子倡导射艺与礼仪融合的方式就是中华武术传习教育文化性的表现。紧接着，南北朝时武术与宗教文化的结合也进一步推动了中华武术教育文化的丰富。唐朝的武举制度更加良好地传承了传统武术文化的发展，使中华传统的内容与思维方式贯穿于武术的技艺与文化之中。历史上武术教育的文化发展的每一个时期都与教育和文化的本身发展有着紧密的关系。教育本身既是文化的一个不可分割的部分，它们之间相辅相成、相互制约前进。因此在一定程度上教育具有传承文化的属性，同时教育又是文化的不可或缺部分，而文化的传递和深化也需要借助教育的方式进行，因此武术教育文化性传承与发展是武术技术动作的传教和武术文化的结合体。

（2）近代武术文化的繁衍

1909年，霍元甲打败国外的"武术"高手之后开始在上海传授武艺，并建立了精武体操学校，提出"爱国、修身、助人、正义"的口号，并提出以"提倡武术、研究体育、铸造强毅之国民"为主要宗旨，得到很多爱国人士的支持，他注重武德的培养，提倡德艺兼备，促进了当时精武会的武术传播。1915年当时的民国政府教育部提出"学校要教授中国武技"，并逐渐推广规定中小学、大学体育课程中武术教育的授课内容，提倡代表民族精神的武术国技普及。武术走进学校体育将有利于武术传统技艺的整理和武术教学的正规化。

中华人民共和国成立以后，政府为此出台了一系列的重要举措和规定将传统武术列为我国优秀的民族文化遗产，并予以重视与保护，1956年教育部将武术列入中国第一部中小学体育教学大纲。武术作为具有代表着民族传统文化和民族精神的一项体育运动，是中华民族的优秀文化成果之一，在中小学武术发展的基础上，大学武术也逐步得到了发展。1958年全国体育学院院长会议决定设立武术专业以后，北京体育大学（原名北京体育学院）、上海体育学院等纷纷成立武术专业。20 世纪 80 年代后期武术专业大学生毕业分配到学校任教，为全国的武术教育注入了新鲜的师资力量，武术教育开始获得突破性的发展。

5. 武术教育的文化本质及其特征

在中国上下五千年的历史发展中，武术表现出顽强的生命力，这正是因为它技术动作背后所呈现出的文化魅力。武术是要让练习者在锻炼身体的同时感悟到武术文化的价值魅力。武术的文化价值主要是"仁义[①]、正义[②]、德勇[③]、人合[④]"综合体现。

文化传承中教育是一个重要载体，具有中国文化新印象的武术在当代具有传承这种极具中华鲜明特色传统文化的使命。而武术教育的本质特征恰恰具备着在武术教育的过程之中通过动作技术教学，进而使得练习者身体、行为、人格、思想得到整体提高的功能。这种行为举止上、人格上的雕琢体现更多的是以强大的传统文化底蕴为依托、文化内涵为实质所表现出来的文化性。因此武术教育文化性的本质特征，就是通过武术教育过程对于中国优秀传统文化的渗透进而体现出武术独有的文化魅力。

（二）相关概念的辨析

1. 中国传统武术与民族传统体育

近年来，有关武术与体育之间的从属关系屡屡遭到学者的热议。关于武术概念的表述，学术界普遍将其定义为"武术是以技击

[①] 仁义：仁是一种贵仁尚义的思想和规范，中华武术在习练技术和教授技艺的时候，都在秉承恪守"以人为本"的理念，义是武术教育中武德、武礼教育一般以门派崇拜各自为主，没有统一的规范体系，倡导一种技德并重的教育方式，技术教学过程中重视武德的教育价值。

[②] 正义：就是尊师重道、公正、正义、公道，仁义与正义相辅相成。

[③] 德勇：《吕氏春秋》中记载"勇，天下凶德也"，解释是说勇武是一种品德体现，但是勇的前提条件下要遵守"仁义""正义"，不然勇就是一种凶恶暴力的行为。

[④] 人合：人与自然、人与社会的相互和谐发展，中华武术中的人合一是指练习者训练技术动作时身体各个部分的相互协调配合和发力顺畅、思想和身体融为一起，二是指习武者在与对手对练过程中技术动作运用顺畅，技术动作在攻防过程中游刃有余。

动作为主要内容，以套路和格斗为运动形式，注重内外兼修的中国传统体育项目"。(1988年12月全国武术专题研讨会)

民族传统体育文化作为中国传统文化的重要组成部分，具有极其重要的社会价值和非常深厚的民族文化内蕴。武术作为民族传统体育的杰出代表，也在天人合一思想、阴阳学说等传统儒家思想方面有着深深的烙印。同样，作为一项民族传统体育的代表，区分于当代竞技体育，武术作为一种文化，其教育过程中更需要的是一种继承与传递。然而，对学校范围内的体育教育进行分析，我们可以发现：在现代学校体育的框架之内，体育教育活动则主要以"增强体质"和"技能传授"为主要目的。其显著区别于武术教育的便是其文化教育的缺失。

2. 中国传统武术及其传统

要讨论这一部分内容，我们首先要弄清楚武术传统与传统武术之间的区别何在。总的来说，我们可以认为传统武术是武术这一民族体育项目流传下来的特殊身体技术文化，然而武术传统则是传统武术历经千年发展演变所积累出来深度思考与探究，是传统武术传承的母体。两者之间的关系可谓相互依存，传统武术在朝代更迭过程中得以不断演变，同时其所遵循的武术传统也随着社会的变迁做着自身适应性的调整。

传统武术的形成过程与古代劳动人民的生产活动息息相关，作为一项本土体育项目，它扎根于中国传统文化的土壤之中。早在我国原始社会时期，武术是人们为了维持生存和满足自身需求的一种手段。人们在部落战争中和狩猎活动中学得并积累了一些格斗技巧。奴隶社会是一个有具体分工的时期，这时候人们练习武术是有目的、有组织的武术教育，是统治者为了加强统治，增强自己的军事力量的一种手段。在《礼记·文王世子》中有所记载："孟冬之月，天子乃命将师讲武；习射御角力。"[①] 在我国的封建社会时期，

[①] 梁鸿编选：《礼记》，时代文艺出版社、湖南文艺出版社2003年版，第77页。

武术的发展已经基本成形，武术的各拳种大多已经创立了自己的一套理论体系。

说到"传统"二字，有学者认为："传统是特定时期的一种观念与信仰，具有不完美与追求完美的特性。"而针对此概念进行理解，我们则可以认为武术传统即武术在不同历史时期所表现出来的具体文化特性，这些文化特征与时代背景紧密相连并最终形成了武术体系中的文化属性即武德。具体表现为：对习武者自身而言的一种身份（模拟血缘关系）认定，如"拜师如投胎""一日为师终身为父"等；对习武者自身社会责任以及武术观形成的监督作用，如"天下兴亡，匹夫有责""内止懦外止暴""己所不欲勿施于人"等；以及武术在社会变迁中形成其独有的武德体系，如"止戈为武""未曾习武先习德"等。上述种种均为武术在历史变迁中所表现出来的具体文化特征即武术传统，传统与特定时期的时代背景紧密相连。在现代社会亦有新的武术传统——作为经历了"国粹体育"改良下的传统武术即为中国传统武术转型中形成的一种新传统。

对于传统武术的概念，学者们得出了不同的结论，于志均认为："传统武术是中国古代冷兵器时代的民间技击术，如今的传统武术练习者仅为少数的武术家，它的价值在于保持原来的面目不变，可以说是一种艺术收藏。"[1] 贾利认为："传统武术是我国人民经过长期实践积累发展起来的民间武术各个流派的技术总称。"[2] 有的学者还认为："传统武术是竞技武术以外，具有体用兼备，理、法、势齐全，流传有序的武术拳种。"[3] 我们通过上述研究可以看出，对传统武术的定义是关于技术、拳种、流派进行的定义。但笔者通过查阅大量文献发现，对于传统武术的定义大多数学者趋向于

---

[1] 于志均：《讨伐传统武术的檄文——一评〈传统武术，你将何去何从？〉》，《武当》2000年第6期。

[2] 贾利：《分析中国传统武术的发展》，《福建体育科技》2007年第2期。

[3] 谢天赋：《对传统武术观念形成之探讨》，《湖北体育科技》2008年第4期。

在文化层面进行界定，例如，武冬认为："我国的传统武术是在传统文化的影响和滋润下，以提高攻防技击能力为主要目的，以技击攻防动作为主要载体，注重内外合一、形神兼备的修炼，融合了文化性、技击性、健身性于一体的各种自成体系的拳种总合。"① 谢天赋认为："传统武术属于文化范畴，它是一种社会文化现象，传统武术具有地域性、封闭性、历史性、传承性等特点，并彰显传统意义和特征的因子。"②

通过学者们对传统武术的定义，我们可以看出，中国的传统武术的界定可将其分为表层和深层。表层概念上的传统武术是一项在民间发展，运用于军事战场上保身杀敌的技击技术。而武术的内核概念指的则是，武术在其数千年的传承发展过程之中，随着社会的变迁与中医、哲学、养生、军事等学科相互影响相互渗透进而形成的一种具备自身思想体系的文化形式。在这样一种文化形式里面，武术与中国传统儒家、道家、佛家思想充分融合，并统一形成了中国武术的文化内核。我们可以认为，传统武术是文化和技术的集成，传统武术是中华文明系统中的一个子系统；而武术传统则是武术这一文化集合在数千年的发展过程中所积累下来的文化精髓，它也是武术文化在当代传承的主要内容。必须弄清武术传统与传统武术的共同点以及差异所在，方能找到武术文化传承的突破点。

3. 中国传统武术和传统文化的联系

中国传统武术是以儒家的思想为核心，同时融会了道家、佛家等思想，此外，中国传统武术还融汇了哲学、美学、兵学、易学等观念和思想，从而形成了一个博大精深的武术体系。

作为一项扎根于中华民族传统文化土壤之上的体育项目，传统武术的技击实践和理论体系都深受传统文化影响。

---

① 武冬：《传统武术在现代化社会中的落差与发展的思考》，《北京体育大学学报》2004年第12期。

② 谢天赋：《对传统武术观念形成之探讨》，《湖北体育科技》2008年第4期。

中国传统武术讲究内外兼修、刚柔相济，它蕴含着中国传统文化的哲学理念，强调体用不二、道术圆融。在我国古代，有很多武术家用哲学思想分析解释他们创建和演练的拳法。如形意拳、太极拳等，都是运用哲学的思想对拳法进行解释。诸如少林武术中的拳谱便是受佛教禅宗影响进而成为内外兼修的绝技；同样以太极拳为代表的内家拳，其技击原则也遵循着以静制动、以弱胜强、以柔克刚等技术特点，而这些特征恰恰正是老子的哲学思想在武术文化中的体现。

中国传统文化的审美观在中华武术中也有所体现，如中国传统文化中刚柔之气、阴阳、天人合一等哲学思想奠定了中国武术的审美观，在中华武术中，在意境、追求、节奏、攻防、形态上都能体现传统文化的美学内涵。道德是中国传统文化的价值基础，然而，武德则是武术之灵魂，我们都知道，中华武术对武德的重视是显著的，它是中华民族的宝贵财富，同样也是中华民族传统道德的组成部分，习武先学礼则是中华武术的传统。受中国传统价值观的影响，武德表现为忠义、爱国、有礼、守信等方面。由于在思想上吸收了儒家的仁义、礼乐等思想，因此，在武术的修炼过程中形成了未曾习武先学"礼"、未习武先修"德"的思想。武术的抱拳礼就是中国传统的一种武术礼节，左手掩拳，寓意崇德，以武会友；右手握拳，寓意尚武；屈左手拇指，寓意虚心求教，永不自大；左掌四指并拢，寓意四海武林团结奋进；两臂屈圆，寓意天下武林是一家。传统文化中孟子倡导的"大勇"成就了中华武术的尚侠好义的传统。在历史的长河中，像荆轲、关羽、岳飞等，他们文武兼备，尽忠报国，在他们身上充分地体现出传统文化所弘扬的"君子之守修其身而天下平"[①]。中国传统文化注重中庸和谐、个人修养，在儒家"天人合一"思想的影响下，使得中华武术形成了以追求

---

① 余利斌：《从中国传统文化的价值取向审视中华武术的文化底蕴》，《体育与科学》2009 年第 3 期。

"寿"和"健"为目的的方向发展，并把搏击的技击性与养生思想相结合，并强调以意调气、以形合神、以心合意，使形、心、气、意和谐于一体，并使身体与自然相和谐的思想。由此可见，中国传统文化的特质和内涵，对中国传统武术的发展产生了重要影响，无论在审美上，还是在健身养生上，或是在道德范畴上，都体现了中华武术承载着博大精深的中国传统文化。

4. 武术的文化性与教育

武术是一种文化，这已成为武术界公认的事实。传统武术受中国传统文化影响甚深，又作为一个重要的载体对中国传统文化的传播与发展起着积极的作用。也就是说传统武术和中国传统文化有着密切的关系，中国传统武术中无论是门规、戒律、技击等都渗透着中国传统文化，也正因中国传统武术和中国传统文化相融合，才使得传统武术博大精深，才使得武术运动区别于一般性体育运动，成为世界所公认的中国的标志性符号。优秀的中国传统文化如儒家思想、道家思想、佛家思想、兵家思想、哲学、中医等在武术文化中都有所体现，可以说中国武术是中国传统文化的全息缩影。

武术与中医思想的融合，使得武术在健身上有了丰富的理论基础；武术与中国哲学思想的融合，为各门各派创建拳种有了一定的理论依据；武术与兵家思想的融合，促进了武术技击和武术战术思想的快速发展。正如阮纪正先生所言："正因为传统武术的文化性存在，所以武术才得以流传和发展。"[①] 作为民族文化传播和发展的最好形式，武术教育无疑可以为武术的发展起到重要的推动作用，通过教育在传承中国优秀的传统文化的同时，也可以传承武术的技击技术，还可以弘扬民族精神。由于武术有着中国传统文化的内涵，所以，武术本身就是一个巨大的教育资源。在外来文化的强烈冲击下，我国的传统文化陷入了前所未有的境地，我们要利用好武术的教育功能，以武

[①] 颜辉萍：《武术教育：实现武术文化传播的重要途径》，《搏击武术科学》2008年第11期。

术为载体，更好地传播民族精神和弘扬我国的传统文化。

（三）武术文化的多元特征及层次结构

1. 武术文化的多元一体特征

"武术文化像其他文化一样是产生于中国的大文化背景之中的，它必将刻上中华文化的烙印并与中华文化相一致。武术最早产生于一种专为战争搏杀而习练的攻防对抗性技艺，但是随着冷兵器时代的终结，武术的作战对抗功能不断减弱，逐渐演变成一种修炼身心，修身养性的手段，在这个历史演变过程中，武术文化自然受到中国传统文化、哲学、美学等文化思想的滋养，逐渐形成独具魅力的文化内涵和文化价值。在武术发展过程中受到儒学、兵家等传统文化哲学思想影响较深，武术作为一种军事攻防技术自然和兵家具有密不可分的关系，而武术文化中所讲的仁爱、和谐等优秀的道德情操则与儒家思想密不可分。因此可以说武术文化在演变的过程中也呈现出多元化的发展形态，但是受到中华文化大环境的影响，必将和中华文化的一体多元相一致，带有时代的特点和烙印。但是它作为一种经历了千百年积淀下来的优秀传统文化，中华武术自产生的那一刻起就被归入中国伦理道德的行列，在中国古老文化伦理思想熏陶下形成了独具特色的中华武术文化。儒家思想对中国武术文化产生了重要而深远的影响。儒家思想讲求"仁、义、礼、勇"，在很大程度上影响了中国武术的文化思想，武术文化中的武德，重礼节、尽忠、尽孝与孔子所说的"德"不谋而合，孔子讲求"信"和"义"，追求"忠"和"孝"。[①] 武术文化讲求仗义行事、严于律己、宽以待人的君子作风，儒家思想也主张要重义轻利，踏踏实实，正己修身。武术文化提倡刚健有为，宁死不屈、自强不息、积极进取的精神。儒家思想也提倡要以天下为己任，时刻将天下事放

---

① 钱娅艳、张君、徐念峰：《近 10 年少数民族传统体育文化研究回顾》，《首都体育学院学报》2010 年第 3 期。

在心中，推崇积极有作为的社会参与效应。①

表 1-1　　儒家思想对武术文化的影响

层次结构	行为表征	具体内容
思想认识层面	注重武德	儒家思想非常重视品德的修养，将品德修养看得至高无上，进而使中国武术具有注重礼节，注重武德的特点。儒家的"德"包括"信"和"义"两个方面的内容，"忠""义""孝"被视为儒家思想推崇的重点
行为作风层面	重义轻利，行侠仗义	儒家思想也主张要重义轻利，踏踏实实，正己修身，武术文化提倡刚健有为，宁死不屈、自强不息、积极进取的精神，讲求仗义行事，严于律己，宽以待人的君子作风受儒家思想影响巨大
社会行为层面	刚健有为，自强不息、积极进取的武术精神	儒家思想也提倡大丈夫要以天下为己任，时刻将天下事装在心中，推崇积极有作为的社会参与效应，这一行为表现在武术中均有体现

从表 1-1 可以看出儒家学说作为中国传统文化的重要组成部分对中国武术文化的影响也自然不能例外，儒家推崇"武备"，即"有文事者，必须武备"，由于战争和权利争夺的存在，加之受到"武备"思想的影响，各朝各代都将武术技击技术发展放在重要的位置，这在一定程度上促进了武术教育的传承和发展。武术和军事本身就是一个不可分割的整体，他们的相互结合之处是在技击技术的实战应用中。② 如军事兵家文化中的"知己知彼、避其锋芒、融通兼备"等兵法思想、理论既可以用在军事战争中也可以用在武术竞技比赛的过程。传统武术与兵家文化的关系非常密切，在冷兵器时代兵家文化与民间武技基本上是一种水乳相融的关系，在战争普遍存在的时代武技和兵法紧密地联系在一起，二者缺一不可。许多历史上有名的武术家不仅熟读兵法而且武艺高超，他们对武术的传

---

① 关博：《武术教育的文化性探析》，《体育与科学》2014 年第 3 期。
② 钱娅艳、张君、徐念峰：《近 10 年少数民族传统体育文化研究回顾》，《首都体育学院学报》2010 年第 3 期。

播、影响起到了很好的榜样示范作用，也对武术的传承和发展做出了巨大贡献。武术文化像其他文化一样是产生于中国的大文化背景之中的，它必将打上中华文化的烙印并与中华文化相一致。在武术发展过程中受到儒学、兵家等传统文化哲学思想影响较深，武术作为一种军事攻防技术自然和兵家具有密不可分的关系，而武术文化中讲的仁爱、和谐等优秀的武德则是和儒家思想密不可分，因此可以说武术文化在演变的过程中也呈现出多元化的发展形态，但是受到中华文化大环境的影响同样呈现一体多元的态势。①

2. 武术文化的层次结构

"从宏观的角度来看文化是一个涉猎较广的概念，不同的学科对于文化的认识和定义有所不同，有关统计显示："目前国际学术界对文化的定义超过 300 种。"英国社会人类学家马林诺夫斯基将文化划分为观念、制度和器物三个层次。② 此后的研究大多参考了马林诺夫斯基的观点，我国学者在参考这一观点的基础上将体育文化划分为物质文化、精神文化和制度文化三个层次。从这个角度来看体育的物质文化层面包含各种体育文化演进过程中所创造的实体物质，比如器械、运动形式等。体育文化的精神文化层面则包含了体育文化的价值取向以及精神追求等。而体育的制度文化层面则包括了体育的科层制，规则等。国内学者在整合了上述关于体育文化的层次划分的基础之上将武术文化划分为器物、思想和方式三个层面。武术的器物层面是武术文化的外显层面包含器械、拳种、理论、礼仪等；武术的方式层则属于中间层面，包括武术的价值观、行为准则以及思维方式等方面；武术的思想层面则是武术文化的核心层面，也是武术文化的内核，具体反映了武术文化的精神追求。

3. 武术教育的文化性内涵

仅仅将武术教育停留在技术教学方面，这样的武术可谓只是体

---

① 关博：《武术教育的文化性探析》，《体育与科学》2014 年第 3 期。
② 肖宁：《论我国民族传统体育文化的传承机制》，《山东体育学院学报》2008 年第 2 期。

育项目层面的武术。而将武术这一民族传统文化真正的传承和发展下去，需要的是在武术教学过程中将文化内涵与技术教学做到完美融合。武术历经千年发展，在朝代更迭和社会文化变迁中保存着顽强的生命力，这也正是武术区别于其他一般体育项目的魅力所在。将技术教学与文化内涵相统一，也可以让习武者在锻炼身体的同时感悟武术文化的价值，潜移默化地接受传统文化的熏陶，从而更好地传承发展武术。

（1）教育内容的民族性

作为一项民族传统体育，当代我们对于武术的定义是一项以中华文化为理论基础，以技击方法为基本内容，以格斗、套路、功法为主要运动形式的体育运动。因此，武术教育的主要任务便是传递武术的技击方法和文化底蕴。由此理解，武术发展过程中的中华文化是中心指导理论，它对武术的武德礼仪、技击方法、战术思维、练功方法等都产生一定的影响。武术教学过程中，从教学器具服饰和教学内容两方面体现出民族文化的特征：

教学内容：在技术动作教学中，受整体思维的影响，武术强调全面掌握踢、打、摔、拿四大技术方法，并将其灵活运用到实战当中去。与单纯强调拳法技术的拳击或者单纯强调腿法技术的跆拳道不同，武术讲究的是远踢、近打、贴身摔。同时，受"天人合一"思想影响，无数种的拳种属于象形拳，即在模仿猴、蛇、螳螂等动物形态而创编的；受阴阳五行学说影响，武术也强调有技术和动作的相生相克，这点可以从"以柔克刚""四两拨千斤"的太极拳中得以展现。种种特征都体现出了武术在礼仪、武德、思想等方面鲜明的民族文化特征。

教学器具、服饰：武术的教育内容除了传统的套路演练和徒手格斗之外，也包含有数量繁多的器械套路演练和格斗练习。诸如我们常常提起的刀、枪、剑、戟、斧、钺、钩、叉、鞭、锏、锤、抓、镋、棍、槊、棒、拐、流星十八般兵器便是集中国武术之大成而设计的，这些传统兵器上往往会刻有中文繁体字，并且在兵器的细节上添加诸如红缨、黄穗等具有鲜明民族特色的标志；此外，诸如刀剑等利器的剑鞘也集合了龙凤以及文字，仔细来看均是一件件集合中国文化特色精髓的艺术品。同时，不同门派之间的着装、表演服均各不相同，在体现传统审美的同时也体现出了不同拳种体系的风格特征。

武术着装一般比较宽松，一方面为了训练动作的舒展程度，另一方面也是体现了我国传统文化的亮点，其中服装的上衣领子是典型的"中华立领"，练习者的上衣所用的扣子材质是布质的纽扣，该服装设计特点充分体现了民族传统服饰文化的内涵。徐春毅等指出，"高校武术教育是中国传统民族文化得以传承和发展的优秀载体，它植根于中华文化的沃土之中，必然表现出民族化的特点"。高校武术教育是武术教育的一部分，所以这句话某种程度上反映出武术教育具有中华民族文化性的特性。

（2）教育方式的实践性

本书所叙述的"实践"主要是指武术教育方式的实践性，其概念不是以依靠人的大脑思维进行的肢体运动，而是在教师指导下学生进行自我身体锻炼的能力，在自我锻炼的过程之中，学生通过体悟获得知识进而形成技能，并形成自身的个性品质。武术教育方式的实践性可以分为以下几个方面：

传授方式：在武术教学中，教师进行某一动作的讲解之前，往往会采取示范，讲解动作方法、攻防含义、动作要领的顺序之后，再对学生进行指导练习，并进行分别辅导纠错。当学生碰到很难完成的技术动作时，教师还得使用一些辅助方法帮助学生解决难题。在这一授课过程中，教师和学生通过共同参与完成教学内容，师生之间也能够及时反馈和沟通。教师通过示范讲解进行传授，学生通过模仿进行练习，学生学习的效果通过对技术动作的演练马上反馈给教师，教师又给予调整。这一技术内容的教学过程具备鲜明的实践性。

习练方式：自古以来，武术练习便有如俗语所云：师父领进门、修行在个人。教师在教会学生武术基本技术动作后，便将学生带进了一个新的学习环境。学生想要获得更多知识，除了需要教师的精心指导之外，更重要的是自己刻苦训练并且用心感悟。武术教学过程中，每个动作的一招一式、内在含义均需要习武者用心领悟。而这种领悟也是建立在身体活动之上的，"中国武术来源于实践，在实践中用、在实践中学，要领悟武术的真谛同样需要实践。武术的一招一式、进退开合、闪展腾挪等是可以传授的，可以观摩习练的，但中国武术的意境与神韵、武术之道的精微与深久则是只可意会不可言传的。这要求习练者通过不断地练习亲身领会、去参悟"。所以，要想习得武功，自己必须积极参加武术训练。

武德体现方式：武术练习中武德是不可或缺的部分，区别一般道德教育的是，在教学过程中武德教育呈现出显著的实践性特征。首先，武礼是武德的外在表现形式，武术有完整规范的礼仪供习武人在实践练习时体现武德。无论比赛还是表演抑或练习都必须按照这些武礼进行。同时锻炼者在平时生活中也同样践行着这些行为规范，能否体现出良好的武礼是习武人是否具备良好武德修养的一个重要考察方面。其次，平时教学训练的过程及实战对抗的过程能体现习武人的武德"精""气""神"。例如，坚韧、勇敢、不惧困难是武德规范的内容，习武过程中碰到挫折时不屈不挠、在实战对抗过程中能敢打敢拼，说明是坚韧的、勇敢的。所以，习武的实践过程也是体现武德修养的过程。

检验武技水平："既得艺，必试敌"所说的是既然学会技术动作就必须与对手过招较技来检验自己的训练，可能指平时教学训练中的实践训练，也可能指正式比赛中的实战对抗，很明显这种"试敌"具有实践性。"既得艺，必试敌"说明了习武过程中要重视实战训练，肯定了个人的技能水平、体能水平、实战意识、意志品质必须通过真实战斗才能检验出来，它是一种综合检验武技水平的方法，通过实战可以检验自身在武技方面存在的优势，同时也能发现在武技方面的漏洞，然后可以进行有针对性的训练。因此实战对抗不仅是提高实战能力的一种训练手段，也是检验习武人实战能力的一种最重要方法。

(3) 教育过程的规范性

在武术教育实施的过程中武术教育的严格性是一个显著特征，这种规范性表现在武术教育的很多方面，最主要的体现在对教育实施者、教育对象的严格要求上。

教育者：教师能严格自律，学高为师，身正为范是对教育实施者的基本要求，要做一名出色的武术教育者，不仅需具备丰富的知识、精湛的技艺，同样需具备良好的个人素养、高尚的道德水准，教师要在理论知识、击技能力、道德水准、行为举止等方面都能成为学生的学习和模范榜样，才能做一名出色的武术教师，因此，要求教师不断努力提高自身各项素质，在各方面严格要求自己。

受教育者："严师出高徒"一直也是武术教育的基本教学理念之一，为了让学生能练就一身过硬的功夫，需要对学生习练过程进行严格要求，同时为了让学生提升自己的武德礼仪水平，也有必要对学生提出严格要求。武术技击能力具有难修炼的特点，从一些武术古语如"冬练三九、夏练三伏""欲求真功湛艺、非下苦功不可""若要功夫好，一年三百六十早""欲学惊人艺，须下苦功夫，深功出巧匠，苦练出真功"等都能反映出来，所以，要让学生在艰苦的训练中坚持不懈，必须对学生进行严格要求。

武术教育具有道德礼仪厚重性的特点，为了在武术教育中达到对习武人进行武德教育的预期目的，必须对习武人在道德方面进行严格要求，古代各武林门派都制定了非常严格的门规戒律也体现了武术教育对学生严格要求的特点。

(4) 教育影响的全面性

以一门课程或部分教学内容形式开展的，具有发挥育人作用的武术，教育行政机构给其确定的教育功能是体育，也就是为实现体育目标而发挥作用。武术教育的功能不仅仅局限于此，它具有比其他课程更全面的教育作用。

第一，传授知识的功能：武术教育会介绍一些体育的基础知识、健身基本理论，特别是武术教育会传授一些传统的健身思想，如道家的一些养生思想、传统中医的一些健身知识。除了传授健身知识之外，武术是在传统文化的熏陶和感染下发展起来，是中华民族传统文化的载体，其武学思想、技击动作和武德礼仪等无不承载着传统文化的内涵，所以，通过武术教育能够增加和扩展学生的传统文化知识。

第二，培养学生的智能：武术教育能培养学生智力，有利于培养学生的思维力、想象力、观察力等。闵其昌等研究指出，学习武术可以提高学习者的观察力、想象力及思维能力等；同时，武术教育还能培养学生的一些能力，有利于培养创新能力、实践能力等。

第三，获得基本技能：在学校教育中，武术教育最明确的功能就是体育功能，帮助学生掌握一些基本的健身技巧和方法，如武术中的拳术、散打、器械、养生功法等，提高学生的体力、增强学生的体质，让学生拥有更强的身体活动能力；另外，武术还有一项很重要的作用就是让学生掌握一些基本的防卫格斗技能，增加安全感和增强保护自己的能力。

第四，具有德育的功能：武德和武技是构成武术不可或缺的两个方面，离开了武德武术也难以为继，这种观点已经是武术界的共识。武德可以分为内源性武德和外源性武德两种。武术教育对这两种形式的道德的教育都比较重视。

第五，具有塑造意志功能：意志是指个体有意识、有目的、有计划地调节及支配自身行为的心理过程。由于武术博大精深，要想成就武术事业、成为武术大家不是一朝一夕就能实现的，需要习武人不断的努力、长时间的付出。武术谚语中历来就有"一日练，一日功，一日不练，十日空"，"冬练三九，夏练三伏"等说法，在塑造意志的这种过程中，会遇到很多的困难、挫折，需要有坚强的意志、超凡的忍耐力才有可能成功，可以说修炼武技、提升武德就是一个磨练意志的过程。武术教育会通过各种方法引导学生磨练自己的意志品质,提高自身抗挫折的能力。

(5) 教育精神的人文性

道德礼仪的人文性就是指在武术教育过程中非常重视习武人道德礼仪的培养,把道德礼仪作为一个必不可少的内容在武术教育中贯彻,把培养习武人的道德礼仪素养作为一个规定的教学任务去完成。习武人所熟知的武术谚语"未曾学艺先学礼,未曾习武先习德",很好地说明了武德礼仪教育在武术教育中的被重视程度。

武术教育非常重视习武人的武德礼仪培养,把武德礼仪教育贯彻到武术教学的整个过程,从严格意义上来说,这种重视武德礼仪的思想延伸到武术教育的之前或之后。在古代的师徒门规中,择徒时对徒弟的德性有明确的要求,要求徒弟有良好的道德品质。如"谈玄授道,贵乎择人""大道等闲若轻授,须防九族尽遭刑"等说法,均是告诫拳师们选择徒弟要重视道德品质、以德为先。在武术教学的实践过程中,更加重视对学员武德礼仪的培养,这种武德礼仪主要包括人伦规范和意志品质。就人伦规范来说,需要习武人具有仁义、正义、爱国、诚信等高尚品质,所以武术教学必须重视这些道德品质的培养;其次意志品质方面,武术的训练、实战过程需要习武人具备非同一般的勇敢、忍耐、坚忍不拔、敢打敢拼等意志品质,所以武术教学也会重视学生这些意志品质的锤炼。

在武术教育中,不仅要传授习武人武术对抗技能、使他们具有较强的实战能力,也要使他们掌握一定的武技理论知识,具备一定的理论积淀,同时还要培养他们具有良好的武德礼仪素养、让他们具备勇敢、诚信、正义、坚韧不拔等武德素养。"文武兼备,德艺双馨"一直是武术教育培养人的理想目标,在老师教育和学员练习过程中要同时兼顾到武技和武德的教育。如果武术教育培养的人在武技方面造诣很深,而在武德礼仪素养方面较差,该学员很难获得社会认可,甚至可能成为危害社会之徒。当然,如果武术教育培养的人的武德礼仪素养较高,而武技造诣一般,这种人也不是武术教育所要培养的理想的人,毕竟培养具备较高武技造诣的人是武术教育的一个最基本的目标。所以,评价武术教育的成功与失败、评价习武境界的高低,要从武技造诣和武德素养两方面对习武人进行评价。

二 武术教育文化性的主要表征

作为中华民族优秀传统文化的一种典型代表,传统武术教育在传播弘扬过程中与中国传统文化联系紧密,这也是传统武术能够保持鲜明民族特色的关键所在。

与现代社会受西方体育思想将武术作为一种体育学科来发展有所不同,传统武术的教育过程中具有鲜明的表现特征。如建立在抱拳礼、师徒模拟血缘关系基础上的武术礼仪教育;强调义字当先、一诺千金、疾恶如仇的武德思想;以及心系社稷、舍生取义的民族气节与民族精神。正所谓"为国为民,侠之大者"。

(一)礼仪——武术教育文化之表
1. 武术礼仪文化形成的文化背景

武术礼仪是指传统习武者在习武群落中为建立起人与人之间的特定关系,并为所有习武者共同认可的,具有浓厚封建等级差异的礼节和行为准则。① 在漫长的历史长河中,儒家"礼"思想对中国传统武术礼仪教育有着深刻而重大的影响,武术礼仪教育不断吸取儒家思想的营养,并且随着时间和社会的发展逐渐成为中国传统文化中的一种礼仪文化代表。

成为中国传统文化中一种独特现象。武术礼仪文化成为中国传统文化一种特色现象并非偶然。文化不仅包括思想观念,还包括风

---

① 韩冰:《对武术礼仪规范的研究》,《体育世界》2011年第3期。

俗习惯、心灵的习惯、身体的习惯。① 中国的传统武术礼仪文化具有身体习惯与心灵习惯相结合的特点，以及与风俗习惯相结合的特点，是习武之人思想意识与行为的有机统一。中国武术礼仪文化是构成中国武术文化的重要一环，传统武术礼仪文化在各个历史时期，有着不同的表现形式和具体内容，但是不同时期传统武术的主体精神是相对稳定的。它是中国几千年文化的历史积淀。

从历史的角度来看，我国武术文化的发展经历了远古时期由于生存狩猎产生武术雏形的发展阶段，进而在封建社会时期由于官方之间的军事斗争导致了武术的发展繁荣，并最终在民间得到广泛普及的这样一种发展演化历程，因此，武术的礼仪在一定程度上受到民间文化的影响，表现出风俗与传统的特点。可以说武术礼仪的形成是多元化的，不仅包含统治阶级的道德礼仪，同样还包括非官方的因素。武术礼仪作为武术文化的重要组成部分，它不仅有中国传统文化的特点，武术礼仪还有其自身的特点，对于习武之人来讲，它又具有一种普遍的精神指南意义。武德以其深蕴中国传统文化的特点，使得中国武术文化成为中华民族传统体育文化的一项优秀代表，也使得中国武术以其丰富的文化体系成为区别于西方现代竞技体育项目的重要特征之一。

2. 传统武术礼仪的基本内容

（1）武术礼仪的基本内容及内涵

中国以"礼仪之邦"而著称，礼仪在中国的传统文化中有着重要的地位。武术作为中国传统文化的一个子系统，其起源与发展无不与中国传统文化的发展息息相关。武术礼仪文化是武术文化的重要组成部分，其发生发展与儒家的"礼"思想相适应，儒家思想以孔子为代表人物，因此，武术礼仪文化的基本内容必将受到儒家思想的影响，儒家"礼"思想也必然是传统武术礼仪教育的精神指

---

① 王龙：《从〈论语〉探论孔子的礼学观》，《西南民族学院学报》（哲学社会科学版）2002 年第 8 期。

南。武术礼仪的基本内容主要有徒手礼、持械礼、递械礼、接械礼。徒手礼包括：抱拳礼和注目礼；持械礼包括：抱刀礼、持剑礼、持棍礼、持枪礼；递械礼包括：递刀礼、递棍礼、递剑礼、递枪礼；接械礼包括：接刀礼、接棍礼、接剑礼、接枪礼。其中最为常用和最具有代表性的要属抱拳礼。抱拳礼的基本动作为：并步站立，左手四指伸直并拢向后伸张，右手五指卷紧，大拇指内扣为掌，拇指压于食指、中指第二指关节上为拳，左掌右拳在胸前相抱，两臂撑圆，拳、掌与胸间距离为20—30厘米。①

抱拳礼是由中国传统的"拱手礼""作揖礼"、军礼、吉礼、宾礼等发展而来，对抱拳礼最早的记载是在师飘毛铁《金戈铁马十年时》的第三章："弃疾双手抱拳为礼。"武术中抱拳礼最后的形成是由少林拳的抱拳礼（四指礼）混合以及融合民间的作揖礼和拱手礼而成。中国武术的"抱拳礼"是在中国传统哲学思维方式的影响下逐渐形成和发展起来的。例如，"抱拳礼"中左掌大拇指内扣，表示习武之人的虚心和谦虚；左掌四指并拢，其中的寓意为四海武林团结奋进；右手握拳，表示武术的尚武精神；两臂屈圆，表示武林和谐、统一于一家。再如，"抱拳礼"中的"拳"和"掌"分别代表"文"和"武"，"拳"和"掌"在胸前相抱，表示习武之人不仅要刻苦训练，提高自己的技能，而且要加强自己的文化修养，提高自己的武术理论水平。寓意习武之人要文武兼修。如果一个人只一味地追求武术的技能，而不加强自己的文化修养，也只不过是一个没有内涵的武夫。相反如果一个人只重视理论文化学习，不刻苦训练，也不能算上一个真正的武林中人。因此，文武兼修、崇文尚武对于一个习武之人是缺一不可的。"抱拳礼"还体现了一种习武之人自强不息的精神，习武之人应有一种积极进取和奋发向上的精神，应该有一种自主、自立、自新的精神。如，右手握拳，

---

① 唐韶军：《解读武术"抱拳礼"的哲学渊源》，《山东教育学院学报》2004年第3期。

寓意习武之人不断的追求更高的武术境界,左掌大拇指内扣,寓意习武之人虚心好学,从不自大,是一种虚心好学奋发向上的精神。武术的礼仪文化作为武术文化的一个重要组成部分,在武术的教育上扮演着重要的角色,因此习武之人只有对武术礼节的内涵有更好的理解,才能更好地提高和完整自己的武术修养。

(2) 师徒关系的交流仪式是传统武术礼仪的核心内容

儒家对教师非常重视,认为作为教师要为人师表、敬爱学生、德才兼备。孔子认为:"其身正,不令而行,其身不正,虽令不从。"① 意思是说,自身正了,即使不发布命令,学生也会去做,自身不正,即使发布命令,学生也不会服从。教师必须具备渊博的知识和高尚的道德,只有自己身正(具备高尚的道德和渊博的知识)才能对学生进行言传身教。孔子还从为政以德出发提出:"道之以德,齐之以礼。"从孔子提出的这些观点,我们可以看出,儒家对教师的作用,以及强调教师的职责。

武术的礼仪受儒家"礼"思想影响甚深,因此,传统武术的礼仪无法摆脱儒家礼思想的教条。古人训:"一日为师,终身为父。"父母给了我们生命,而师父给了我们谋生的手段。因此,尊师重道是每个习武者必须遵守的道德准则。虽说各门各派师徒间的礼仪文化有所差别,因为各门各派的门规不同,但其礼仪文化本质是相同的。如《少林戒约》中指出:"见到师父要行抱拳礼,鞠躬礼。"平日对待师长,宜敬谨将事,勿得有违抗傲慢之行为。青城派十戒规训中第一条:尊师重道,孝敬父母。武术大师在收徒弟时看重的是徒弟的品德,并且非常重视拜师的仪式,中华武术的拜师仪式可以说非常的烦琐,讲究也很多,如杨式太极拳的拜师仪式流程:司仪宣布—拜祖—新弟子自我介绍—递拜师帖—行拜师礼—敬茶—拜祖—新老弟子互致抱拳礼—师父带领众弟子向嘉宾道谢—发言(新

---

① 朱筱新:《从"礼仪"谈中国古代的家庭教育》,《北京教育学院学报》2001年第2期。

弟子发言、嘉宾发言、师父发言）—集体合影—喜宴。拜师的流程虽然复杂，但流露出的是一种中国传统文化，往大了说是对中国传统礼仪文化的一种传承，中国的传统文化能够延续至今，传统仪式发挥着重要的作用；其次是对传统武术的一种传承；最后是尊师重道的表现。在拜师仪式中，拜师礼是重中之重，拜师礼是习武之人尊师重道的身体表现，表达了徒弟对师父的尊敬，以及通过这样一个仪式表达徒弟内心深处的情感。因此，武术礼仪文化的价值从大到小讲依次是对国家传统礼仪文化的传承、对中国传统武术的传承、对各门各派的声望以及对个人都起着重要的作用。

（3）道德教育是传统武术礼仪教育的最终目的

对于习武之人而言，要想具备高深的武学造诣，在修行的过程中，不仅要重视对技艺的学习，更重要的是对武德的修养，也就是技艺学习和"礼"相结合，达到一种崇高的道德境界，达到一种身心的超越。传统武术礼仪教育的最终目标是对习武者的道德教育，这种道德的教育是通过武术的礼仪教育所形成的。并贯彻到习武者的一生之中，内化到习武之人的血脉里。正如宋代大儒程颐一生谨修礼教，有人问他："先生谨于礼四、五十年，应甚劳苦。"程颐的回答："吾日履安地，何劳何苦？他人日践危地，此乃劳苦也。"① 武术的道德教育从择徒就已经开始，武术大师收徒弟是十分谨慎的，并以君子的标准择人收徒，看重的是徒弟的人品以及人格。各门各派对于收徒弟的标准互有区别，但是本质上是相同的，那就是严于择人。择人的标准是胸怀坦荡、严于律己、谦恭待人、稳健温和、含蓄不露、宽以待人等，这是传承武术的第一关口。其次，各门各派的门规戒律以及各门派的家法，都无不例外先阐述武德，虽然各门各派的门规戒律各不相同，但其本质是相同的，正如"未曾学艺先识礼，未曾习武先明德"。各门各派通过制定各种武术礼仪规范来约束习武之人的行为，使习武之

---

① 程颢、程颐：《二程集》，中华书局2004年版，第18页。

人潜移默化的形成一种习惯，并最终内化为武德。礼仪是带有制约性和约束性的，习武之人长时间遵守这种规范，久而久之便养成一种习惯，从而内化为一种行为，即武德。如果一个习武之人是一个不明德、不识礼的人，他也将无法接受武术高深技术的教育，甚至会被逐出师门。通过尊师重道的形式将武德内化在习武之人的血脉中，儒家文化对武术文化影响甚深，儒家对老师非常重视，如孔子提出："道之以德，齐之以礼。"因此，尊师重道是每个习武者必须遵守的道德准则。各门各派都十分重视师道的尊严，并把尊师重道放在一个十分显赫的位置，同时也制定了繁简不一的门规戒律。《少林戒约》中指出："尊师重道，敬长友爱，除贪却忘，戒淫忌狠，有于此而不谨为遵守者，当与众罚之。"

习武者之"道"大概包含两层意思，其一是对师父本身的尊重，其二是习武之人在训练中，要听从师父的吩咐和要求。无论是师父还是徒弟，如果不严格遵循一定的礼仪规范，那么这种师父和徒弟之间的身份将会非常混乱。徒弟在拜师以后，要对师父言听计从，并追随师父学习，和师父之间要建立一种深厚的情谊。古人训："一日为师，终身为父。"父母给了我们生命，而师父给了我们谋生的手段。对待师父要像对待自己父亲一样，生事之以礼，死葬之以礼。

对习武之人的礼仪教育的最终目标是道德教育，各门各派在授徒的第一关就对徒弟的人品以及道德严格要求，并制定了繁简不一的门规戒律和各种礼仪规范来约束徒弟，使徒弟在门规戒律的制约下，不断养成一种良好的行为规范，最终内化在习武之人的血脉中。可以说，习武之人的武德是不断地在遵守门规戒律和武术礼仪规范中逐渐形成的。因此，武术的礼仪文化在武术文化中起着至关重要的作用。习武之人在自我的修行过程中，不仅要对武艺精益求精，更要修炼好自身的武德，只有将武艺和武德相结合，才能达到更高的境界。

(二) 武德——武术教育文化之魂

1. "武德"的含义

（1）人格形象以"义"字当先

武德是武林中人最为看重的，只有武德高尚的人才能受到众人所尊重，才能树立起被人尊崇的人格形象。武林中"义"的表现形式是能扶弱济贫不计得失；在维护国家利益时能赴汤蹈火，勇担重任；在惩办豪强时能奋不顾身。但是，在中国封建社会，统治者对那些好打抱不平、抑恶扬善、除暴安良的义士称为"匪"，并且加以围剿。由于当时的封建社会豪强恶霸的欺凌，再加上官府的横征暴敛，使得老百姓过着水深火热的日子。老百姓无法把握和掌控自己的命运，并且自身的保护能力相对较弱，在灾难面前，祈求神灵、迷信来保平安，但是希望却又屡屡破灭，老百姓自然渴望有武艺超强之人惩恶除霸、扶弱济贫，因此，中国封建时代的百姓对行侠仗义人士的渴望尤为强烈。久而久之，行侠仗义、自由不羁、解救百姓于水深火热之中成为武林义士的本分，同时，百姓对行侠仗义人士的人格塑造也形成了规范。例如，《水浒》中的英雄人物，以及护卫展昭之类的侠义人士等都受到民众的称颂。

（2）人际关系讲求谦敬忍让

由于武术受到中国儒家思想的影响，习武之人在与人交往时讲求宽容忍让、谦虚恭敬，这和儒家思想"仁人"不谋而合。同时习武之人对师父是非常尊重的，是武林中必遵的礼仪，正所谓"一日为师，终身为父"，弟子在师父以及师长面前的言行是非常恭敬的。同时师长也必须关心和呵护弟子。

在传授武艺的过程中，师父要求弟子"学而不厌"，同样师父自己也要"诲人不倦"。在《永春白鹤拳·懔十戒》中，有一半的要求与谦虚有关系，如："戒好胜、戒骄、戒好名、戒好利、戒浮夸逞能。"武林高手更加注重自己的谨慎谦逊。严格谨守儒家"有若无、实则虚"。可见习武之人对谨慎谦虚的重视。

忍让宽容是武德的重要内容之一。习武之人练习武术的最终目的不是打倒或伤害对手，而是制服对手，那种致死或有意伤害对手的行为不是武德所追求的。习武之人之间切磋武艺讲究"点到为止"，切磋武艺的目的是提高武术技艺，那种置人于死地的行为，武林是坚决反对的。且武术中的绝技在使用过程中同样受到限制，有研究者指出："仙人掌、少林轻功、一指禅等武功，由于杀伤力极大，在练习此功时最易使用左手练习，唯恐无意中伤人。"① 武德中宽容忍让是一种高尚的精神气质，真正的武艺高超的义士对待那些狂妄之徒，更多的是采取忍让的态度，但一旦那些狂妄无知之徒触及其底线，必将出手制服，忍让并不等同于视而不见或一味迁就姑息养奸。

（3）重信守诺

信守承诺是武德中另一重要内容，由于中国武术是以儒家思想为核心，其中"信"在儒家思想中占有重要的地位。孔子曰："民无信不立。"因此，"信"是武林衡量习武之人的标准，是十分重要的标志。正所谓"言出必行""一言既出，驷马难追"，习武之人把"重信守诺"放在重要的位置，并十分看重。在中国的历史上，那些为了实现诺言的习武之人，不畏艰难险阻，甚至为了承诺牺牲自己的生命，在历朝历代均有。在国家民族大义面前，诸如荆轲、关羽、岳飞、戚继光、秋瑾等英雄为我们展现了重承诺、守信用、杀身成仁、舍生取义的武林美德。这一颗颗历史长河上闪耀的明星，也正是将自己的命运与国家民族的兴亡紧紧联系在了一起才铸就了永恒。在今天看来，重信守诺仍然值得提倡，但是有一点要注意，那就是承诺做的是正义的事情。

中国武术博大精深，武德是中国武术文化的核心价值，在任何时期里武德都被习武之人放在首要位置，并作为习武之人规范自己

---

① 秦建明：《对中国传统武德涵义几个重要内容的再认识》，《武汉体育学院学报》1999年第4期。

的道德标准，因此，在武术教学中应发挥武德的积极作用，使我国的武术文化得以发扬光大。

2. 传统武德主体内容的结构

传统武德是有着绵延流动的过程，而并非被确定的道德意识图景，如果我们在研究传统武德的过程只将精力放在寻找和搜索传统武德的思想资料中，那么不免会对我国的传统武德内容狭义化。因为，在乡土社会中，习武之人有一套自己较为完整的道德体系，是有着非常明显的内在多重结构的，是并列重登、纵横交叉的关系组合起来的，并逐渐形成了民间习武群落自己的一套伦理道德之网。

（1）日常道德

传统武德建构的基础可以说是社会生活中的日常道德。民间有句武谚为："为习武，先观德"，这里所指的"德"就是日常道德的含义。各门派的门规以及在择徒时都将武德（其中很多包括日常道德）渗透其中，如《内家拳法》中就有"五不可传"之说，五不传分别为："骨柔质钝者、心险者、狂酒者、好斗者、轻露者。"[①] 其中后四项所指的就是日常道德。

随着西方体育文化对我国传统体育文化的强大冲击，作为中国传统体育文化的武术也开始出现异化的现象。这使得一些习武之人对武术文化产生了质疑，比较有代表性的人物为意拳创始人王芗斋。他对民国时期"流弊丛生"的师徒现象十分反对，提出要"解除师徒制"，并对这种师徒现象进行了较为激烈的抨击。他建议建立一种"重感情、尚精神"的教学关系。即便王芗斋对当时的师徒现象极其反对，但是在择徒时他还是认为应该"重亲孝长、重德性、尊师敬长"等。并将"和意切恭慎"五字作为规定和信条。[②] 我们可以看出，即便王芗斋对当时师徒现象极其不满和抨击，但是在其择徒上还是"首重德性"，这是基于对中国传统伦理道德

---

① 黄百家：《内家拳法》，《昭代丛书·别集》。
② 王芗斋：《拳道中枢》，北京体育学院出版社1989年版。

精神的一种肯定，而提出的对习武之人的日常道德准绳。

（2）谦和坚韧

中国传统武德是中国传统文化的一部分，而中国传统文化是以道德为根本，因此，中国传统武德也是以"德"为武之根本，并且难以逾越这样一种文化背景，同时习武之人还将"德"视为通向至高无上武学的精神导航。武者在习武的过程中不仅是对自己意志品质的磨练，同时还要处理好师徒之间、师兄弟之间、师长之间等人际关系。也就是说，传统武德的习武要求包含两方面的内容，分别为习武之人的意志品质和人伦规范。我们都知道，技艺功夫的进步不是一朝一夕可以练成的，它是需要长年累月的磨练方可有所成就。习武和其他体育运动一样，都尤重黄金年龄练习，但是对于习武者来讲都会被一些生活琐事所围绕，这就要求习武者有一种持之以恒的耐力以及异乎寻常的品质。在武术训练理论中有这样一个观点，那就是认为习武之人必须经过"三伏三九"的劲始归根，以及"三膘三瘦"的形体变化。① 也就是说，练武是没有速成法的，是没有捷径可走的，是需要日积月累，一步一个脚印，是需要付出智力和体力的双重代价的。如精神略有怠慢或意志稍不坚定，都会导致半途而废。因此，需要习武之人富有苦心、富有恒心、富有专心。只有三"心"相互作用，才能获取成功。同时也是对习武之道德意志品质的实践考验。

对于习武之人的另一方面要求是人伦规范，它具体表现为对同辈要克己和众，对师辈要做到敬师尊长，不得违拗。很显然，对习武之人人伦规范实际上就是社会日常道德伦理的折射。万籁声先生曾经说过一句关于习武之道的话："是以武功一道，非有坚韧不拔之志者，难得有大成功，非忠义纯笃者，难得有大造就；非谦和恭敬者，难得有好善终。"② "谦和恭敬""坚韧不拔""忠义纯笃"

---

① 赵钟晖：《武术文化中武德的继承和发展》，《武术科学》2004年第1期。
② 万籁声：《武术汇宗（中篇）》，中国书店1984年版。

是对习武要求的基本概括，同时也说明我国的传统武术活动中武德教育的重要意义，是任何东西所无法代替的。

3. 现代社会中武德的迷失

随着当今科学技术的不断发展，人们的生活水平得到了不断提高，但是，由于过度追求物质欲望的满足，以及金钱主义、拜金主义价值观的误导，使人们的道德生活或多或少的呈现出扭曲或衰败的状态。体育作为社会文化的一部分，同样也不可避免呈现出类似的现象。如今的竞技体育已经走向了商业化、产业化、职业化的道路，在取得辉煌的同时，也隐藏着与其发展不和谐的一面。运动员成为商家赚钱的工具。对比赛胜负的操纵，黑哨、假球等现象弥漫在竞技体育的上空，这已经严重影响了竞技体育的发展道路。竞技体育中道德的沦陷同样影响着武术这方净土，致使一些习武之人的价值观出现失落以及武德衰败等现象。例如，一些门派的掌门在弟子面前自吹自擂，认为其他流派的武术都是旁门小乘，只有自己这门武术才是正宗；有的更是耸人听闻，无稽之谈，说只要练好他教的这门武术，就可以踏雪无痕、就可以隔山打牛；还有的以武为名，搞派别斗争；还有些学生由于平时不注重武德的培养，致使本身缺少武德，在学校里打架斗殴、恃强凌弱。在校外寻衅滋事、充当打手。这种现象已经成为当今社会的严重问题，因此，在武术教育的过程中，武德教育是势在必行的，武术教育必须将武德渗透其中，才能正确发挥我国传统武术的教育功能和价值。

4. 武术教育中武德教育的必要性

武艺和武德是相辅相成的，二者相互结合才能取得最佳效果，习武之人不仅追求至高无上的武艺，同样也在不断追求崇尚的武德。如只注重二者之一很难达到理想的效果，如果一个习武之人武技高超，但是武德不正，其后果可能会导致败坏门风。因此，在武术教育中只有将武德教育贯穿到武术技术教育之中，才能达到相互促进的最佳成效。在武术教学的过程中首先要让习武之人明确习武的目的。只有将发展我国传统体育项目、弘扬祖国的传统文化以及提高国民素质设为习武的目的去掌握本领，才能真正地有所发展。如果没有远大的理想和报复，习武之人学习武术的目的是为了掌握一些防身技巧而无太大的理想和抱负，在习武的过程中如果遇到一些困难将会打退堂鼓或吃不消，最终无法持之以恒，半途而废。还有一些人学习武术是为了在他人面前显示自己的威武，甚至为了打架斗殴，这些都显然无法展示武技的真正价值。学校是武术教育的重要场所之一，据有关部门统计"武术在高校中武术教学的发展速度要快于武德课程的增加速度，这也反映出部分高校在武术教学的过程中对武德教育不够重视"。[①] 这不利于武术教学的发展，同时也不利于学生的全面发展。武德教育的目的可以说是让学生产生积极向上的思想品质，以及避免学生形成消极的人生观。同时，武德教育可以推动高校的素质教学，养成吃苦耐劳的意志品质和克服困难的勇气等，进而提升学生自身素质。"习武先习德"是武术界永恒不变的话题，可见，武德在武术文化的重要地位，习武之人只有具备了高尚的品德，才能够真正地领悟到武术的真谛，才能领悟到我国博大精深的武术文化内涵，才能更好地提高自己的武术修为。因此，只有我们重视武德在武术教学中的重要性，以及秉着发扬我国传统武术文化的理念进行教学，才能真正使我国武术脱离开"薄小俗浅"的尴尬境地。

（三）侠义——武术教育文化之气

千百年来，传统武德的侠义精神为广大民众所推崇，同时武侠精神也是习武之人毕生所追求的理想境界。侠义精神的形成与习武之人自己的道德认知有关，也就是说习武之人将自己的道德认知与侠义精神相结合从而凝聚、积淀下来的，同时武侠精神在当时俗文化视野中，或多或少受前代语言行为传承的影响。侠在春秋战国时期又称"武侠"，指的是那些仗技行义者。司马迁在《史

---

① 谭炳春：《武德教育》，吉林文史出版社2002年版。

记》中最早对侠的概念进行归纳总结，迄今为止，司马迁归纳的侠的概念仍然是后来传统武德侠义精神的重要内容。武侠精神在中国传统武德中占有重要的地位，武侠的具体表现形式有两个方面，其一为习武之人所担当的社会责任，其二为习武之人的秉性修养。习武之人所担当的社会责任具体表现为无私奉献、除暴安良、匡扶正义等。我们可以从"精武会训""少林戒约"以及万籁声先生的《武术汇宗》中均能清晰地看出对习武之人担任社会责任的细目。"少林戒约"后十条中的首条，就要求"肆习少林武技者，必须以恢复中国为志"①。毫无疑问，对习武之人担任的社会责任使命，是传统武德对武侠精神的崇尚，并被赋予了理想道德的情感。习武之人除了担任起社会道义重任以外，同时还应有奉献精神、刚正品格以及善察是非的判断能力，这也就是指习武之人自身的秉性修养。习武之人的秉性修养大致有守信重诺、谦和忍让、取义轻利等。只有将外在行为（所担当的社会责任）与内在基础（个人秉性修养）相结合，习武者才能获得最为完美的人格象征。但是我们必须指出的是，我国的传统武德毕竟是在我们封建社会这片土地上滋养所形成的，它既有我国民族传统文化的优秀部分，同时也不可避免受到历史的局限有其糟粕，如"一徒不可有二师""为哥们义气卖命""传男不传女"等。所以，我们在理解我国传统武德时应取其精华去其糟粕，绝对不能在"光环"效应下对其忽视，那样我们将无法继承我国传统武德这笔好的文化遗产。

1. 侠义文化的内涵

侠文化在中国历史的长河中神奇而浪漫、丰富而复杂。关于"侠"文化的最早记载可以追溯至《韩非子·五蠹》，韩非子认为"侠以武犯禁"，是"五蠹"之一。并且他还认为，侠有三种的品格：其一为"肆意陈欲"，意思就是人要无拘无束，豪放肆意，享

---

① 周伟良：《析中华武术中的传统武德》，《上海体育学院学报》1998年第3期。

乐于世间。其二是"弃官宠交"。意思是说为了朋友两肋插刀，不要爵禄。其三是"以武犯禁"，他视游侠为一种蠹虫，并主张坚决取缔。韩非子有这样的看法，是由于当时的社会文化背景和他当时的立场所决定的，当时的君权逐渐削弱，江湖的自由和朝廷的集权形成十分鲜明的对比，要想建构一个集权式的君主统治就必须将游侠取缔，这完全是站在政治角度的立场对"侠"给予的否定。

司马迁是最早将"侠"的概念进行总结的，他认为侠具有："不矜其能"的谦虚品质，"言必信，行必果"的人格，以及"不爱其躯"的自我牺牲精神。他认为行侠仗义之人和圣贤豪杰一样。司马迁还指出了先秦时期侠存在的四种形态：第一种形态为"游侠"。他认为游侠的形态为："今游侠，其行虽不轨于正义，然其言必信，其行必果，已诺必诚，不爱其躯，赴士之厄困，既已存亡生死矣，而不矜其能，羞伐其德，盖亦有足多者焉。"① 司马迁肯定游侠"言必信，行必果"的精神，他们敢作敢为，行侠仗义，认为他们是真正意义上的侠。第二种为卿相之侠，代表人物为四公子（信陵、孟尝、平原、春申）。这里所指的卿相之侠是"招天下贤者"的人，所招的贤者都是无位而厄困的人，因此，可目之为侠。第三种侠为豪暴之徒，是侠中末流，设财役贫，侵凌孤弱，游侠亦丑之。第四种侠士墨侠，他们甘愿牺牲自己，扶危救困。我们可以从司马迁对"侠"的解读中发现，他既肯定了游侠"言必信，行必果"的精神，也批判了侠不归于正义的负面作用。

侠必重义，不"义"之"侠"必将不属于侠，儒家和墨家对"义"都有论述。《墨子·天志下》中指出："义者，正也。"《论语·阳货》中指出："君子义为上"和在《论语·卫灵公》中指出："君子义以为质"的观点。因此，侠和义是一个统一的整体，是密不可分的，是有机联系在一起的，脱离义的侠不能称为"侠"。

不同时期的人对"侠"的理解是不相同的，但是纵观历史我们

---

① 司马迁：《史记》，上海古籍出版社 1986 年版。

可以看出，侠义思想大致可以总结为：第一，一诺千金的操行；第二，不求酬谢的风格；第三，羞伐其德的风度；第四，知恩必报的品德；第五，尚奇轻俗的意识；第六，以武犯禁的行为；第七，蔑视礼法的个性。

2. 侠义思想的基本内容

侠义精神在中国传统文化中占有重要的地位，受儒家、墨家等思想文化的影响较深。它起源于春秋战国时期，在历史的长河中经历了漫长的发展，在不同的社会条件下所表现的模式也不尽相同。于武者自身而言，侠义精神的核心主要表现为公平正义、重义轻死、路见不平、拔刀相助、重信守义、见义勇为、追求自由等。也正是由于封建社会时期我国法律制度不够健全，代表行侠仗义精神的侠客往往可以为社会弱势群体伸张正义，起到让社会制度公正运行的作用。

同时，正如"侠之大者，为国为民"这句话所述。自古以来，练武之人便对国家兴衰心怀强烈的民族情怀。如《精武门》这一影视作品的主人公陈真在师父被害以及国难当头时所表现出的"生为中国人，死为中国魂"的大无畏气概，便代表了习武之人强烈的民族情怀与民族气节。

（1）公平正义

侠义思想的基本内容之一是正义和公平，在侠义思想中最为人所称道。侠义思想表现公平正义的形式为不能以富辱贫、不能以上害下、不能以大欺小、路见不平要拔刀相助等。当国家民族遇到外敌入侵时，当百姓受到欺压时，一些有志之士都会挺身而出维护正义，都会不遗余力地侠义施行。鲁智深原名鲁达，是《水浒传》中经典人物之一，他原本是一位提辖官，并且武艺高超，可谓前途无量。但是当他听说金氏父女被恶霸郑屠欺负时，便为金氏父女伸张正义，与恶霸郑屠进行了一场激烈的打斗，最终将恶霸郑屠致死，可谓是真正的英雄，他的事迹流传至今。再如明代豪侠周星卿路见不平，为一对孤儿寡母讨公道，从恶霸手中将田夺回，最后恶霸惧怕将孤儿寡母的田退回。通过以上人物的侠行事迹我们可以看出，"侠义"精神存在于历朝历代，是一种公平正义的侠义观，是有志之士所追求的核心价值。无论是外族强敌，还是盗匪恶霸，习武之人必将舍身忘己、拔刀相助。侠义精神更为可贵的一点就是在追求公平正义时不为个人的私心和私制，为的是求得公平的实现，为的是制止那些以富辱贫、以大欺小的嚣张势力，当世人提到"侠"时，都将它视为正义和公平的维护者。

（2）信义

一言既出，驷马难追、重信守义是习武之人的基本行为和处事方式。司马迁是西汉时期的大思想家、文学家、史学家，他对侠有着自己独到的见解，他是最早将"侠"的概念进行总结的，在《史记·游侠列传》中将"侠"总结为"其言必信，其行必果，己诺必诚"①的特点。在秦朝末年流传这样一句谚语："得黄金百斤，不如得季布一诺"，这里所指的季布是项羽的部下，因为性情耿直、为人侠义、只要答应别人的事情，无论有多大困难，都想方设法办到，受到人们的赞扬和敬佩。再如，战国时期的魏文侯诚实守信，答应别人的事情一定做到。在司马迁的《资治通鉴·魏文侯书》中有所记载："文侯与虞人期猎。是日，饮酒乐，天雨。文侯将出，左右曰：'今日饮酒乐，天又雨，公将焉之？'文侯曰：'吾与虞人期猎，虽乐，岂可不一会期哉？'乃往，身自罢之。"②魏文侯身为一国之君，能屈尊与管理山林的小官员说到做到实在难能可贵。对于习武之人来讲，他们十分看重自己的言行，一旦答应了，不管会冒多大风险，哪怕是用自己的生命去兑现自己的承诺，都将毫无保留的兑现。"信"对于习武之人来讲具有一种原始的力量，是一种信仰，这"一言"就肩负起了一种义务和责任，为了信义不畏险阻，也从来不会望而却步。

---

① 司马迁：《史记之游侠列传》，中华书局1982年版，第54—56页。
② 司马迁：《资治通鉴·魏文侯书》，中华书局1982年版。

(3) 名誉

名誉节操是侠义思想的另一项重要内容，并且侠对名节极为看重。例如，战国时期的大侠田光，在与太子丹密谋刺杀秦王时，因太子丹叮嘱田光不能将二人今天所谈告知他人，田光觉得没有得到太子丹的完全信任，侮辱了自己侠义之名，为了侠义之名，不惜一死。从这一点上，我们可以看出，名誉对于一个侠者来讲要比自己的生命更加重要。但是，沽名钓誉对于侠者来讲绝对是一种耻辱，也就是说侠者要是以追求名誉为动机，必将是虚伪的侠行，对于侠者来讲，名誉实际上可以看作行为的表象，名誉一定要由名辖节、因义立节、以行获名。朱家为汉代大侠，他为人慷慨，善于助人。他对季布有恩，等到季布功成名就之时，朱家却不肯与其相见。因此，很多侠者固然看重自己的节操，但是却不愿意立名于世，并不是贪图报案才帮助他人，而是喜欢淡泊世俗之名，这也形成了大多数的侠喜欢隐居的习惯，为的就是不愿立名于世，因此有一些侠者的侠行不为后人所知。

(4) 自由

侠义推崇的是刚正不阿的节操，以及追求自由的渴望和超然独立的个体存在。因此，侠者的行为往往是桀骜不驯的。侠者认为，如果自己任人摆布或是被社会伦理秩序所束缚那样将会是极其可悲的，是毫无价值的。因此，他们宁可冒天下之大不韪，也不愿意苟且求全，宁可得罪人，也不愿意束缚自己的情怀和自由，很多侠者不愿意入仕为官可能就是这个原因。比较有代表性的要数唐代诗人李白。李白从小就豪放不羁、桀骜不驯，过着侠客的生活，虽说李白曾经也入朝为官过，但是没过多久，因为无法忍受宫廷礼法，认为这是对人格的折辱，便游走于江湖。李白在《侠客行》中这样的感慨道："纵死侠骨香，不惭世上英。谁能书阁下，白首《太玄经》。"[①] 由此我们可以看出，侠义推崇的是刚正不阿的节气，很多

[①] 李白：《李太白全集之侠客行》，王琦注编，中华书局2001年版。

侠者与当时的社会无法很好的融合,于是只好用隐于江湖的办法,来坚守自己的信仰。

(5) 复仇

司马迁在《史记·栾布传》中对栾布说过的话进行了概括:"穷困不能辱身下志,非人也;富贵不能快意,非贤也,于是尝有德者厚报之,有怨者必以法灭之。"① 侠者的思想是恩怨分明,当与人结怨时,必将粉身碎骨在所不惜。

当受到别人恩惠时,必将涌泉相报。如晋国的豫让,为了报答智伯的恩情,不惜用漆身吞炭的方法易容去刺杀赵襄子。再如,三国时期的典韦,为了好朋友刘氏报仇,将刘氏的仇人李永一家老小杀死,当面对上百人抓捕时,面无惧色,神情凛然,得到了当时豪杰们的称赞。虽然说侠者热衷于报怨和报德,但是,这种报怨要建立在正义和侠义的基础上,如果不问是非曲直便动武,势必将走向刚愎的极端,使侠者蒙上一层污秽。

3. 侠义思想的社会历史作用

在中国封建专制的历史时期中存在一种重要关系,那就是统治与被统治的关系,这种封建制度是建立在儒家理论思想上的,二者相互制约,谁都无法逃脱。如果要想建立起一个相对较为自由和平等的关系,就必然需要另外一种力量进行推动,也就是"第三方"的力量。侠以"信义"作为人与人交往的准则,推崇的是个体间的交际,是社会发展的"第三方"力量。从某种意义上讲,第三方力量的出现,已经打破了儒家的阶级理论,并且设立了更为先进的社会关系,对当时的社会风气在一定程度上也有所改善。

侠义思想在中国历史的长河中,在不同的社会背景中所表现的形式也不相同。政治环境较为宽松的初期,侠义以任侠者的形式来感召百姓。等到了后期,因统治阶级的打压和不容,侠义之士无奈隐匿江湖,以一种精神力量的形式感召百姓。由于封建社会时期法

---

① 司马迁:《史记·栾布传》,中华书局1982年版。

律制度建设不完善，侠义思想在这一阶段所表现出的作用往往表现为两种：其一便是通过"路见不平拔刀相助""劫富济贫抑强扶弱"等手段来间接维持社会公平正义，这一点类似于西方电影所塑造的"佐罗"形象。除此之外，在以普通老百姓为主的社会弱势群体受到欺压时，侠客们便以一种"青天"的形象替他们打抱不平进而完成这些人的诉求。总的来说，侠义精神在古代是一种类似于"青天衙门"的民间力量，在发现社会不平等现象之后通过个人行为对社会进行补救的一种自发的责任感。

但是，当国家民族处于危难时，身怀捐躯报国思想的侠客们便会在此刻挺身而出。他们远赴沙场慷慨捐躯，从市井里走入战场，从除暴安良走向建功立业。进而提升了侠义精神的思想境界，也正印证了"侠之大者，为国为民"。如宋代的孙益、明代的谢介夫等都是在国家民族危难之时挺身而出的英雄人物，他们不计名利，百折不挠，令公众佩服不已。虽然说到宋以后，统治者对侠不断打压和不容，但是并没有减弱百姓对侠的渴望和期盼，侠义思想以其精神力量感召百姓，从而侠义精神的世俗文学走向了兴盛，以其崇尚自由和主张个性的思想给社会人性方面指引着道路。虽然说侠者群体在中国的历史上经历过势强与势微，时多与时少，但是侠义精神在中国这片特殊的土地上却从未消失，并且影响至深，直至当今。在西方强势文化的冲击下，侠义精神的复兴有助于我国传统体育文化的复兴与发展。

三　武术教育文化性的思想根基

作为一项在中华大地土生土长的传统体育项目，武术在其近千年的形成、发展、演变过程中，可以说是与中华民族传统文化有着千丝万缕的联系。以社会推广最为普及的太极拳为例，通过对其动作特征以及姿态要求进行分析，我们就可以发现。在太极拳的练习过程中，不仅需要将外部动作与身体神韵结合在一起，更需要将所习练的动作与呼吸进行自然配合。这无疑都体现出了武术练习过程中与传统"天人合一"以及"道法自然"思想的密切契合。在此基础之上，以"形神兼备、内外兼修"的中国武术作为载体，从而促进人民身心健康的协调发展。对于保护中国传统武术以及构建社会主义和谐社会都有着至关重要的理论意义。

（一）"天人合一"的精神境界

1. "天人合一"的基本内涵

"天人合一"中的"天"是与人类相对应的概念，原意指的是人头，后来引申为头上的空间，"天人合一"中的人指的是社会、人事，主要指的是与自然界相对应的人类。[①] 对于"天人合一"的思想内涵，学者通过对其演变历程进行系统分析，认为"天人合一"这一观点的出现最早可追溯到西周时期。在周宣王时期尹吉甫作《柔民》之诗中体现出来的，有云："天生烝民，有物有则，民之秉彝，好是懿德。"[②] 这里的意思是人民的善良德行来源于天赋的意义。郑国著名政治家子产的观点是反对当时占星术的迷信，但他肯定天与人的联系。他说："天道远，人道迩，非所及也．何以知之？"子产的观点对"天人合一"的思想观念有着重要的理论意义，这种观点是与当时的占星术不同的观点。对于子产的观点孔子是推崇的，但是，他没有谈论天经地义等问题。而把天与人性联系在一起的是孟子："尽其心者，知其性也，知其性则知天矣[③]。"到了战国时期，《易传》中提出关于天人关系的全面见解。既注重客观规律，又注意发挥其主观能动性。到宋代，对"天人合一"的观念有了进一步的进展，北宋哲学家张载针对佛教"以人生为幻妄"的唯心主义观念提出"天人合一"这个命题。他首次将"天人合一"作为一个完整的词汇或命题提出《正蒙·诚明》有"儒者因

[①] 马保平：《释析"天人合一"》，《社科纵横》2007年第9期。
[②] 王细芳：《中国古代"天人合一"》，西安建筑科技大学2005年版。
[③] 《孟子》，山东友谊出版社2001年版，第263页。

明致诚，因诚致明，故天人合一，致学可以成圣"①。当代一些学者对"天人合一"的基本含义做了阐释，他们认为："人应顺其自然，应与自然和谐相处，道德理性应与自然理性保持一致，并融为一体。"在中国古代"天人合一"的观点不是由一个人提出的，它是由中国古代众多哲学家发展和建立起来的，这种"天人合一"的观点不是独立不变的，它是不断修正和完善的。在我国古代天是一个哲学命题，中国传统的"天人合一"贯穿着一条基本理念，那就是天是绝对权威的，"天人合一"论是多方位、多层次的。由于当时生产力的落后和人们的认知水平有限，于是对天产生崇拜，他们认为天决定着人间的祸福，天是主宰一切的。通过查阅古代哲学家对天的认识的相关资料，发现很难找到完全相同的天人观，在我国古代哲学家中，包括儒家、道家、佛教等，他们之间对天的认识有并列、继承、创新，在这里对他们的主要观点总结如下：

一是主宰之天，命运之天。古代的人们把天看成神，由于远古时期社会生产力的低下，人们无法用所学的知识来解释天文现象，这是不可避免的阶段，人们不得不怀着好奇、迷茫的心情去面对这个世界。中国古代人们所支配的生产劳动的文化情感、思维、意识、意志等，包括原始认识、崇拜等，是不够理性的。即原始理性、理论缘起等原始宗教崇拜观念纠缠在一起。由于对事物认识有限，因此，远古时期的人们生活在一个由他们自己虚构的"万物有灵"的世界里，这也是一种人们期望的幸福境界。

原始造神运动是远古时代人们必须经历的"磨难"。人们对"万物有灵"的理解是将万物看成有生命的，它和人一样是有意志、有思想的。由于自然界的压迫，人们感到了自己的渺小，人们期望通过崇拜神灵来建立一种精神支柱，向"神"献媚以求得保佑。殷商人非常崇拜天，同时周人也认为是上天在保佑周王，这和

---

① 张载撰，王夫之注，汤勤福导读：《张子正蒙》，上海古籍出版社2000年版，第130页。

浑然不知的原始人相比是一种进步。他们认为上天是和人一样是有血有肉的。商人认为天就是神，在祈求神灵保佑时，商人会首先祭祀他们的祖先，并由祖先向上天表明祭祀者的愿望和想法，祈求上天保佑他们的子民。周人对神肃然起敬，面对至高无上的"神"，他们献上庄严的颂歌。可以看出，周人对天的敬畏要比殷人对天崇拜迷信有所进步，周人认为，"神"会扬善惩恶，这已经上升到了伦理道德层面。为了得到上天的保佑，人们必须规范自己的道德行为，因此，在这个历史时期，周人对"礼"的重视十分凸显，在学界有一个大家公认的事实，那就是周人重礼，以礼造士的说法。只是，周人重视礼的根源是源于敬天。

在我们生活中的今天，这种对天的敬畏还会在人们的下意识中产生，人们所说的："人在做，天在看"等均能表现出天是主宰和把控人们命运的神灵。

二是自然之天，物质之天。在我国先秦时代，对"天"的理解上升到了自然和物质，已经逐渐脱离了天即神的说法，对天的理解也比较科学比较理性。同时，在以道儒两家思想为代表的先秦时期，两派思想对于"天"与"人"的关系有着自己的见解。

道家是以老子和庄子为代表，对宇宙的理解是以"道"，老子所说的"道"是介乎人生和自然的哲学范畴，《老子》一书是以德经和道经构成的。这里道偏重于天，德偏重于人，由此可以看出，他从自然出发，同时也落实到人生。老子对"天人合一"观点是"天大人小"。这和庄子的思想不谋而合，庄子主张"无为"。这种"无为"不是"无所为"，而是"无不为"。庄子曰："吾在天地之间，犹小石木之在大山也。"表层的意思是说，人和自然界相比，就像小石头小木头和大山相比一样渺小。更深层次的意思是说，人是自然界的一部分，脱离了自然界是不能独存的。庄子和老子主张回归自然的返朴归真境界。由此，我们可以看出，老子和庄子把天看成自然之天，它有自己的内在规律，在道家思想中，对于天的认识已经没有人伦道德的含义。

儒家思想以孔子为代表，但是孔子很少谈论天，可能在一些言论中孔子对天的诠释还表现为人神的含义，但孔子对于天道的理解也有自然之义。如在《论语》中："天何言哉？四时行焉，百物生焉，天何言哉？"① 此外，作为汉代儒家思想的代表人物，董仲舒在庄子阐述的基础之上，以哲学思想体系对天人合一进行总结归纳，并逐步确立为中华传统文化的主体。董仲舒所提出的天人合一理念主要包含有三个要素——即天与人的物质基础相同、天与人的构成结构类似、天与人存在相互感应。在天人合一的背景之下，董仲舒进一步将人类社会的组织原则定义为"三纲"——君为臣纲、夫为妇纲、父为子纲，这样一套以天人合一为核心的道家思想理论也成为后世统治阶级制定社会组织秩序的条纲。

孔子的思想更多地表现在道德方面，儒家和道家相比对天道的含义少了些自然之义。但是那个时期人们对天观的理解已经基本脱离了人神之思想，对于天的理解也越来越科学化，越来越清楚。

三是天人如何合一。首先源于最初人们对天的看法，认为天是主宰一切的，是主宰之天，命运之天。《史记·项羽本纪》中项羽在临终之时说："此天之亡我，非用兵之罪也。"我们可以看出，这里的天和人一样是有意识、有感情的，天变成了有血有肉的神，天与人存在着相互感应的关系，人性与天性完全是相通的，并与人事相呼应。这也是天人合一的大前提。其次，古人云："人心能感通天地万物，人心至灵至动。"这里要讲的是人在天人合一中的作用，只要人们情感是发自本性的是真实的，就可以与天有所感应，便可以知天，达到一种天人合一的境界。达到一种"与天地参"的境界，便是天人彻底合一。最后，我们都知道万物圆融一体并非对立，这是"天人合一"的主要基础，凡是对立，则难合一。我国古

---

① 《论语》，中华书局1960年版。

代的哲学家孟子曾说过:"万物皆备于我",达到这种境界自然能走上天人合一的道路。

以上三点是解释天人为何合一的原因,但我们要知道"天人合一"的观点并非一个人所提出的,它是古代众多哲学家智慧的结晶,是在不断修正、不断完整中所发展起来的,最后达到了一种比较系统的理论。

2. "天人合一"的基本内容

(1) 人性、人道与天理的合一

在中国远古时期,因为社会生产力水平的低下,人们对自然界的变化没办法用自身的知识来解释,因此,人对于天的理解是从"主宰之天""命运之天"对人类生存的本质角度来理解的。

儒家、道家、佛家等思想对我国传统文化影响较深,对"天人合一"思想儒家和道家都对其有自己的见解。儒家思想对于"天道"更偏重于道德层面,并认为人类社会和自然是一个相互联系的整体,把天道当成维持人类政治社会的本源,并明确地告诉人们必须遵循天命,告诫人们要从万物的生生灭灭中体会天命。认为天是世界上好的行为和品行源泉。因此,人应不断的修养个人的品质来事天立命,这里的"事天命"不是听天由命,而是主张发挥其人的主观能动性,认为命运是掌握在自己手中的。在"天人合一"思想的指导下,儒家设计了一个大一统的君主专制制度,并用"君天一体"来说明制度的合理性。人要想得到上天的护佑,必须主动追求道德,这是天理之所在。儒家思想的最基本内容是把天与人的心性联系在一起,正如孟子所说:"尽其心者,知其性也;知其性则知天矣。"① 又如富贵在天,生死有命等说法,都能体现当时人类社会的等级是由天道和天理决定的。

(2) 人是自然的一部分

人天同构是《黄帝内经》天人合一观的最粗浅的层面。《黄帝

---

① 《孟子》,山东友谊出版社2001年版,第263页。

内经》认为人的身体结构体现了天地的结构。人是自然的一部分自古有之,《灵枢·邪客》说:"天有日月,人有两目;天有冬夏,人有寒热;天有四时,人有四肢;地有九州,人有九窍;天有六律,人有六府;天有风雨,人有喜怒。"① 此人与天地相应者也。可以看出在《黄帝内经》中把人体的形态结构与天地万物相对应,把天比作一个大的宇宙,人体结构则是一个小的宇宙,人体结构可以在自然界中找到与其相对应的事物,人体仿佛成为天地的缩影。

在我国古代主张万物源自于天,人是自然的一部分。老子提出:"域中有四大,道大,天大,地大,人亦大。"如张载提出:"万物一体。"在我国古代天人合一的自然观有两种理论倾向,其一为"制天命而用之,明于天人之分",其二为天与人统一的自然观。前者强调人应利用自然,改造自然,后者强调人应顺应自然。在我国古代天人合一的自然观主要以伦理道德以及政治统治的观点为主,如孔子说:"天何言哉?四时行矣,百物生矣,天何言哉?"② 意思是说,人要从万物的生灭中去体会天命,并且人们要遵循天命,并且要从自然中去学习。这里涉及的自然是从伦理道德以及政治统治的角度去思考,比如孔子提出:"君子之德风,小人之德草。"明确地告诫人们向自然学习的意义,要作为一个君子,就必须学习风的德行,不要做小人,要以草的品性为戒。社会的制度是统治者根据天的规律而定,并运用宇宙万物的自然规律来解释社会制度的合理性。要人们明白遵守社会制度就是"顺应天"。由此可以看出,天是价值的根源,人道自天性而来。我们再从原始生命演变历程进行分析,人是自然界的一部分,无机物——小分子有机物——高分子有机物——多分子体系。也就是说在我们生活的宇宙空间里,任何生命体都是自然的一部分,人类也不例外,我们的生命从无到有,从无机到有机,再从有机回归自然,人类同样受着

---

① 张志聪撰:《灵枢经》卷8,浙江书局刻光绪十六年版,第72页。
② 《论语》,中华书局1960年版。

自然规律的支配。在自然面前,所有的生命都是平等的。我们在从机能属性来看,"君子以自强不息"是人的规律,而"天行健"是天的规律。人的自强不息就是顺应了天的规律,所以,人们既要坦然地面对自然规律,又要知天、尽心、知性。因此,我们不可否认,人是自然的一部分属于"天人合一"思想的基本内容之一。

(3) 人与自然和谐相处

在我国古代天人合一的自然观有两种理论倾向,其一为"制天命而用之,明于天人之分",其二为天与人统一的自然观。前者强调人应利用自然,改造自然,后者强调人应顺应自然。在天与人统一的自然观上,比较有代表性的是道家的老子,如"人法地,地法天,天法道,道法自然"。他的意思是说,大地以无私的奉献和广阔的胸怀孕育着人类,给人类提供了生存的条件,给人类带来了阳光雨露,带来了光明。如人类离开了天地,就没有办法生存,因此,如果人类要更好的生存,需要维护人与天地之间的和谐关系,假如和谐关系被破坏将给人类带来灾难和痛苦。由此可以看出,我国古代的先人认为人类与自然有着密切的关系,人类的命运与自然界的变化是联系在一起的,从这一点上,我国古代人们就有保护自然的观念。

我们都知道自然界和人类是组成客观世界的两个必要条件,自然界和人类是一种密不可分的关系,人类社会原本就是自然界不断发展不断进化的产物,然而自然界通过人类不断地改变着自己的面貌,因此从这一点上,我们就可以看出,"天人合一"思想反映了人与自然的密切联系,并且是紧密的连在一起的。我国古代的先人早已意识到这一点,并不遗余力的去倡导这样的思想,如向自然学习,效法自然等,因此我们说明古代人们就已经具有了保护自然的意识,这不仅为后人树立了优秀的榜样,同样也是为世界做出了巨大的贡献。

西方学者对于"天人合一"思想同样有其见解,西方生态学家把"天人合一"思想融入了生态学理论,由于当时西方工业的发展加快，虽经济有所增长，但同时也带来了生态的危机、自然环境的恶化，因此，西方一些生态学专家意识到，要想从根本上解决人类生存所面临的困难，就必须从文化入手，并走出"人类中心主义"的误区，人与自然的危机是文化的危机，要想从根本上改变这个问题，就要从文化入手，从改变人类的价值观入手，这样人与自然的可持续发展才有希望。我国有一些学者认为"天人合一"思想内涵不能简单地理解为人与自然和谐相处，这是一种归约式的处理，中国的传统"天人合一"思想要比生态学理论思想要大得多、深得多、宽得多、也复杂得多，如对我国传统文化"天人合一"这样简单地去理解，必不利于更好的理解我国的传统文化。但是，笔者认为，在我国的古代人们已经产生了对自然环境保护的意识，在古代人们与自然相处的历史事实说明了这一观点，因此，人与自然和谐相处，应属于"天人合一"思想的一部分，并没有突破"天人合一"的本质内涵。

　　人与自然相处在历史的进程中出现两种不同的情况，一种是在社会生产力低下的时期，人很大程度是畏惧自然和顺从自然，难同自然和谐相处。随着人类的发展和进步，生产力水平不断地提高，人类又走上了另外一个极端，那就是要成为自然的主宰，要征服自然，和自然站在了对立面，这两种状况都是不和谐的表现。早期的人与自然和谐相处，主动权在自然方面，是自然与人的和谐，后期随着科学的不断发展和进步，人与自然和谐的主动权转向了人。笔者认为，畏惧自然和征服自然一样，都不能很好地与自然和谐相处。与自然的关系不应该是征服与被征服的关系。人类是自然历史演变的产物，是自然界的一分子，是自然之子，因此，自然界的所有生物对人类来说都是生死攸关的，人类必须善待自然和保护自然，成为自然的朋友。

　　人和自然的关系可以用对立统一的观点进行解释，人在活动中影响到自然，而自然的改变又影响到人，因其改变，对人造成了伤害，从而推动着人的价值观发展改变并不断向前发展。正如马克思所指出的，人的认识来源与实践，"不仅五官感受，而且所谓精神感觉、实践感觉都是由它的对象的存在，由于人化的自然界，才产生出来的"。① 也就是说人类和自然对立的纽带就是人的实践活动，人们为了发展经济和满足人们自己的欲望，不断的开发自然，已经给自己埋下了恶果，如果人类再不改变这种行为，继续在自然面前我行我素，那么其后果就是得到自然的报复。因此，人类需采取坚实的行动，来弥补自己的错误，使自然的生态系统保持平衡，这已经成为人类义不容辞的责任。

3. "天人合一"思想对中华武术的影响

中国是一个文化思想浓厚的国家，并有着深厚的文化底蕴和哲学内涵。"天人合一"作为中国哲学的一个基本观点，对中国传统文化有着至关重要的影响。

正如钱穆先生所说的中国的文化特质可用"一天人，合内外"六字尽之。武术作为一种社会文化现象，它是在中国这片土地和文化的酝酿下发展和形成起来的。在其形成、发展和演变的过程中，势必会受到中国传统文化的影响。天人合一的基本内涵就是人与自然、宇宙的和谐、统一，并强调人与自然有着水乳相融的关系。然而习武之人追求的最高境界就是"天人合一"，追求人与自然的合一。

习武之人都知道，练武的时候一般都是面朝南而立，这是为了让人体的磁场与天地的磁场达到和谐统一。武术套路的演练不仅强调的是武术的外在表现和外在规范，更注重的是武术的"精、气、神"，不仅要注重外在技巧的演练，更要注重对武术内在文化的理解，如不能够很好地理解武术的内在文化，所作出的动作只不过是空架势，表现不出武术的内在精髓。对武术内在文化的理解有助于习武者更好的表现武术的套路。如外国人在学习中国武术时，因对中国的传统文化不了解，所以他们表现出来的永远没有中华武术的

---

① 《马克思恩格斯全集》卷42，人民出版社1979年版，第126页。

味道，完全是学习武术最表层的内容。只有掌握武术内涵，才能将武术套路淋漓尽致地表现出来。

中华武术的拳种繁多（据20世纪80年代中国武术研究院组织专家进行全国范围内挖掘、整理、统计，我国现存的拳种有129种），古代的武术家以"天人合一"的理论创建很多拳种，在此基础上不断的演变和完善，由此可见，"天人合一"思想观念丰富了中华武术拳种的建立。完善了武术理论和技巧。如五行通背拳，应用五行"金、木、水、火、土"生克制化的原理与"摔、拍、穿、劈、钻"五种主要掌法相配为伍，推演出三盘五步，五行通背掌法，并以此为基础编创出六种站状功法和六路行状功法以及"大周天""小周天""通背功"等套路，习拳过程中强调左右、阴阳对称，上下、前后适中，因此五行通背拳看似拳法练习，实则蕴含着深厚的传统文化思想。

太极拳把"天人合一"作为修行的最高境界，它的文化内涵为人与自然、人与社会的和谐相处，它的修炼方法论的核心是把人与自然看作一个有机的整体，并把人体的各部分看成一个有机的整体。因此，太极拳深受中国传统文化"天人合一"思想的影响。太极拳这项运动不是单纯的形体运动，它讲究神形兼备，并要求练习者将形体外部所表现的动作和身体内部的"神"统一在一起，更注重身体内部所表现的神韵，达到"天人合一"的境界。这同样也是"天人合一"深层次文化内涵的反映。太极拳中的许多动作是借用了动作的形象，如白鹤亮翅、野马分鬃、金鸡独立等。这些动作都是吸取了动作的特长，并将其攻防意思融入拳术当中，达到人与自然的共鸣和统一。这种动作的意境是"天人合一"思想最形象的身体表征。并且太极拳视天人和谐为美、人体身心和谐为真、人际和谐为善。在这样的观点下，人们在练习太极拳时，体悟的是求虚静而懂神明，把握阴阳和谐变化而明劲法，最后达到出神入化的最高境界。

"天人合一"的另一思想是道德层面，这是儒家思想的主要观点，揭示出的是"天人"的和谐相处，人与社会的和谐以及自我身心内外的和谐。武术文化中讲的和谐、仁爱等武德和儒家思想密不可分，武术的目的就是完善人格，注重德行的培养，正所谓习武先习德，中华武术在人们的心目中是人格净化和精神修养的一种途径，这与"天人合一"思想相一致。武术作为中国传统文化的一部分，其武术中武德的观念深受中国传统文化的熏陶和影响。无论是除暴安良、见义勇为或是拔刀相助、点到为止等，都体现了习武者对武德的重视程度。中国武术界门派众多，每个门派的技法都不相同，但是相同的是对武德的崇尚。历代宗师在收弟子时，都看重此人的人品，在传授武艺时，首先要教弟子的就是习武者要有良好的武德。例如，明代内家拳法有五不传：骨柔质钝者、心险者、狂酒者、轻毒者、好斗者不传，其中四种与德相关，由此，可以看出武德在中华武术文化中的地位之显赫。所谓的武德其实就是习武者的一种浩然之气。习武之人是为了除暴安良、经世安民甚至报效国家，由此可见，"天人合一"的传统文化，对习武者的道德起着重要的影响，并作为习武者终身追求的最高境界。假如习武者武德发生了变化，将不利于未来传统武术的发展道路。

在武术界里出现过许多名利化倾向，在利益和金钱的诱惑下，一些参加比赛的运动员或者运动队，为了获取优异的运动成绩，不惜利用任何手段贿赂裁判员或对手，这已经违背了武术的精神，如不坚决制止将阻碍未来武术的健康发展，这就需要我们运用"天人合一"的指导思想去端正武术的根本目的。在武术的教育中应加强武德的教育，习武者要将"天人合一"作为人生修养的最高境界，并不断地完善自己的人格，加强习武者的德行。这就要求习武者对武术中的传统文化更好地进行学习和理解，完成完美人格的修炼。

（二）"道法自然"的哲学观念

"道法自然"是老子哲学思想的重要内容之一，"道法自然"命题的出现是在《老子第二十五章》——"人法地，地法天，天法道，道法自然"。在老子的哲学体系里有两个概念尤为重要，一个是"道"，另一个是"自然"。"道"是老子哲学体系中的核心概念，而"自然"是老子学说的基本精神。对老子哲学中"道"和"自然"的理解，有助于我们对"道法自然"更好地进行理解。

1. 道家之"道"的含义

"道"字在《道德经》和《庄子》中分别出现了69次和320多次。① 通过对其进行统计和分析，老庄所使用的"道"不外乎以下几个方面：

（1）把"道"视为天地万物的总根源

老子在《道德经》开篇就说："道可道，非常道。名可名，非常名。"他认为，天地万物都是由道创生的，道具有创生性，并在没有天地之时，就已经有了道，万物依赖道而生。老子在《道德经》第二十五章说："有物混成，先天地生，寂兮寥兮，独立不改，周行而不殆，可以为天下母。吾不知其名，字之曰道，强为之名曰大。"② 这里对生命是道做了解释，他认为，有一种模糊不定的东西，在万物形成之前就已经存在了，它时刻地进行着自身的运动变化，并始终存在，人们不知道它是什么，应该算作宇宙万物的本源，干脆起名为道。老子在《道德经》第四章又说："道冲而用之或不盈，渊兮似万物之宗，湛兮似或存，吾不知谁之子，象帝之先。"③ 这里是说，道是宇宙万物的本源，是空虚无形的，是非常深奥的，是用之不尽的，它是人们看不见摸不到的东西，但是人们却又能够感觉得到。在《道德经》第二十一章："道之为物，惟恍惟惚，惚兮恍兮，其中有象，恍兮惚兮，其中有物，窈兮冥兮，其中有精，其精甚真，其中有信。"④ 道是宇宙万物之本

---

① 王绪琴：《老子"道法自然"思想研究》，博士学位论文，东北师范大学，2005年。
② 《道德经》，华文出版社2010年版，第122页。
③ 同上书，第17页。
④ 同上书，第99页。

源，虽然被人们认为是摸不到、看不见的东西，但却是可以遵循的、可以信赖的。

庄子在《庄子·大宗师》中说："夫道，有情有信，无为无形。可传而不可受，可得而不可见。自本自根，未有天地，自古以固存。"① 意思是说，"道"是无为和无形的，但是却是真实又可以信赖的；"道"可以领悟却不能够面见，可以感知却不能口授；"道"就是根，在未出现天地的远古时代，"道"就已经存在了。从上述老子和庄子对"道"的描述中可以看出，他们认为，天地是由"道"而生，一切从无到有，无中生有，"道"是宇宙万物的根源。

（2）把"道"视为宇宙万物运动变化的内在规律和法则

自然之道，有着自己内在的运行规律，是无言而能回应，是不争而能取胜，我们可以回顾历史，顺应天道而成伟业，逆天道而一败涂地比比皆是，这里的天道不仅仅是无情的自然，更是一种有生无生的所有因素，是一种运化规律。世间万物时时刻刻的遵循着一定的规律在变化，而这种运动规律一旦被违背或超过了这个规律，万物就会朝着相反的方向发展，也就是我们所说的物极必反。老子指出："天之道，不争而善胜，不言而善应，不召而自来障然而善谋。天网恢恢，疏而不失。"② 老子又指出："人法地、地法天、天法道、道法自然。"这里所指的自然，并不是我国所知道的自然界，指的是宇宙万物运动的规律，而这个规律就是我们所说的"道"。老子认为，这种宇宙运动变化的内在规律和法则同样可以运用道治理国家的过程中，统治者在对国家事务进行管理时，要遵循社会发展的本身规律，如果违反这一规律，必将会受到社会规律的惩罚。

庄子在《庄子·大宗师》中指出："狶韦氏得之，以挈天地；

---

① 《庄子》，中华书局2010年版，第102页。
② 《道德经》，华文出版社2010年版，第376页。

伏羲氏得之，以袭气母；维斗得之，终古不忒……傅说得之，以相武丁，奄有天下，乘东维，骑箕尾，而比于列星。"① 老子和庄子这种遵循宇宙万物变化的规律和法则，告诫人们要遵循"道"的规则去生活，更要效法朴素、慈爱去生活。

（3）人道即所谓处世之道

老子在《道德经》第八十一章指出："天之道，利而不害，圣人之道，为而不争。"② 意思是说，"圣人"的准则是帮助别人而不是和别人争夺，"圣人"应全力帮助别人，尽可能地给予别人，不私自保留什么，这样自己反而更丰富。老子又指出："天之道，损有余而补不足，人之道则不然，损不足以奉有余。"③ 意思是说，天道是减损有余的，用来补给不足的，就像拉紧的弓箭，弦位高了就要压低一些，弦位低了就抬高一些。然而人类社会上的为人处世之道却更为复杂，因为人道总是通过减损不足来达到供给有余的目的。但是能做到把多余的拿出来补天下之不足的人往往是替天行道的道者才能做到。因此，真正悟道的人并不会私藏财物，反而是尽可能帮助他人。只有这样做，才会拥有群众和万物，自己所拥有的也就越多。道的创造总是利于万物，而不是去伤害它们。开悟的道者无论做什么事都不会去与人相争。

庄子在《庄子·在宥》中指出："无为而尊者，天道也；有为而累者，人道也。"④ 庄子在这里诠释了什么是"天道"和什么是"人道"，无为而尊者就是天道，有为有累者就是人道，还认为天道和人道相去甚远，"人道"不合自然规律，比起"天道"相差甚远。综上所述，老庄对于"人道"的理解是如果"人道"违反了"天道"，这就不是真正的"人道"，所谓真正的"人道"应该是效法自然。

---

① 《庄子》，中华书局2010年版，第102页。
② 《道德经》，华文出版社2010年版，第410页。
③ 同上书，第393页。
④ 《庄子》，中华书局2010年版，第175页。

2. 道家"自然"之理解

"自然"是老子的哲学体系中的基本精神,在《道德经》中,直接提到"自然"的地方有五处,这充分显示了"自然"在老子学说体系中的重要价值。在先秦时期,自然并非我们现在所指的自然界、大自然,那个时候就是自然而然的意思,在我国古代,代表自然界的词是万物或是天地。道家的自然关注的焦点是人类社会的生存状态,而并非我们现在所说的大自然,这是容易让人误解的,因此,我们看看老子笔中的自然是怎么用的。

老子曰:"大上,下知有之,其次,亲而誉之。其次,畏之。其次,侮之。信不足焉,有不信焉。悠兮其贵言,功成事遂,百姓皆谓:我自然。"① 这里的自然是从君民关系的角度进行论述的。意思是说,最好的统治者或者管理者,不强迫老百姓做任何事情,互不干扰,同样也不会向他的子民炫耀自己的恩惠,也不会让百姓歌颂他的伟大,百姓知道他的存在,并且不必理会他的存在。次一等的统治者会和百姓的关系和谐团结,做一些让百姓感恩的事情,再次一等的统治者做的一些事情,让百姓忍无可忍,让百姓畏避不及,百姓对待统治者只有侮辱谩骂,这是暴君和昏君的表现。在这里老子认为君民的关系应是"自然如此"的理想状态。

老子在《道德经》第五十一章指出:"道生之,德畜之,物形之,势成之。是以万物莫不尊道而贵德。道之尊,德之贵,夫莫之命而常自然。……生而不有,为而不恃,长而不宰,是谓玄德。"② 老子在这里所提及的自然是形而上的。他认为,道是自然自尊,道的地位、道生养万物都是自然而然的,不是任何东西所给予的,也不是别人所施与的,道生养万物之后,不应居功自傲,不应以生者自居,在这里老子所提倡的是因任自然的态度。这里自然的意思是"通常如此"和"本来如此"的意思。

---

① 《道德经》,华文出版社 2010 年版,第 79 页。
② 同上书,第 275 页。

老子在《道德经》第六十四章指出:"是以圣人欲不欲,不贵难得之货;学不学,复众人之所过,以辅万物之自然而不敢为。"①这里的自然是从圣人与万物的关系进行阐述的。意思是说,圣人总是希望自己不要为所欲为,然而道家的圣人追求的事物是平凡人不愿意追求的事物,道家的圣人不在乎金银珠宝等稀有之货,他情愿去学习大家都不愿意学习的东西,因为他的目的在于帮助天下的人们不再为所欲为,而是维持天然的状态。"辅万物之自然"就好似任万物之自然,道家所指的圣人应维护这种"自然"的状态,不应破坏它,它是通常状态的延续,这种自然状态是值得肯定的,是可以预见的,是稳定的。它是一种稳定的、可大致预见的大趋势。

老子在《道德经》第二十五章讲道:"人法地,地法天,天法道,道法自然。"② 从这句可以看出,老子的哲学体系把自然视为重要的核心地位。虽然说天、地、道在老子的哲学体系中都是很重要的概念,但是通过老子对这五项内容的罗列,我们可以推出,天、地、道只不过是过渡的需要,以及论证的需要,重点是人和自然的关系,通过天、地、道进而推出人与自然的关系,这里指的人就是君主,也就是说人要效法自然,老子在这里要说的重点是人类社会要自然的发展,因此,我们可以得出这样一个结论,老子越是推崇道,越是突出自然的价值和原则。

老子在《道德经》第二十三章曰:"希言自然。"这里的自然讲的是统治者,"希言"的字面含义是少说话,可以引申为思虑之意,也就是老子清静无为的思想。更深一层的意思是不施加政令,政令不施,就合乎自然了。

综上所述,我们可以对老子在《道德经》对"自然"的运用做一下概括和总结,"百姓皆谓我自然"这里的自然就是"自己如此"的意思,也就是说在没有外力作用下的自发状态,是不需要外

---

① 《道德经》,华文出版社2010年版,第335页。
② 同上书,第123页。

力作用而存在和发展的,它所强调的是事物的内在动力,并侧重于原初的状态。"莫之命而常自然"这里的自然强调的是"通常如此"和"本来如此"的意思,这是针对变化进行阐述的,也就是说自然原有状态平静的持续,是相对稳定的,可以排除外力的干扰,可以排除任何原因的突然变化,是原有状态的平静的持续。"辅万物之自然"这里的自然是原有的自发状态的延续的趋势,是针对未来趋势而言的,自然的这种状态有其自身的发展规律,这种规律是自然内在的发展规律,而这种趋势是可以预见的,如果没有强力的外界干扰或破坏,它将会沿着原有的趋势发展。

因此,通过对老子《道德经》中运用"自然"观念的分析,我们可以看出,老子所说的自然包括了可预性、自发性、原始性和延续性四个方面的内容,同样我们以可以看出《老子》关于自然这五处的例句,表达了自然的基本原则和价值,并且这种自然观适用于人与宇宙本体的关系、人与人如何相处的关系以及人与万物的关系,因此,自然观念在老子的哲学体系中是根本价值。

3. "道法自然"是老子哲学之中心价值

道家思想在中国的历史舞台上对人们的影响深远。汤川秀树说:"当重温中国的古典著作时,最使人惊奇的是老子用惊人的洞察力看透了整个人类和个体人的最终命运。"[①] 萧萐父指出:"《道德经》一书强调的是人法地、地法天、天法道、道法自然。这是道家思想的理论重点。"[②] 通过老子的这句话,我们把其进行罗列:人—地—天—道—自然。刘笑敢指出:"老子哲学中所指的天、地、道虽然是其哲学体系中的重要概念,但是天、地、道不过是其论证的需要,以及过渡的需要,重点是人和自然的关系。"[③] 在当时的农业社会中,人们要根据土地的条件来确定自己的生活方式,因此

---

① 汤川秀树:《创造力和直觉:一个物理学家对东西方的考察》,复旦大学出版社1987年版。
② 萧萐父:《吹沙纪程》,上海文艺出版社1998年版。
③ 刘笑敢:《试论老子哲学的中心价值》,《中州学刊》1995年第2期。

"人法地"，大地生长万物受制于四季流转、日月运行，因此"地法天"，老子认为在宇宙万物没有出现的时候就有了道，道作为世界的本源，因此"天法道"，我们可以看出对老子的五个罗列中道是最高的实体，那么这个最高实体的特点是如何体现的呢，那就是自然二字，也就是说自然是道所体现的最高原则和价值。

老子在《道德经》中对"道"的论述较多，越是对道论述的多，越说明自然在老子哲学体系中的核心位置。道就是一种自然力量的运化，正如"空即是色，色即是空"所云，它的产生没有原因，也没有为什么这一说。道的意思是世间万物顺其自然慢慢发展，之后创造了宇宙万物以及大小生命，并以生生灭灭做微循环罔替，在这种环境之下，进而产生了时间、空间等没有意识的意识。老子所向往的自然是整体上较少压迫的秩序，以及个体之间较少冲突的关系，并向往个体和总体的相互和谐状态，并是自然而然的。南怀瑾说："老子的这种思想渗透到人们生活中的各个领域，如政治、军事、养生等。使中国人受益无穷，老子所提倡的自然的智慧已渗透到人们的意识之中，并影响着人们行为方式和思维方式。"[①]武术作为社会的一种文化现象，同样受老子这种自然观的影响，那么老子所提倡的"道法自然"是如何影响中华武术的呢，下面我们将进行进一步的探讨和分析。

4. "道法自然"对传统武术文化的影响

数千年来，老子的自然主义思想渗透到人们生活中的各个领域，如军事、养生、政治等。并对中国人的各个方面都发挥着重要影响，武术作为中国传统文化的一部分，其发展过程也势必受其影响。上文我们已经对老子的哲学思想进行了分析，在元末明初时期，道家的哲学思想又是中国道教形成的理论基础和依据，而当时的武术大师张三丰为道教丹士，并创立了武当武术，因此，武当武术的发展势必吸收了道家的哲学理论和思想，我国武术界的许多人

---

① 南怀瑾：《老子他说》，复旦大学出版社 1998 年版。

士认为:"武当武术无论是从技击层面还是从武术的理论层面都有着道家的文化特点。"① 杨立志先生在《武当文化概论》一书中同样对武当武术文化的"拳法自然"和"道法自然"进行了论述,并认为"武当武术的文化内涵受道家'道法自然'影响甚深"。②

作为以"柔弱胜刚强"为本质特色的太极拳也可谓与老子思想有着极深的渊源:习练太极拳强调"柔"与"慢"二字,整个过程要求练习者用意不用力。这与《道德经》中所强调的"守柔"思想不谋而合,老子认为"人之生也柔弱,死也坚强。草木之生也柔弱,其死也枯槁"。这一过程所蕴含的原理恰恰就是:万物出生的时候都是一种柔弱的状态,但却拥有着强大的爆发潜力。对于这种柔中蕴刚的认识恰恰也正是太极拳所强调的"以柔克刚"。正如《道德经》中所述:"天下之至柔,驰骋天下之至刚。"太极拳作为中国武术中的一朵璀璨明珠,可以说其拳理与《道德经》联系紧密。而练好太极拳恰恰强调的就是"练悟结合",一个"悟"字正需要将太极拳与《道德经》进行结合,从而领悟拳术的精髓与其精神价值,进而将实践与理论进行完美结合。

此外,通过对太极拳的动作特点进行分析,我们亦能看出老子"道法自然"思想对其的影响。太极拳在身体的姿态上要求:含胸拔背,开胯屈膝,虚领顶颈,沉肩坠肘,舒指坐腕,讲究中正安舒,端庄自然。要做到这一点,最关键的就是要习武者在练习时要自然沉稳和全身放松。并且在做动作时要与呼吸自然配合,动作要与练习者一呼一吸配合得非常默契,不能用强制的方法。太极拳讲究做动作时要圆活连贯和轻灵沉着,空则轻灵无滞,圆则灵活多变,才能变化无穷。太极拳中推手讲究自然含蓄、舍己从人、随屈就伸,太极拳动作的这种特点充分地体现了老子"天道自然无为,人道顺乎自然"这一思想。同样在练习太极拳时要求心胸宽广纯而

---

① 李圣:《论老子思想对太极拳的影响》,《哈尔滨体育学院学报》2003年第1期。
② 杨立志:《武当文化概论》,社会科学文献出版社2008年版,第290—293页。

无染，并且要求注意力高度集中，这与老子"少私寡欲""见素抱朴"的思想又是相吻合的。太极拳在精神上要求外示安逸、内宜鼓荡，这表现了太极拳在精神上追求安逸自然的、不流于形色的状态。无论是武当武术还是太极拳都受老子"道法自然"思想的影响，并把"道法自然"作为拳种的理论依据和指导思想，这一点是我们不可否认的。老子的"道法自然"不仅仅只影响太极拳和武当武术，这里只是这两类较有代表性，它对中华武术的形成与发展有着积极的作用和重要的意义。

（三）人的"身—心"全面发展

1. 马克思关于人的全面发展理论

人的全面发展的概念在马克思这里实际上包含四个方面，其一，马克思所论的"多方面的需求"也就是全面的个人需求。多方面的需求何谓，就是指低级的物质需要或者是生存需求不仅是需求的一部分，各种发展的需求也必不可少。人的全面发展的逻辑起点便是从这开始。其二，个人能力的全面性。多维才能是人具有的能力，享用各种有效价值和"创造"。其三，个人关系的普遍性。普遍的物质交换在个人与个人之间进行，相当于个人的劳动社会化，因此人与人之间的联系突破了自给自足的自然为主体的狭小共同体的局限，是所有人通过媒介联系在一起。其四，个人关系的全面性。在人与人之间普遍的物质交换基础上，形成的其他社会关系（如政治关系，法律关系，伦理关系和文化关系）在内的丰富的、全面的联系，人们所说的人类特性的发展就是如此，也就是马克思在《关于费尔巴哈的提纲》中指出的人的社会性的发展，"人的本质并不是单个人所固有的抽象物。在其现实性上，它是一切社会关系的总称"。

人类的本质是自由自觉的劳动，人的发展的第三阶段被马克思概括为："建立在个人全面发展和他们共同的社会生产能力成为他们的社会生产财富这一基础上的自由个性。"

2. 武术教育契合了人的全面发展

人们对学校武术教育的需求是学校武术教育的价值所在，人的自然属性、社会属性和精神属性对这些起着决定性作用，而在当下处于社会转型期的学校，绝大多数学生的身心健康、交往能力、精神追求等都存在或多或少的问题。因而全面的素质教育也就应运而生，致力于身心和谐发展的武术教育即被其囊括在内，以便使之奠定以满足学生现实需要、释放武术教育功能和实现武术教育价值为内容的基础，在个体社会化和社会个性化的实践活动中得到全面发展。

学校武术教育价值以其不同的作用范围，可以分为生理价值、精神价值和社会价值。内强外壮是其在生理方面的表现，心理健康则为精神表现，尚武崇德、"诗意地栖居"、人格和谐，在社会方面表现为适应冲突交往，而以有益于身心健康和社会进步为标准的学校武术教育价值评定，随着日益更新价值观念，价值实现的方式、手段、条件日趋科学化和现代化。学校武术教育中的课程改革将依托于人的全面发展学说及武术理论来进行，它作为实现当代学校武术教育价值的基本条件，也为武术课程内容改革提供了路径，健康促进类、技击能力培养类、套路演练与鉴赏提高类等武术课程资源，对基本功和基本动作、徒手实战和器械实战及套路演练进行统一，以便使之动作程序的纵向贯穿与年龄心理特点的横向展开契合，从而达到实现当代学校武术教育价值的目标。

第二章　武术教育文化性的价值意蕴

作为一项从远古时期走来的民族传统体育项目，武术本身可以说蕴含着中华民族独有的思维方式与文化价值。然而，近年来受西方现代体育文化的强烈冲击，带有鲜明色彩的竞技体育项目逐渐成为青少年竞相追逐的新兴事物。这在一方面促进了文化的融合与繁荣，却也在另外一方面使得我国传统文化在与西方现代文化的激烈碰撞当中步入日渐式微的发展窘境。

武术教育的本质规定性是"教育"，"武术"则是其主要的教育内容与文化载体。作为一项培养人的文化实践形式，武术教育具有其十分独特的价值。在当代社会普及武术的文化性教育不仅可以使得人们更加深刻全面的了解武术，也能够促进社会群体接受、热爱、推广武术，并最终促进中华民族重塑尚武之风。可以说，不管是从武术自身发展或是推动社会进程上来看，加强武术传承的文化性教育具有鲜明的时代意义和现实价值。

当代将武术教育界定为：在中国当代社会背景下，以武术为教育内容，通过身体运动对人进行全面的教育，促使个体的社会化和社会的个性化（或人的现代化）的实践活动。即作为客体的当代武术的教育的属性与作为社会实践主体的人的发展需要之间的一种特定的关系。当代武术教育价值是对人与当代武术教育相互关系的一种主体性描述，它代表着当代武术教育主体化过程的性质和程度，及当代武术教育的存在、属性和合乎规律的变化与主体尺度相一致、相符合或相接近的性质和程度。

一 传统武术教育文化性理论研究的时代回应

对武术教育文化性的价值研究主要是对人的社会适应能力发展的研究，其主要是以下几方面研究。

（一）人的社会属性发展需要的现实性

马克思明确地提出了"人的本质在其现实性上，它是一切社会关系的总和"的科学论断。人的社会属性是人作为社会生物所具有的各种属性，是在实践活动中人与人之间发生的各种关系。它表明人对社会关系和他人的依赖性。人具有的社会属性，决定了人就有社会属性发展的需要。本书在"当代中国"的语境中思考与言说。"当代中国"是指中国改革开放以来所进入的社会转型时期。本书关注的是在这一时空背景下学校武术教育社会价值问题。同发达国家或其他发展中国家相比较，当代中国的发展是一个从传统的农业社会向现代工业社会和信息社会转变基础上的社会全面进步过程，它既包含从传统的农业社会向工业社会转变的内容，也包含从工业社会向信息社会转变的内容。人的发展就是在此特定的时空背景下展开的。在中国当代社会背景下，从人的社会属性来说，人的发展既需要摆脱对人的依赖，摆脱日常的社会交往限制下的人身依附关系，从日常生活世界中走出来，进入非日常交往领域，使人与人形成理性的、契约的、自由的、平等的交往关系。还需要摆脱物对人的束缚，从人的物化与异化中解放出来，使人与人形成友爱的、和谐的交往关系。这也意味着，人与人的关系，也需要一种新的规则加以调节。然而，工业文明使非日常交往越来越普遍的同时，促使工业文明迅速发展的高科技对这种非日常交往的影响却是两面的。因为，信息技术的发展一方面使全球基于网络的交流成为可能，另一方面，它使实际的面对面的交往变得不可把握，人们之间的距离好像越来越远。人们对这样一种变化已表露出一些担忧：一些人认为，接触这种虚拟世界可能导致失去现实感。而且有人已经指出，学习和获取知识已在某种程度上脱离正规教育系统，给青少年融入社会生活的过程带来严重影响。没有社会交往，何谈社会适应？于是，我们见到许多这样的大学生和中学生：面对陌生人，还没有说出三句话，就脸红脖子粗，人际交往能力极差，其社会适应能力也可想而知。

（二）当代武术教育属性满足的可能性

教育，作为促进人类发展的一种手段，就是要赋予受教育者以社会生存能力，使人不断地社会化。任何一个层面的教育，都离不开认知、交往和审美的和谐统一。在教学中，交往特别是交往所赖以进行和所生成的诸多品质使得交往本身成为教学的内容、对象和目标。在人的社会属性表现得越来越明显的今天，积极主动地加强教育交往对于人走向非日常生活并适应社会具有重要意义，而学校武术教育作为教育的组成部分，它对人的社会属性的发展也责无旁贷，这正是学校开展武术教育的原因之一。那么，学校武术教育对人的社会属性的发展能够起到作用吗？受中国传统"天人合一"哲学观的影响，中国身体观的突出特点是"身心合一"。在这种整体性身体观的基础上，儒家对身体的社会化认知形成了其社会性身体观。儒家身体观关注的重心始终放在身体的社会化层面上，对身体的操作与控制实乃社会道德伦理之发扬光大。受儒家社会性身体观的影响，武术追求内外双修之功，要求武德与拳理，技术与修养结合。武德，也称武德修养，就是习武者按照武术的道德原则、规范，经过一系列的自我约束、自我反省、自我批评、自我改造的过程，以及经过长期努力所形成的高尚情操和道德境界。而武德的培养在很大程度上是通过成套的行为规范以及一些特定的造型等外在动作的形成而加以培养的。这种行为规范，不少人将其称作"礼"，即所谓"礼仪"。它将约束心灵的伦理观念，通过外在的硬性规定形式，以起到潜移默化的培养教育作用。丰富的伦理思想，至今仍有着极大的现实意义。学校武术教育属于学校体育教育范畴。武术对人的改造的独特性在于其"内外兼修""形神兼备"。武术的技击表现为一种以"两两相当"为特征的个体性技艺较量。显而易见，技击不是针对个人的，而是两人的较技、论力。与个人体育项目相比，武术起到的不仅是通过个体身体运动所发挥的作用，它还能够提供一定的冲突交往情境，人与人在冲突交往中，其社会属性获得相应发展。与国外其他技击类体育项目相比，应主要是文化方面的差异。武术技击是在武术规则、武德和武礼的制约下进行的。武术技击，安全性是第一位的，必须受相应规则的制约。当然，提倡武术规则规范武术技击，在此前提下并不拒绝武德、武礼对武术技击的规范。相应地，学校武术教育对人的社会属性的发展作用在技术学练、技艺交流、武术较技及在此过程中的交往与武术规则、武德和武礼的张力下得以彰显。综上，学校武术教育价值反映了人们对学校武术教育的需求，这也是由人的社会属性所决定的，尤其处于中国当代社会转型期的学校，其绝大多数学生的社会交往能力低下，因而人们迫切地呼唤学校予以社会适应能力教育，这中间也包括致力于社会适应能力发展的武术教育，以便使之奠定满足学生现实需要、释放武术教育功能和实现武术教育价值为内容的基础，在个体社会化和社会个性化的实践活动中社会适应能力得到发展。

（三）人的社会适应能力发展

《中小学体育与健康新课程标准》《全国普通高等学校体育课程教学指导纲要》均将培养学生的社会适应能力列为课程目标之一。社会适应能力是指个体调整自己的行为使其适应所处社会环境的过程的能力。一个自然人要成为一个社会人，必须适应自己生活于其中的社会的变化，在与他人的交往与互动中逐渐形成自我观念，协调人际关系；学习和体验社会角色；学会承受各种挫折，在个体社会化进程中面对各种冲突并学会适应、合作与竞争；学习各种规则和价值观。这种不断学习、不断调整的过程就是个体社会化的过程，也是个体不断提高其社会适应能力的过程。在当代社会背景下，学校武术教育对学生的社会适应能力的作用如何？对这一问题的回答，使学校武术教育作用得以充分发挥的同时，为学生社会适应能力的提高将提供一种独特而有效的实现途径。这是武术在学校教育中的用"武"之地，更是当代学校武术教育价值之所在。

1. 直面交往、发展自我

从一定意义上讲，人际交往能力是青少年社会适应能力的综合体现。在教学中，交往是一个有目的的活动过程，它是师生之间或是生生之间为了协调、沟通、达成共识、联合力量达成某一个目的而进行的相互作用。学校武术教育是教育者和受教育者通过以武术内容为中介的有目的的交往而实现受教育者的自我建构的一种实践活动。它包括师生间、生生间的交往活动，以及教育主体对武术内容的对象化活动。师生间、生生间进行的交往活动与武术的学习、交流、较技，对武术规则的遵守及对武德、武礼的践履是一体的。在教学中，交往实际上构成了学生的智力背景，并使学生真正地步入由不同个性和视界所构成的"精神场"。使用动作的合理性、获胜的技艺和心得、对武术规则的遵守、奋勇拼搏的精神和彬彬有礼、乐于助人的品德都会成为正面形象对学生产生积极影响。交往的根本意义在于展示、发现和发展自我，在交往中获得个人的完整性和全面发展。交往是主体意识形成的重要条件。社会交往也就是"人们对人们的加工"，彼此作为活动主体而形成。每一个学生都生存于某一种特定的社会环境和社会关系中。社会化，构成了个体心理发展的重要过程。在学校武术教育活动中，学生主要借助身体语言与人交流，通过与对手的实际较量或观看同学间的技艺交流，展示自我，发现自己技术使用的优势与弱点，在借鉴和修正中技术水平获得提高。在与同伴的平等交往中，彼此尊重，协调配合，从中发展自己独立的思维能力和行为能力。学练武术，从外在来看，是身体的对抗与展示，其实还内含心理的较量及与之相关的一系列精神表现。正是在武术活动中，学生展示、发现和发展自我，心理素质和精神修养获得提高。

2. 文明竞争、团结合作

在竞争激烈的现代社会中，现代人有强烈的个人效能感，他们在现实生活中积极进取，并在勇敢竞争中体现人生命的价值与人的本质力量。因此，培养学生的竞争意识和竞争能力也是教育改革的重要任务。此外，由于现代社会生产力的发展，社会化大生产的进程客观要求人们之间的相互协作是必不可少的。现如今学生的自我中心倾向比较强，这与成长背景有关系，在家庭中受到了父母过多的关注和迁就。所以学校教育中要特别强调怎样培养孩子的合作精神。武术深受儒家文化的影响，在道德伦理的限制下，形成追求礼让的竞争观，讲究不为人先，大义服礼，先礼后兵的大将风度，反映中国人刚强而不狂野，有礼有节，"点到为止"的竞争特点。这种对竞争独特的认识同追求个性张扬的西方文化形成鲜明的对照，有利于个人素养的提高、不良情绪的调节及竞争压力的缓解；有利于避免人们在社会竞争中表现出攻击和侵略的天性；有利于形成个人竞争心态的平衡和良好的社会竞争环境。而武术合作学习则充分利用了"互助协作是人的行为的社会本质特征，是人摆脱自然并借以征服自然的标志和力量"这一前提。在武术较技中，这种合作体现得更为淋漓尽致。学生为了获胜而勇敢拼搏、团结合作，这里，既有胜利的喜悦，也有失败的痛苦，还有特定情境下适时的妥协。而且，在学校武术教育中，学生受武德、武礼的影响，对其互助合作精神的培养也会发生积极作用。

3. 尊师重道、崇德守法

在人际互动中，由于个体或群体间有不同的偏好及价值，因此就容易发生兴趣上或利益上的冲突及协调问题。为避免矛盾激化，使互动能够进行，人们发明了一套社会文化规范，如社会角色规范、社会公平规范、社会道德规范等来协调彼此的行为。在人的社会化过程中，对规范的认识和遵守是必不可少的。遵守规范的意识也是人的社会适应性的基本内容。学校武术教育或许能为此贡献一分力量。这是因为，武术能为学生提供一个冲突交往情境，而这种冲突交往情境又是受武术规则的制约和武德、武礼的规范的。在学校武术教育活动中，与个人演练相比，两两相搏更具有冲突性，不可预测性，学生在对抗中处理人际关系更需要具有遵守规范的意识，因此，它对人的社会适应能力发展的促进作用更为显著。尊师重道是中华民族的传统美德。尊师重道是指尊敬师长，重视老师的教导。中国教师节的确立正是"尊师重道"的具体表现。明代的戚继光曾把能否确立"师道"看成是习武者能否有德的一大条件，他说："敬习之道，先重师礼。古云：师道立而善人多……师道不立，则言不信，教之不遵，学之不习，习而不悦，师道废而教无成矣。"为此，武术拳种在行为或观念上都强调师道尊严，并制定了各家简繁不一的许多门规戒约。师道尊严并不必然意味教师侵犯学生的权利，但是不能尊师重道，却又何谈教书育人。在建设社会主义和谐社会的背景下，在《国家中长期教育改革和发展规划纲要（2010—2020年）》颁布和2018年全国教育工作会议召开后，更要大力倡导"尊师重道"美德。而学校武术教育无疑对学生"尊师重道"美德的培养有其独特作用。在学校武术教育中，通过师生问候、递接器械、辅助练习和考核渠道等，使学生形成德礼意识和相应规范，做到动则功夫到家，行则彬彬有礼。在武术礼仪的熏陶下，武德观念得以渗透，为学生尊师重道思想品质的养成打下坚实的基础。道德自律和法律他律、"软约束"和"硬约束"是辩证互动、相辅相成的。中华武德在现代社会中的价值主要集中在弘扬民族道德规范，以其独特的社会控制功能弥补法制社会应控制的空缺和不足。具体的武德要求对于习武人群是一种潜移默化的多重控制，长期的积累有效地提高了这类人群的道德水准。通过这类人群的意识和行为表现，具体、形象、生动地对社会其他成员产生辐射影响，带动更多的人群抵制社会上的不良风气和流俗，树立正气，弘扬民族道德，自觉遵纪守法。目前许多学生出现的各种情况不容忽视，诸如：打架斗殴、欺凌弱小、道德缺失、违法犯罪等。对于学校武术教育来说，它是致力于培养人的，正因为人的良莠不齐，才需要对其进行教育，使其"择其善者而从之，择其恶者而改之"。习武者在武术实践中对武术规则、法律的遵守是道德他律，而要达到道德自律，则需要对学生进行武德、武礼教育。因为，武术既是用"武"之术，又是修身养性之术，尚武与崇德是统一的，修身与养性也是不可分割的。用"武"与修身养性都离不开武德、武礼。武术规则、武德、武礼与社会法律相得益彰，共同维护社会的稳定与和谐。

4. 平等相待、和谐相处

平等，不仅仅是为了教学活动的顺利进行，也不仅仅是教育的目标之一，更根本的是在形成一种生存方式。武术规则是学生间必须遵守的共同规范，在规则面前人人平等。在武术规则的制约下，学生能以开放的心态、公平竞争的精神进行技术学练、技艺交流和武术较技。学生服膺规则、平等交往、积极沟通、互相理解。这有助于学生平等意识的养成，对于他们在以后的社会生活中平等地处理问题也是有利的。虽然目前社会生活中还存在许多不公和不平等现象，但只要参与社会竞争，就必须具有公平意识，只有依靠真正的实力才能立于不败之地。这种特殊的"规则效应"，使学生在活动中逐渐学会尊重裁判、公平竞争，在规则的约束下与他人竞争或协调。马克思曾指出，人的社会关系不仅要"丰富"，还要"全面"，即协调、和谐。人的社会关系的全面发展的理想化形态便是个人关系的普遍性、全面性发展。中华传统文化的价值取向之所以是崇仁义、明教化，在于"仁"的思想体现了重和谐的内在精神。"仁"的伦理要求，一是重视仁的内心修养，二是协调人与人之间的关系。由于中国社会、中华民族以家庭、家族为本位，它强调的具体内容就是以孝悌为根本，父慈子孝，兄友弟恭。将这种家族成员之间的和谐相处向外推之，在朋友之间就是"朋友有信"的准则，在社会国家范围内便是"四海之内皆兄弟"的情怀和理想。在此基础之上，"天下为公"、"克己奉公"便成为价值理想而被推崇。武术以合"恕""忠"之道的武德为核心，讲究"点到为止"，不是一定要将对方打倒在地，制人而不伤人，强调人际关系的宽容、融洽与和谐。少林妙兴大师说："技击之道，尚德不尚力，重守不重攻……只可备以自卫，切戒逞血气之私，有好勇斗狠之举。"这种和谐观念在武术教学、武术训练、武术实战、武术礼仪和日常相处中都会有所体现。通过学校武术教育，学生体悟和谐之道，以"仁爱"与"人和"的态度为人、待人、处世，形成人与人之间的和谐关系，从而为构建和谐社会作出自己的贡献。

5. 见义勇为、报效祖国

国家把武术作为大、中、小学学生体育必修课程，这对培育广大青少年以爱国主义为核心的民族精神具有重要意义。武术文化的传授过程，体现着民族文化以仁为教育中心、以礼为精神支柱、以道德完善为中介，首先修身自我、进而服务社会、报效国家的人文教育观。《论语·为政》曰："见义不为，无勇也。"武术是面对面的肢体接触或通过器械进行的争斗，更是对抗双方心理的较量。武术的教化，无疑会极大地强化中华民族勇敢伦理品质的培养。武林嘉许的勇，是能"安天下之民"的大勇，是匡扶正义、为赴国难的勇。显示出扶弱济贫、解困救危、赴汤蹈火、在所不辞的大无畏精神。这是武德教育的主要内容，是习武者必备的道德素质。个体勇敢伦理品质的充分发育将会转化为使社会健全发展的社会行为。"尚武崇德，德以艺生，艺以德显"。只有把武德教育贯穿于技术教学训练的始终，赋予其深刻的民族精神和爱国主义精神，才能维持好社会的秩序和安定，才能建设社会主义和谐社会。而对那种逞能显技的小勇，武林则持蔑视和否定的态度。《少林戒约》云："纵于技术精娴，只可备自卫，切戒逞血气之私，有好勇斗狠之举。"对学生进行武德、武礼教育，使其在攻守进退中怀有道德之心和礼仪之为，在面对不良事件时也能够及时出手、见义勇为；使其效仿历代仁人志士，志向高远、大智大勇、坚守信义，报效祖国。

二 以"武"育"人"：武术教育的本体价值

（一）武术育"人"的功能

1. 育"身"价值

首先，中华武术注重强身健体。

中华武术强调外练和内练兼修，各家各派都把内练和外练作为练功的准则。所谓"内练一口气，外练筋骨皮"正是武术的本质功能。所谓的"外练"是由肢体和动作所组成的"形"，这个"形"是由人体的关节、骨骼肌、骨骼所组成的运动系统，并由这个运动系统来完成各种外在的动作。所谓"内练"就是武术中所指的"精、气、神"。中华武术不仅对外在的基本功要求严格，更重视内在气的训练。武术中的各个拳种都把内在的训练放在较为重要的位置，武术中的"气"体现了对内脏器官的训练。例如，太极拳注重以形会神、以气促形、以心会意、以意调气，并强调用意识引导动作。长拳要求内外八法协调相合——"手、眼、身法、步、精神、气、力、功"相互协调配合。形意拳强调内外六合，以首领身、以肩催肘、以胯催膝、以腰催胯、以手催指，心气一发，四肢皆动。再如，戚继光在《纪效新书》对武术中的内练有所记载——"平时各兵须学趋跑，跑得一里，不气喘才好"。在这里"跑得一里，不气喘"不仅需要有较强的腿力，同时对人内在器官的功能同样要求较高，这些例子都能体现出习武之人在练武时既重视外练，又注重内在的练习，内练与外练相结合。

其次，注重神与形的兼备。

"神"与"形"是中国传统哲学的重要范畴。"神"指的是内在的精神，"形"指的是外在的体形。因中华武术受到中国传统文化的深远影响，其运动形式同样注重"神"与"形"的高度协调、统一，几乎在所有流派中都把"神"与"形"作为拳理的基础和根基。形为神之本，神为形之用。武术中的"形"指的是整体外部的形态或是形象，武术中的"神"指的是人的意向、精神、心志的内在活动。没有武术中的"形"，武术中的"神"无从表达，同样没有"神"只有"形"，其武术中表现出的动作必然是一个缺乏内在力度的"形"。习武者在练武时不仅要注重动作的规格和工整，把武术套路的一招一式做到位，更要去理解武术套路的内在含义——攻防意思，及其文化内涵。正如武术的拳谚中指出："眼前无人当有人。"意思也就是说，即便是一个人在练功，没有实际的对手，也要像有对手一样去练习，要想象一个虚幻的对手，并在练功时不能随意地"改易阔促"。因武术具有攻防技击的特点，所以，习武之人要一切以实战出发，方可达到神形兼备之境界。武术作为中国一个传统的体育项目，其外在的表现上注重"神"与"形"的高度统一。很多外国人学习中国武术，始终无法表现出中华武术的那种韵味，可能是他们对中国文化不够了解，以及对中国武术中的内涵不够清楚的原因。因此，只有将武术套路中的内在含义了解清楚，才能将武术的外在形式更好地表现出来。

2. 育"心"价值

首先，注重道德培养。

中华武术受儒家、道家等传统文化影响，并不断从优秀的中国传统文化中吸取营养，使中华武术披上了一层道德的色彩，追求一种德艺并重境界，不仅仅对于武艺精益求精。许多武术家的人品和人格同样受到众人的尊重和赞扬。我国的武术大师在授徒时看中的是习武之人的人品，始终把武德看作收徒的重要准绳，始终把"教武育人"贯穿在习武的全部过程当中。正所谓未曾习武先学礼，未曾习武先习德。不随便把武艺传授给那些品德恶劣之人。无论是除暴安良、见义勇为、点到为止、以武会友，是"少林十戒"都是武术中的武德受中国传统文化影响的具体体现。例如，少林派强调习武之人要忠诚、仁爱、信义、守礼、宽厚、谦让等，同样峨眉派要求不仁者不与传、不知（智）者不与言等。武术中的道德观念同样被融入技法当中，例如，太极拳的核心要义是舍己从人、见利思义，把人生中的智慧融入拳法技法当中，技击制敌、内外兼修，这正是中国武术运动有别于其他运动的特点，有较为旺盛的生命力，并流传千古。中国传统武术中包含了中国的传统文化和深刻的人生智慧。即使在与人格斗时，习武之人也要先礼后兵，在存亡之战时，习武之人也尽量避免伤残对手，在符合道德规范的前提下去争斗。通过武术中的武德可以深刻地反映出中华民族的善良朴实，表现出中华民族礼仪之邦的民族特色。

其次，注重个人修养。

个人修养是一个人在长期生活过程中所形成的对于个人意志、习惯、情感、看法、认识等方面的涵养和修炼。其形成的前提是这个人必须能够自觉遵循社会的道德体系和普世价值观，并在这种价值观的约束之下，更好地履行其个人义务，并最终形成个人修养。才能够修养成良好的内在素质。[①] 个人修养主要内涵是修身和养性。所谓修身就是使个体的心灵得到纯洁和净化。在理想、道德、意志等方面保持良好的修炼心态，修身终生、持之以恒。所谓养性就是使个体的本性不受损害。个人的修养不仅仅包含了修身和处世的智慧，还包含了要有一颗平常心去应对生活中的不幸和烦恼。在我国古代封建社会的个人修养主要是灌输了儒家修身的思想，即"三纲五常"。所谓"三纲"指的是夫妻顺、君臣义、父子亲。"五常"指的是智、仁、礼、义、信。中华武术作为中国传统文化最为璀璨的一颗明珠，深受儒家、道家、佛家文化的影响。在中西方文化激烈碰撞的今天，我国的传统文化正在受到剧烈的冲击，致使我国的青少年越来越不重视我国的传统文化，如何加强青少年的个人修养，成为当今社会急需解决的问题。中华武术注重习武者武德、礼仪、尊师重道、崇信等方面的培养，因此，对中国武术的学习有助

---

① 赵雪莲：《大学生心理素质修养》，浙江大学出版社2009年版。

于个人修养的提升。

中国自古就有"礼仪之邦"之称，礼仪作为中国传统文化的一种现象备受重视。"礼仪"是中华武术的重要组成部分，无论在其内容和内涵上都有所表现。例如，在徒手礼中的抱拳礼、持械礼中的持枪礼和持剑礼；递械礼中的递枪礼和递剑礼；接械礼中的接剑礼和接刀礼等。武术的这种礼仪表现了中华民族的谦虚礼让、真诚、和平友好、尊重、宽容等深层次的文化内涵。体现了习武之人的谦虚、尊师重道的道德风范。对武术礼仪的学习有助于青少年潜移默化的养成良好的品质和个人修养。

古人训："一日为师，终身为父。"父母给了我们生命，而师父给了我们谋生的手段。因此，尊师重道是每个习武者必须遵守的道德准则。在我国古代师父收徒弟是十分看重拜师者的道德品质的——"为武师，须教礼，德不贤不可传。"徒弟选择师父也要："凡吾习武之徒，必须认贤为师，尊敬师长，崇扬武德。"再如《少林戒约》中对"尊师重道"也有说明："见到师父要行抱拳礼，鞠躬礼。平日对待师长，宜敬谨将事，勿得有违抗傲慢之行为。"对武术的学习，可以培养青少年尊师重道的良好品质，尊敬老师，注重学习。

诚信是中华民族的传统美德，对社会稳定发展，经济的发展，以及整个社会的道德水平具有重要的意义。重承诺和守信用是武林的传统，习武之人讲究"一言既出，驷马难追"。并且在各门各派的戒律中都折射出"崇信"的传统。要做到诚信，首先要做到"诚"，有"诚"才能有"信"。"诚"是本源，是基础。在武术文化教育中对"诚"的教育分为以下三种，首先是看待事物要诚，也就是说对事物的认识要诚，其次是对自己的认识要诚，最后是对师父要诚。对于武术文化的学习有助于习武者潜移默化的养成"诚信观"，促进个人修养的提高。

综上所述，对于武术文化的教育，有助于培养习武者自强不息的精神，有助于内化习武者武德的培养，有助于习武者产生正确的人生观和价值观，有助于培养学武者的爱国主义精神，有助于完善习武者的个人修养。

最后，注重"内外兼修"的修炼功能。

武术作为中国的一个传统体育项目，根植于中国这片特殊的大地上，其发展和完善的过程必将受到中国传统文化的影响。因此，对武术进行分析我们可以发现：不管是文化内涵和运动形式，还是训练方法和训练内容，武术均具有浓厚的中国传统哲学色彩。

温力指出："武术的内外兼修是中国各种传统文化形式的一个共同特点，是中国传统哲学思想的反映。"①"内"与"外"分为狭义和广义。从广义上讲"内"指的是人的身体，而"外"指的是社会和自然界。②从狭义上讲，"内"指的是品德、气质、道德观等，"外"指的是形体的锻炼活动。"内外兼修"的传统文化是武术运动中的反映与再现。在武术中的具体反映有注重神与形的兼备、注重内练与外练相结合、德艺并重。因此，领会中华武术"内外兼修"的内涵和表现形式有助于我国传统武术的继承与发展。

（二）提高国民的文化素养

作为中华民族传统文化的杰出代表，练习者通过习练武术不仅可以强身健体，同时也可以在学习武术的过程中学习和了解到武术乃至中华文化的整体特点、辩证特色以及伦理特征。同时，在强调文化事业大发展大繁荣的今天，将武术教育作为先导列入学校体育学习科目之中，可以更好地推广武术这一民族传统文化。进而将中华传统文化推向世界，提高武术文化在世界上的影响力，从而加快我国构建文化大国、文化强国的步伐。

---

① 温力：《武术的内外兼修和它的中国传统哲学基础》，《武汉体育学院学报》2010 年第 1 期。

② 林志刚：《"内外兼修"的整体观——论太极拳健身原理》，《搏击·武术科学》2005 年第 9 期。

三 至"武"即"文":武术教育的发展价值

(一) 丰富学校体育的内涵

我国青少年学生体质连续 20 多年呈下降趋势,为了使我国中小学体育课回到真正以提高学生身体素质为发展目标的轨道上来,教育部于 2013 年选中了"田径、武术、游泳、体操、篮排足"等 7 个项目率先联合专业体院开启了中小学体育课程的改革。不可否认,此举的出台对于提高青少年体质,培养青少年的爱国情怀、传承中华民族传统文化都有着十分积极的作用。

作为一项中华民族的传统文化,武术在其几千年的衍生发展过程中汲取了中国传统哲学、中医学、养生学的诸多精华。如果从一种民族文化遗产的角度来看,可以说武术与教育领域方面的联系相对于其他民族文化遗产要紧密地多。然而,青少年学生的活动空间主要在校园范围之内,现实情况是"三分之二以上的学校没有开设武术课,一些开设武术课的学校以跆拳道、空手道等域外武技代替中国武术""学生喜欢武术,却不喜欢上武术课"的尴尬现状,这不得不引起我们的深思。

作为一项对于练习者柔韧、灵敏、协调、力量等综合素质均有促进作用的项目来说,武术无疑是一项全身上下都能参与进来的全身运动。同时不少拳种在演练的同时强调呼吸与意念的配合,这也在无形之中加强了人体神经系统与呼吸系统的锻炼,因此可以说武术是一项既练筋骨皮又练精气神的体育运动。近年来,由于过度重视应试教育以及独生子女政策的影响,不少学校在教育的层面出现了德育环节的缺失,这也进一步导致了青少年心灵与品格方面的培养出现问题,不断涌现的校园暴力新闻便是对此问题的一个折射。通过练习武术,在对青少年学生起到身体锻炼作用的同时,更重要的则是对其人格以及品性方面的塑造。

古语有云"未曾习武先修德""丧礼者不可与之交",作为中国武术文化中的重要内容,武德是一种区分于社会道德的特殊道德。他对于习武者的行为有着严格的要求以及规范。从师父选徒授徒到日后武者匡扶正义,武德思想可谓贯穿武术教育的始终。因为武德产生于社会道德之上,所以其具备社会道德的普适性,除此之外武德还包含一些不逾越于社会道德以及法律规范的其他行为规范,如"三奖六惩(奖爱国卫民惩卖国求荣等)""扶危济贫,除暴安良""虚心请教、屈己待人"等思想。武德所追求的"仁""义""礼""信",便是对青少年人格培养、德艺双修的最好引导。正如学者所言,中国武术不论是其自身文化体系还是技术教授过程均可以对青少年的完整人格进行塑造,从而引导他们形成正确的人生观、价值观、世界观。

除了在对青少年个体产生积极影响之外,从学校以及社会角度而言,武术进入校园对传承中华民族传统文化,弘扬民族精神和爱国情怀也是有着非常积极而深远的意义的。曾经有人评价武术说"武术属于体育,但是高于体育",其一方面所表达的是武术具有其他体育项目兼备的健身,但是其"高于体育"可理解为武术是一种传承千年、千锤百炼的文化现象。武术在其长期的发展过程中,与中国传统哲学、中医学、兵法、伦理道德以及戏曲舞蹈等文化相互融合,并形成了一种具备自身鲜明文化特点以及技术体系的传统体育项目。

武术以其"博大精深"的鲜明特点为大家所熟知,笔者认为此处的博大可以理解为武术的技术体系以及流派种类繁多,而精深二字则为武术所深蕴的理论基础与文化内涵。以传播最为广泛的太极拳为例,其套路演练过程中所强调的以柔克刚、四两拨千斤、与呼吸意念相结合等思想便与传统道家文化的"天人合一""道法自然"等思想不谋而合。因此,在校园中开展武术教育无疑可以对中国传统文化进行最直接,而且可以说是看得见摸得着的传承。

中国传统文化对于爱国忠君思想可谓非常重视,如"家国一体""精忠报国""天下兴亡匹夫有责""天下为公"等理念都有力地体现了民族精神以及爱国情怀的重要性。同样，武术教育在其实施过程中对于爱国思想的培养也一直非常重视。在古代社会，不少习武之人都进入军队参加到保家卫国的队伍之中，并成为其中的佼佼者。如果在习武过程之中，没有关于爱国精神的培养，反而形成一种贪生怕死的思想，在真正国家需要上战场奋勇杀敌之时显然是非常危险的。因此，武术进入校园也是培养青少年学生尚武精神以及爱国情怀的最好载体。

（二）践行素质教育的理念

作为一种以提高受教育者综合方面素质为目标的教育模式，1985年5月，邓小平同志在改革开放以来第一次全国教育工作会议上指出："我们国家，国力的强弱，经济发展后劲的大小，越来越取决于劳动者的素质，取决于知识分子的数量和质量。"随后，在同年发布的《中共中央关于教育体制改革的决定》中明确指出："在整个教育体制改革过程中，必须牢牢记住改革的根本目的是提高民族素质，多出人才，出好人才。"这也是素质教育最早出现的源头。

而后，为全面提高大、中、小学生整体素质，中共中央、国务院于1993年出台了《中国教育改革和发展纲要》（以下简称《纲要》）这一纲领性文件，文件出台的目的在于将现行多数学校的"应试教育"模式向思想道德、文化科学，以及身体心理素质全面发展的"素质教育"模式进行转变。可以说，在我国青少年身体素质连续20年下降的大背景下，全面推行素质教育是改变传统"只教书不育人"教育观念的重要契机，学校体育、音乐、美术等"副科"课程也迎来了发展的黄金时期。

与传统应试教育模式进行对比，素质教育具有全面性、主体性、发展性、生活化等种种特征。素质教育在培养学生智力素质的同时，也对学生的主动性以及智力潜能进行了全面的开发。不同于传统教育模式的"一刀切、一锅煮"的平均主义教育模式，素质教育的过程要求教师对学生进行区别对待，尊重学生的个体差异性，这不仅符合了教学规律，也遵循了学生在不同年龄段的身体心理发展特征。此外，在各种学校暴力事件以及恶性新闻屡屡出现的今天，通过素质教育，才可以真正培养学生德、智、体、美、劳五点并重；进而达到生理、心理、道德、文化素质全面提高的培养目标。

中国武术作为民族传统文化的重要组成部分，不仅具有强身健体、防身自卫、内外兼修的育体功能；同时还有助于培养学生尊老爱幼、尊师重教、见义勇为以及保家卫国的思想品质。可以说，中国武术以其独有的意识形态以及修身养性的健体特色恰恰兑现了素质教育的理念与功能，这也正是其他学校体育项目所不能比拟的。

作为一项传承千年、源远流长的传统体育项目，中国武术可谓继承和发扬了中华民族传统礼仪文化的精华内容。正如谚语"武德比山重、名利草芥轻""拳以德立、无德无拳"所传，中国武术对于武德思想的教育历来非常重视，这也在无形之中告诫练习者练习武术并非为了恃强凌弱或者逞凶斗狠，而是为了弘扬和继承中华民族懂礼貌、知礼仪的传统文化。虽然传统武术门派众多，但不同门派均对本派弟子有着诸如尊师重道、尊老爱幼、乐于助人、见义勇为以及报效国家等方面的道德要求，这也正与当今社会大力提倡的社会主义核心价值观遥相呼应。正如"十三棍僧救唐王"以及"霍元甲力克俄国大力士"等经典故事的传诵，都是对习武之人强烈民族精神以及爱国情怀的最好体现。

传统武术观念中不乏对于习武者意志品质方面的培养，诸如"冬练三九夏练三伏""未习打先练桩"等俗语的表述都体现了练武过程之中对于习武之人精神层面的严格要求，梅花香自苦寒来，唯有经历过刻苦磨砺方能在武学造诣上有所突破。同时，作为一项以闪转腾挪、起伏跳跃、跌扑滚翻等动作为基本内容的全身性体育项目，武术可谓对练习者的柔韧、力量、耐力、灵敏等基本身体素质有着极为严苛的要求。正因如此，通过武术项目的练习，在提高青少年学生身体素质能力的同时，亦可以对练习者的神经调节系统以及大脑的发育有全面的改善功能。

除此之外，它是一项在几千年发展过程中与祖国传统哲学、医学、兵学、美学、宗教学以及养生理论等传统文化充分融合的体育项目。中国武术作为一种传统文化在发展以及衍变过程中与哲学、美学、宗教、中医等文化互相渗透和融合，形成了其独有的内外合一、形神兼备的运动形式。在此基础上，中国武术在发展练习者身体素质以及智力素质的同时，对于中国传统文化亦有了一个全面且直接的了解与领悟，对于提高练习者的整体文化素养有着不可小觑的作用。

因此，应通过武术在陶冶学生情操、提高学生智力、磨练学生意志、增强学生体质等方面的综合作用来与《中国教育改革发展纲要》这一纲领性文件相契合，从而更好地传承弘扬武术文化。

（三）拓展道德教育的理路

近年来，伴随着校园暴力事件的频频发生。有关如何加强青少年群体道德教育的相关问题正在不断引起人们重视。笔者认为，出现校园暴力的根本原因在于道德教育的缺失。古人云"未曾习武先习德"，通过练习武术弘扬武术精神教育。从而达到拓展道德教育的目的，不失为一种解决方案。

传统意义上的道德教育环境多局限于校园环境之内或依赖于社会上的规章制度，然而近年来受应试教育的整体环境影响。学校层面的道德教育可以说仅仅停留在口号之上。作为一个本应以"教书育人"为任务的教学机构，可以说学校在其实际发展过程中却转变成为一种"只教书不育人"的考试培训机构。俗话说"树人先树德"，这种德育教育的缺失随之而来的后果便是给正处于青春期，尚未形成正确人生观、世界观、价值观的青少年造成日后难以挽回的坏影响。同时，随着这种恶劣影响的不断发散扩大，使得青少年群体在日后的生活学习中出现难以尊重他人、易怒、消极等缺点，并最终导致校园暴力事件甚至社会恶性事件的发生。

作为一项滋生在中华民族传统礼仪文化下的传统项目，武术自古以来便非常注重礼义与武德修养，崇德尚武也成为每一个武术人必备的一种品质，是衡量武学修为的基本标准，也是展现武者道德品质的最根本体现。在练习武术的过程之中，不论是在师父选徒弟之前对徒弟的人品道德进行考核阶段，还是在日后的功法传授过程之中，可以说时刻都在遵循着儒家思想关于"德"的这五点定义——仁、义、礼、智、信。同样，这五点准则也一直为历代习武之人列为自己习武、传承的行为准则。武术中诸如"冬练三九夏练三伏""一日为师终身为父""重信守义"等俗语都形象地表现出了武术精神中所蕴含的传统美德。

同时，通过习练武术也可以明显提高练习者的身体素质以及个人自信。毋庸置疑，遭遇到校园暴力或者社会恶性事件的人们多为身体较为弱小的群体，这些人对于暴力事件或者恶性事件没有能力也缺乏信心进行反抗，而通过武术练习，可以使得练习者的身体素质得到明显提高进而增强个人的自信心与胆识，从而能够在面对校园暴力事件或者恶性事件之时保持正面应对的能力。对于那些"问题少年"而言，通过练习传统武术以及武术精神的学习亦能让他们懂得不可以因为会武就可以恃强凌弱的道理。习武过程之中，师父对于弟子使用武力有着严格的要求。掌握武功之后，既不可乱用武力，不能自恃会武就去寻衅滋事；反而应该遇事礼让三分，待事宽容大度，需要懂得"人外有人天外有天"的道理。这种精神不是天然形成的，而恰恰是通过在武术练习的过程之中慢慢体悟所得，这也便是武术人所遵循的武德精神。

以武术教育作为突破口，在提高练习者身体素质和个人自信的同时，无形之中也提高了自身素养。正如古人所云："天下兴亡匹夫有责"。在习武过程之中，随着个人能力的全面提高以及武术精神的时刻熏陶，其自身的社会责任感以及民族责任感也得以提高，并逐渐上升为弘扬民族精神的爱国情怀。从而促使练习者形成正确的人生观、世界观、价值观，进而拓展道德教育的思路，填补道德教育的短板。

四 借"武"塑"魂"：武术教育的文化担当

（一）弘扬和培育民族精神

自古以来，武术以其强身健体、内外兼修的作用便为历代民众所喜爱。民间也有"社稷兴亡匹夫有责"这一展示爱国情怀的理论。然而，近年来随着过度重视竞技体育以及"金牌效应"。越来越多的武术从业者将武术技术练习提到了无可比拟的高度，这本无可厚非。但是作为"高于体育属于文化"的中国武术而言，则显得有些过于肤浅。武术虽以其技术特点有强体功效之外，其深处所蕴含的仁爱、礼义、信勇、谦恭、和谐等特点则更应为人们所重视，也就是现在所强调的民族精神与爱国情怀。通过习练中国武术，不仅可以强健自身的体魄，更可以在日益激烈的民族文化博弈中，保持住国民性格中诸如进取精神、温良恭谦、匡扶正义、扶弱救贫、阳刚之气等一些具备正能量的特征。

（二）承继与创新传统文化

武术的教育性与时代背景息息相关，不同的时代背景赋予了武术教育不同的文化内涵。比如在西周时期武术教育就与"礼"的教育相互融合，"古者，天子以射选诸侯、卿、大夫、士。射者，男子之事也，因而饰之以礼乐也……"孔子说："君子无所争。必也射乎！揖让而升，下而饮。其争也君子。"这种倡导礼仪与射艺结合的方式就是较早关于武术传习教育性的体现[①]。春秋战国时期涌

---

① 高守清：《"人文奥运"视角下的民族传统体育文化发展走向》，《体育与科学》2009年第5期。

现的儒家、道家、兵家等思想与武术文化相互渗透进而交汇融合极大地丰富了武术文化的内涵和教育内容。此后的南北朝时期武术与宗教文化的结合也推动了武术文化的进一步丰富。唐代以后的武举制度更是将传统的文化内容贯穿其中，使中华文化的内容与思维方式贯穿于武术的技艺与文化之中。历史上武术发展的每一个时期都与教育和文化的本身有着密切的关系。教育本身就是文化的一个表象和重要组成部分，它们之间相互依存、相互促进、相互制约。因此在一定程度上教育具有传承文化的属性，同时教育又是文化的组成部分，而文化也需要借助教育的方式进行传递和深化，因此武术教育传承本身也必须是一种武术教育和武术文化的并行体。武术文化最直接的方式是通过武术教育进行传递，通过武术教育可以加深对武术文化的认识和理解。如果没有武术文化武术教育将停留在简单的体育项目层面，而武术教育的真正目的是对传统文化的传承和发展，而不是单单停留在技术层面的传播。武术在中国几千年的历史中发展，表现出惊人的生命力正是由于它动作背后所体现出的文化魅力。武术是要让习武者在锻炼身体的同时领悟到武术文化的价值。武术的文化价值主要可以体现为"仁爱、礼仪、信勇、和谐"四个方面。[①]

表 2-1　　　　　　　武术文化的价值与内容涵盖

武术文化价值	主要内容
仁爱	仁爱就如同爱人，是一种贵仁尚义的思想和规范，中华武术在习练技术和教授技艺的时候，都在秉承恪守"以人为本"的理念，这是一种十分宝贵的文化道德价值，武德的建立对培养当代人的仁爱思想和意识具有十分重要的意义
礼仪	礼仪就是尊师重道、公正、正义、公道。仁与义相辅相成，武术教育中武德、武礼教育一般以门派崇拜各自为主，没有统一的规范体系，倡导一种术德并重的教育方式，重视武德的教育价值

---

① 关博：《武术教育的文化性探析》，《体育与科学》2014 年第 3 期。

续表

武术文化价值	主要内容
信勇	《吕氏春秋·论威》中有"凡兵,天下之凶器也;勇,天下之凶德也。"意思是说武力是天下的凶器,勇武是一种品德。勇武要在仁义、守信的前提下才是一种武德,如果丢失了仁义、守信,勇武将变成一种暴行
和谐	中国传统文化中的和是讲求和谐,是一种天人合一,人与自然、人与社会的和谐。武术中的和谐是要追求"合"。追求"外三合"和"内三合",外三合是指身体的协调配合,讲求身体的各个部位有机的配合灵活的随心所欲;内三合讲求的是一个身体与思想、气息、动作有机配合协调的过程。内三合的境界要高于外三合,只有达到内三合的境界才能够在武术习练和攻防过程中做到游刃有余。武术文化价值中的和谐是一种从身体的和谐到思想的和谐,最终到人与自然与社会的和谐,其中人的身心和谐是习武之人非常注重的

从武术的文化价值内容可以看出武术文化传承的主体和精髓,武术教育是武术传承的一种重要方式途径,通过武术教育可以帮助人们更加深刻全面的了解武术文化,人们在接受教育的同时潜移默化地接受、热爱并传承、推广。根据调查研究发现对武术文化的认同度越高,人们对武术的认识、了解和支持度越高,越乐于参与武术学习、信仰武德,传承武术文化,能够形成正面积极的正能量传递,循环往复,从而推动武术运动的开展。从武术发展的整个历史进程来看,武术文化价值的传承让武术教育传承更加具有魅力和生命力,更加体现出了武术教育传承中文化传承的时代意义和现实价值[①]。

全球化背景下中华传统文化的危机拯救。随着经济全球化竞争的日益激烈,国际社会上的政治、经济、文化交流往来越来越频繁。随着越来越多的国家认识到 21 世纪的竞争是文化软实力的竞争这一问题之后,西方发达国家以其自身的信息技术与科技优势对非西方国家的传统文化进行无情的打压,并以跨地域和超时空的形式冲击着其他国家的传统文化。这种传播是无孔不入的,它打破了

---

① 关博:《武术教育的文化性探析》,《体育与科学》2014 年第 3 期。

其他国家已有的文化结构，对其他国家的文化造成了危机，中国也不例外。中国的传统文化正面临着又一次"文化上的西力东渐"，中国的传统文化正经受着严峻的挑战和艰辛的考验，这是不可回避的事实。全球化的文化或文化的全球化有两方面的特点，第一方面就是全球文化的价值平等，也就是说，当一个国家的文化在与外来文化产生正面碰撞的时候，这个国家的传统文化会对外来文化进行选择性的吸收，并将外来文化的精髓融入自己的文化之中，它既保持着原始文化的象征，又受到其他文化的作用和影响。第二方面是将人类社会看成一个整体，一损俱损，一荣俱荣。因此，我们要以理性的思路来积极面对全球化进程对本土文化的冲击。

体育全球化的过程中，以奥林匹克运动为代表的西方体育已渗透到世界各地，它以追求"更高、更快、更强"的体育理解和塑造"公平、拼搏、竞争"的特点，正深深吸引着人们的目光，同时西方奥林匹克运动的普及和推广影响着我国本土体育的发展。在西方体育文化和中国体育文化的碰撞中，很显然我国的体育文化已经逐渐丧失了话语权，人们习惯性地将我国的体育文化和西方体育文化进行对比，而进行这种对比时没有对外来文化的历史渊源以及对本民族文化带来的挑战进行探究和分析，进而得出来许多消极的结论，认为本土体育文化落后于西方体育文化，以及体育全球化将使本国的体育单一化。全球化时代是一种自然历史过程，是人类的生产活动和社会活动的必然归宿，而且是人类文明的新阶段。正如王宁所讲："全球化的现象出现绝对不是新闻媒体炒作出来的一个虚幻的景致，更不是少数知识分子在学术沙龙中的杜撰，它已经成为一个所有人都热切关注的客观现实。"[①] 在全球化的浪潮中使得民族文化再也不可能封闭自守，同时各国家民族之间的文化碰撞在所难免，我们不得不承认在本土文化与外来文化的碰撞中会导致"文化同化"或"文化吞并"的可能，但是我们换另外一个角度考虑，

---

① 王宁：《全球化进程中中国文学理论的国际化》，《文学评论》2001年第6期。

全球化时代对于民族文化的发展同样也是一次机遇。在面对全球化的文化浪潮时，我们要保持清醒的头脑，要在弘扬本民族文化以及本民族文化特色的基础上，吸纳外来文化的优秀成分，进而强化与创新本民族的文化。

武术是广义体育的一部分，但它不同于一般性体育，中华武术有着几千年悠久历史，同时它还与我国的哲学、兵法、中医等紧密相连，有着相当深远的价值，有着浓厚的文化底蕴和内涵，失去传统文化的中国武术如同无本之木和无源之水。由于西方竞技体育的巨大冲击，我国的武术正在发生异化。据有关部门对部分高校学生的调查显示：很多高校学生喜欢武术，认为武术是中国的国粹，应将我国的武术发扬光大。同时，绝大多数被调查者还认为，中国武术对中国传统文化"仁爱，正直、礼数，育人，果敢"来体现习武人思想品质，达到内外兼修的效果。武术是我们中华传统文化的一颗明珠，也是我们宝贵的财富，经历了千百年的传承，它依然可以影响以及引导当代人国民精神的塑造。

然而，当前社会、学校的武术教育因受到课程规范的限制，速成心理以及竞技观念的转变，"文化"在武术教学过程中不断弱化，教学内容统一编排，教学形式千篇一律，评定考核标准较低，使得武术教学仅仅停留在简单招式动作以及套路表演的层面，仅仅讲究外在形式的美观，贴上了追求快速，批量化的"流水线运作"的标签，而没有加深武术内涵的熏陶，这种机器化的教育方式导致人们只学到粗陋简单的肢体动作，严重脱离现实生活，无法得到学习的快乐和成就感。

同时，以学校为例，因受到场地，器械，专业人才的限制，同时顾忌学生安全，武术教学内容主要是套路和武术操，这些教学内容虽然带有明显的武术竞技动作，但无法让学生体会到武术的技击价值，进而产生武术不过是"花拳绣腿"的误解，学得不仅枯燥乏味，无法激发热情兴趣，而且极易产生抵触情绪。从而导致了武术文化无法渗透到学生群体中去，失去了文化内涵，武术只沦为一种表演，变成了娱乐工具，成了粗野的身体活动。因此，只有重视和提升武术的文化教育，重塑武术文化教育性，才能让武术与中华传统文化有机结合起来。而对于如何重塑武术的文化教育，引领民族精神，笔者认为可以通过以下几点进行入手：

1. 改变教学理念

重视武德教育是武术教学中的必经之路，也是回归传统的需要。学校武术教学，应首先从弘扬中华民族传统文化入手，站在传统文化的角度引导学生探索武术的内涵精髓。加强武术内涵，武术礼仪的交流，传授，增强学生内心对武术文化的认同，种下传承，宣扬民族优秀文化的种子，再用武术习练让种子发芽成长。

作为一个民族生命力、创造力、凝聚力的集中体现，民族精神是一个民族乃至国家赖以生存和发展的重要基石。现阶段我们也应该重新弘扬以刚健有为、自强不息为代表的尚武精神，进而更好地培养和传承民族精神，使古老的民族文化得以绽放异彩，重新屹立于文化竞争的不败之地。

在国家大力发展社会主义和谐社会的今天，以技能练习为中心的传统的教学培养模式已经不能满足当今社会发展人才的需要。因此，我们应重新树立"文化传承与技能传授"并重的尚武崇德教学理念。以尊师重道、恪守信义、立身正直为基本内容，通过练习武术来体悟自然界与人生的哲理，从而领悟出中国传统文化的奥妙，进而更好地促进武术在新时期的发展。

2. 改变教学内容

中华传统武术流传着很多体现武德，民族大义的豪言壮语，诸如"未曾学艺先学礼，未曾习武先习德"，"忍一时风平浪静，退一步海阔天空"，"天下兴亡，匹夫有责"，"山外有山，人外有人"。这些励志警句不仅培养了学生尊重、刻苦、正直、仁爱、坚强、谦虚、隐忍等优秀品质，同时也丰富了武术的内涵，激发学生不断探索的兴趣。

在教学中也可以穿插很多英雄豪杰的历史故事，诸如北宋末期，进士邹浩，文武双全，时任兵部侍郎，镇守开封，在京都保卫战中持大刀，骑白马，与金军大战三日，最终英勇殉国，但仍双腿夹马不落。明朝抗倭民族英雄唐顺之，品质刚正不阿，拒绝了送来的状元，凭自身本领考取进士。这些历史故事，可以潜移默化地影响孩子的价值观和民族精神，让他们形成侠义心肠，刚正不阿，精忠报国的思想观念。激发他们的尚武精神，在国家危难，民族大义面前，可以前赴后继，众志成城，同仇敌忾。

除了思想层面的教学，也要注重武术繁杂的拳种教学。拳种不是独立的技术动作，而是身体与多元化文明的综合体，武术中有空手练习，有刀叉剑戟，也有双人或多人的对抗。其中，考验了技术、文化、情感和精神。目前的武术教学中，注重身体力量、速度、柔韧等方面的练习，注重体能和动作，导致武术难学，难练，倾向体操化，失去了武术文化教育的作用。因此，学校应注重具有代表性的中华武术传统文化的武术作为教学内容，搭配历史故事，历史典故，名人名言作为传承内容，中国武术教学才会更加丰满与饱盈，学校武术教育才能肩负起民族文化复兴的传承重任。

3. 重视精气神

武术不仅讲究动作和品德，也十分强调精神饱满，气息平静，神情生动。这就是提升武术教学美感和艺术感的重要途径，通过习武者的身体感悟，体会内外兼修，天人合一的感觉，提升他们对于武术文化内涵以及中国哲学思想的理解感悟。同时，这些身体感悟也是修炼继承中华武术传统文化精华的重要步骤。

然而在社会飞速发展的今天，青年一代普遍处于一个浮躁，肤浅的社会环境之中，大部分人寄希望于追求快速，简单，入门级的运动项目，而对于强调内外兼修，吃苦耐劳的武术修炼就显得没有多少耐心与激情，学校教学中也只注重动作，而不强调精气神等内在的武术练习。要知道，在武术练习过程中，武术动作外形是比较容易掌握的，但是感悟身体的精神气息，并且把它自然展现出来，并随着动作自如变化是相当复杂的。因此武术教学中，如果缺少精气神的内在感悟，武术就变成了一种"单纯的动作"，成了一个索然无味的武术操，这也是造成武术文化流失的重要症结所在。因此在教学中，让学生多感悟身体感受，以此为教学途径，提炼武德的理念，体悟武德的儒雅，只有通过平心静气的感悟，才能慢慢领悟到中华武术的博大精深，才能深刻认知武术千百年积淀下来的厚重文化传统内涵。这更有利于学生理解中华民族传统文明精神，从而培养年轻一代的民族精神。

4. 多元化的提升武术文化教学影响

在当今社会，武术教学单纯依靠自身发展具有一定的局限性。所以要尝试与音乐，时尚，潮流相结合。通过"跨界"合作，把武术的影响力提升到新的高度。在这一方面，武侠小说与武术动作电影是一个很成功的方式。除此之外，可以尝试武术展示与音乐结合，比如武术经典音乐《男儿当自强》；可以尝试武术展示与美术结合，比如用武术步法沾墨作画；甚至可以与篮球结合，比如太极拳与篮球的结合，北京随心而动花式篮球队就做过这个尝试，反响很好，在宣传篮球的同时，也宣扬了武术的美感，体现了武术的时尚型和艺术性，对于武术的宣传具有很强的积极意义。

（三）保护武术文化的生态

1. 文化生态视域下中华传统武术的境遇

文化生态的提法出自《国务院办公厅关于加强我国非物质文化遗产保护工作的意见》（以下简称《意见》）。《意见》指出："随着现代化进程的加快和全球化趋势的加强，我国的文化生态发生了巨大变化，非物质文化遗产受到越来越大的冲击。"[①] 由于我国当前"文化生态"的巨大变化——外来文化与中国传统文化相

---

① 伍方清：《文化生态势域下传统武术文化的研究》，博士学位论文，武汉体育学院，2012年，第9—10页。

互融合，在外来文化的强烈冲击下，中国传统文化面临着逐渐消失或者即将消失的尴尬境地，这使人痛心疾首。从农耕社会到如今的信息社会，由于社会环境发生了变化，因此，在社会环境中的传统文化也必将发生巨大变化，也就是说，"文化生态"变化进而使得部分传统文化被异化。

武术作为中国传统文化的一部分，同样面临着现代与传统的冲击，在不同程度上同样被多元异化。改革开放以来越来越多的外来文化涌入中国这片土地，并以独特的风貌深深吸引着国人的眼球。面对韩国跆拳道和日本空手道的在国际上的迅速发展，以及中国武术进入奥运会时的受阻，使得我国的传统武术的发展过程举步维艰。在这样的背景下，中国武术已经形成了两大体系——现代竞技武术和传统武术。但是，由于现代竞技武术更容易融入西方竞技体育之中，因此，当今的传统武术正处于一种进退维谷的境地。传统武术的"口传心授"传承方式正逐渐被社团、俱乐部、学校教育等新的方式所取代，使得我国传统武术的这种传承方式被逐渐淡化，甚至被取缔。传统武术追求习武过程中的演练风格以及攻防内涵，在竞技武术"新、难、美、高"的规则下，使得我国的传统武术的武术套路过度造型化和体操化，武术中所蕴含的中国传统文化正逐渐地被过滤，使得我国的传统武术徒有其名。没有中国传统文化内涵的武术必将无法发展，只有将武术的文化性充分发挥出来，才能真正地使我国的武术发扬光大。

2. 传统武术的传承文化空间与生态地域保护

文化空间也称为文化场所，作为非物质文化遗产的一种形态和样式，是指有价值的文化活动的场所或空间，是有价值的民间文化活动得以举行的场所或空间，是有价值的传统文化活动，这些活动是有约定俗成的、有规律的文化活动场所[①]。"文化空间"的提出

[①] 马文国、邱丕相：《文化的自信：传统武术的希望》，《西安体育学院学报》2006年第6期。

对我国传统武术的文化传承具有重要的意义。传统武术师徒之间的"口传心授"的方式和师徒的传承制度是武术传承的文化空间。大多数学者认为使武术进入学校是对我国传统武术传承较好的办法。虽然武术进入学校后从某种程度上取得了一定的成绩，但由于学校中的武术教育过于重视对武术技术层面的传授，忽略了武术的文化内涵教育，导致我国传统武术没有得到真正的传承。武术文化传承应是全面的、整体的，在传承的过程中不仅要注重传播，更应注重传承。因此，要想使我国的传统武术真正得以传承一定要"身传心授"、"师徒传承"、经年累月。换句话说，传承人才是武术文化存在的根基，因为，武术中无论是文化内涵，还是武术技术都是动态的、无形的，它不会因静态事物的流逝而阻碍其存在和发展，所以人与人之间的传承才是保障我国传统武术文化的重要因素，才是关键。因此，对武术传承人的保护实际上就是对武术文化空间的保护。

我国的传统武术是在不同的地域环境中发展并形成起来的，因此，地域性是武术的特征之一，同样武术也是地域文化的重要组成部分，二者有着紧密的关联。因武术具有地域性的特点，所以武术在不同地域有着不同的特点和文化内涵，如陈氏太极拳、咏春拳、五行通背拳、中州武术中的少林武功、苌氏武技、蔡李佛拳、北弓南弩、东枪西棍、鸳鸯拳等等。因此，在传统武术的传承过程中要考虑到武术地域性这一特点，要将我国的武术放在原有的文化空间之中进行保护，要对传统武术生态保持相对比较完整的区域或村落（如孟村、陈家沟、嵩山少林寺）进行整体性保护，要形成"原真性""原生地""原生态"的三原保护特色。正如程大力先生所言："武术提出的保护须要详尽，须要全面，推广须要选择、须要慎重"[①]。因此，我们在对中国传统武术进行保护的过程中应注意保

---

① 程大力：《中国武术文化发展大战略：保护与改革》，《体育文化导刊》2005年第2期。

护好具有特色的、现有的"武术之乡"。

3. 非物质文化遗产理念下的传统武术保护原则

近年来，由于非物质文化遗产保护在全国范围内迅速的发展，使得部分武术也纳入了非物质文化遗产之列，这为传统武术的保护和传承提供了新的途径。

（1）贯彻非物质文化遗产属性

如嵩山少林寺将少林功夫定义为"嵩山少林寺这一特定佛教文化环境中历史形成，以佛教神力信仰为基础，充分体现佛教禅宗智慧，并以少林寺僧修习的武术为主要表现形式的传统文化体系"[①]。从嵩山少林寺这个例子可以看出，非物质文化遗产保护的许多好的经验可以为传统武术保护所借鉴，但是，传统武术在借鉴过程中要注重"人本性""本真性""活态性"，以及贯彻整体性的非物质文化遗产属性。

（2）传承传统武术应还原武术历史信息

我国传统武术在其发展的过程中由于受到自身的困惑以及外来文化的冲击而黯然无光，因此，对我们在对传统武术进行保护和传承时要使得有着技击精髓和真正的文化内涵的传统武术得以发展，在传统武术保护过程中要全面和真实的延续我国传统武术的历史信息，只有这样才能使我国的传统武术重新焕发魅力。

（3）遵循社会发展规律，防止武术文化发展出现整体性分离

传统武术保护不是一朝一夕就可以完成的，它是一项系统的工程，是一项长期的事业。我们不能把传统武术文化保护当作一场临时性运动去做，应当坚持可持续发展原则，贯穿国务院对非物质文化遗产保护工作的方针和政策，处理好利用和保护的关系，要做到"合理利用、保护为主、传承发展、抢救第一"。但是，武术的发展不是静止不动的，它是动态的过程，传承者会根据自身的学养和条件对传统武术进行创造，以及我国的传统武术要根据环境的不同

---

① 释永信、阿德：《少林功夫》，少林书局2006年版。

发生相应的变化，所以，我们要保持清醒的头脑，要处理好传承者追求创新和保持本真性的关系，对我国武术文化的保护要多层次和全方位的进行保护，坚决避免片面的或人为地将我国传统武术和文化整体性分离的现象。

第三章　武术教育文化性的历史溯源

武术文化属性的形成，最早可以追溯至历代统治者所推崇的以儒家"弱民而治"的治国理论。以此为基础，造成了封建社会时期"重文轻武"的武术发展环境。在随后的社会变迁和朝代变更中，各个王朝的统治者在通过战争和武力获得统治权之后，为了政局的稳定以及防止民间"揭竿而起"，往往会采取"去武行文"或者"重文轻武"这一国策。

在封建社会时期（1840年以前），中国武术所表现出的教育文化性主要经历了原始社会时期、尚武风气时期、重文轻武时期等，这一阶段也是中国武术发展走上巅峰的黄金时期。近代（1840—1949）以后，中国武术文化性的特点受列强侵略影响，逐渐表现为抵抗外敌入侵以及强健国民身体素质，"强种救国，健身强体"的思想也在这一时期诞生。

随着中华人民共和国的成立，中国武术作为一项现代学科步入了新的发展阶段。然而仅仅将深蕴传统文化精髓的中国武术作为一项现代体育项目进行发展却又使得自古传承至今的传统武术在与强势的西方体育思想发生冲撞时进退维谷，不知路在何方。因此，对中国武术教育文化性的历史阶段进行一个系统分析，对我们探究武术教育的文化传承是非常必要且迫切的。

一 "术"与"道"：武术教育文化的萌发

（一）"术"与生产劳动的统整

中国的武术教育由来已久，早在我国的原始社会就已经出现武术教育。由于原始社会时期的生存条件十分严酷，生活环境恶劣，人们获得食物的来源主要是采集和狩猎。人们为了自身的安全不得不与野兽搏斗，同时人们为了获取食物也要和野兽搏斗。这样一来，人们必须不断的创造与野兽搏斗的技能。在中国最早的《诗经·大叔于田》歌集中就有人徒手与老虎搏斗的记载："叔于田，乘乘马；……袒裼暴虎，献于公所。"① 随着原始部落之间的利益纷争，原始氏族、部落之间的战争不断，战争成为解决问题的手段，进而人与兽搏斗的技术逐渐成为人与人之间搏斗的技术。无论是人与兽搏斗技术还是人与人搏斗技术，都促进了当时武术的形成。武术成为人们保护部落、保护家庭、保护别人、保护自己的一种手段。在原始社会传授武术技能和经验的途径有两个：其一为行动教育，其二为口头教育。原始社会的男女分工不同，男女到了一定年龄之后，所学内容是不同的，男性青年要学会骑马、射箭、狩猎、捕鱼等技能，而女性要学习采集、酿酒、纺织等等。对于原始社会的男性青年一定要接受军事体育训练，其目的是保护自己的部落。因此，在原始社会那样一种生存条件下，无论是社会的，还是自然的，都需要武术这种生存技能。由此可见，在原始社会中，武术的产生与人们生存的需要以及人类社会的产生有着紧密的关系。其主要教育目的是生存，教育方式为言传身教。

（二）"道"与精神生活的并包

自古以来，中国便有着"武巫舞"同源的说法，作为中华民族

---

① 黄典诚：《诗经通译新诠》，华东师范大学出版社1992年版。

传统历史长河中两颗璀璨的明珠，武术与舞蹈受中华传统文化影响颇深。从最初原始社会时期为了生存而去狩猎衍生出武术的雏形之后，人们便对大自然心怀敬畏之心。于是，一种独特的表现形式——武舞便产生了。

最早关于武舞的记载出自《荀子·乐论》，其中所描述的"持干戚以舞"便是舞蹈者手持兵器表演打仗格斗时的动作。这种舞蹈动作粗犷，也具有强身健体以及演练武艺的作用。随着时代的变迁，时代发展至商周时期，武术与舞蹈的融合主要以战争之前对社稷及上苍的祭祀以及祈求为主——"武王伐纣，至于商郊，停止宿夜，士卒皆欢乐以达旦，前歌后舞，假于上下"，《尚书〈大传〉》中关于战争之前演练武舞的这段描写，一方面是为了激扬士兵的斗志，演练武艺；另一方面也是为了祭祀上苍，保佑己方凯旋。

可以说，在原始社会时期的武术教育活动之中，武术、舞蹈、巫术三者之中有许多相互交融相互借鉴的东西，这一点从日后"武舞"活动的出现便可证实。而后，随着生产力水平的不断提高以及武术器械套路练习难度的不断增加，武、巫、舞三者才逐渐分开。但是，缘起期的武术教育恰恰正是通过祭祀活动以及其他宗教活动得以不断发展的。

二 发展与异化：武术教育文化的历时考察

（一）古代：从"和谐共生"到"重术轻道"

在封建社会时期（1840年以前），中国武术所表现出的教育文化性主要经历了原始社会时期、尚武风气时期、重文轻武时期等，这一阶段也是中国武术发展走上巅峰的黄金时期。

1. "和谐共生"：先秦时期的武术教育文化性

（1）六艺与早期的武术教育

六艺即"数、礼、书、乐、射、御"，在六艺中"御、射"为武士教育的重要内容。在西周有各种学习"射"的学校，并且

"射"有"五射",分别为"井仪、白矢、囊尺、参连、剡注。""五射"指的是射箭的要求和方法。除了"射"之外,在西周学校还要学习"御","御"有"五御",分别为"逐禽左、逐曲水、舞交衢、鸣和鸾、过君表。"六艺中的"乐"更是兼有舞蹈和武术的内容。在不少的武舞中持钺、弓矢、干戚等兵器,"乐"中的各种"武舞"在一定程度上具有武术的实战性,也可以说是武艺的演练。"六艺"教育强调文武兼备,注重学习者礼仪道德的培养。说到礼仪教育,在周代有很多礼与习武相结合的内容,比如,西周的"射礼",就是将道德礼仪的观念与射箭相互结合的一种形式,周代的"礼射"有四种,分别是大射、宾射、燕射、乡射。由此可见,武艺是周代教育的重要内容之一。

（2）殷商西周的武士教育

在殷商西周时期,由于统治者自身发展的需要,武艺成为重要的教育内容之一。周成王非常重视武艺教育,他曾对鲁公伯禽说:"尔知为人上之道乎?……夫有文无武,无以威下;有武无文,民畏不亲;文武俱行,威德乃成。既成威德,民亲以服。"① 因此,"武士"教育成为贵族子弟必须学习和必须接受的教育内容,其主要的教育内容为"六艺",并且这种教育是文和武相结合,并且以武为主要教育内容。武士的主要职责就是在战争来临的时候保卫社稷,在平时统驭平民。因此,"六艺"中的"射、御"成为武士学习的主要武艺内容。

（3）春秋战国时期的武术教育

这个时期由于战争频繁,提高战斗力成为各诸侯关注的焦点和急需解决的问题,所以,各诸侯为了提高战斗力,为了让人们习武,不惜设定一些奖励。例如,"齐人隆技击。其技也,得一首者,则赐赎锱金,无本赏矣"②。在军队中,对于武艺教育有着严格的

---

① 刘向原著,王英、王天海译注:《说苑全译》,贵州人民出版社1992年版,第3页。
② 《荀子》,万卷出版公司2009年版,第221页。

考核和训练标准。楚国要求军队要做到"轻利僄遬，卒如飘风"①。魏国考选武卒，"以度取之。衣三属之甲，操十二石之弩，负服矢五十个，置戈其上，冠胄带剑，赢三日之粮，日中而趋百里"②。

春秋战国时期，在军事武艺教育中注重安排教育内容顺序和针对士兵的不同体质分类进行教育的特点。如对教育对象的分类教育在《六韬·鬼谷子》中有所记载："军中有大勇、敢死、乐伤者，聚为一卒，名曰冒刃之士；有锐气壮勇强暴者，聚为一卒，名曰陷阵之士……有才技兼人，能负重致远者，聚为一卒，名曰待命之士。此军之练士，不可不察也。"③ 对于在军事训练中注重安排训练内容顺序，在《渊鉴类函》中有所记载："一曰练胆，二曰练艺，三曰练阵，四曰练地，五曰练时。"④ 由此可见，春秋战国时期，武艺的传授，注重对练习对象的分类教育，并且还注意到教育内容安排顺序。

同时在这个时期，人们还注重武术理论的总结。如《庄子·说剑篇》到今天为止，仍然广为流传，被视为武术格斗教育的经典之作。班固《汉书·艺文志》把兵书进行分类并归纳为：《强弩将军王围射法》5篇、《兵形势》11家93篇、《剑道》38篇、《阴通成射法》11篇、《逢门射法》2篇、《兵技巧》13家199篇、《兵权谋》13家259篇等等。由此可见，到汉代，我国的武术教育已初具雏形，并且逐渐表现出一定的教育思想。

2．"重术轻道"：两晋之后的武术教育文化性

（1）魏晋南北朝战争中的武术教育

魏晋南北朝时期，社会动荡不安，并且战乱不断。这个时期的武艺教育活动主要分布在民间和军队之中，士兵练武有专门的场

---

① 《荀子》，万卷出版公司2009年版，第232页。
② 同上书，第221页。
③ 姜子牙著，杨靖、李昆仑编：《六韬·鬼谷子》，敦煌文艺出版社2016年版，第125页。
④ 张英、王士桢等：《渊鉴类函》第9册，中国书店1985年版，第73页。

地，并且当时士兵的练武被称为讲武。当时在军事中武艺教育情况为"十五日上，则门栏陛戟，警昼巡夜，十五日下，则教旗习战。无他赋役。每兵唯办弓刀一具，月简阅之。甲槊戈弩，并资官给。"① 在民间当时武艺教育分为两种情况，一种持支持习武的态度，如著名人士颜之推——"向使潜于草茅之下，甘为畎亩之人，无读书而学剑。"② 另外还有一种反对的声音认为，练习武艺是"不急之末学"。如魏收因受到郑伯刺激放弃了习武。由此可见，在这个时期，在战争频仍的时代背景下，武术教育与战争有着密切的关联，并对武术教育的形成有着重要影响。

（2）隋唐时期的武术教育

在隋唐时期，尚武任侠之风素盛。不论是统治者、大臣、老百姓都有一些武艺高超之人，如唐太宗李世民，他是尚武勇猛皇帝的代表。唐太宗不仅自己武艺高超，他手下还有一大批武艺高超的人，如刘弘基、柴绍等。"唐太宗有剑士千人，今其法不传，断简残篇中亦有歌诀，不祥其说。"③ 而且唐代时期，人们把武艺放在一个非常重要的位置，常把文章和击剑相提并论。唐代诗人李白称自己为："十五好剑术，偏干诸侯；三十成文章，立抵卿相。"④ 这足以说明隋唐时期的一种崇文尚武的人文精神，同时也可以说明当时武艺教育水平较高。

隋唐时期的科举制，有着文武之分，文科制主要用以选拔文官，而武科举，通过考试来选拔武官，这为习武之人提供了一个平台，可以通过习武进仕之阶。武举制有一套相对客观的考核标准，并且在选拔过程中重标准、轻门第，任人唯贤。"其课试之制，画帛为五规，置之于垛，去之百有五步，列坐引射，名曰长垛。又穿土为埒，其长与垛，均缀皮为两鹿，历置其上，驰马射之，名曰马

---

① 李延寿：《北史》，中华书局1974年版，第2155页。
② 颜之推著，张霭堂译注：《颜之推全集译注》，齐鲁书社2004年版，第338页。
③ 茅元仪：《武备志》，华世出版社1984年版，第3205页。
④ 李白著，鲍方校点：《李白全集》，上海古籍出版社1996年版，第241页。

射。又断木为人，戴方版于顶上，凡四偶人互列埒上，驰马入埒，运枪左右触，必版落而人不踣，名曰马枪。皆以偻好不失者为上。兼有步射、穿扎。翘关、负重、身材、语言之选，通得五上者为第。其余复有平射之科。不拘色役高第者授以官。其次以类升。又制为土木马于里闾间教人习骑。"①

对这一部分内容进行总结，我们可以得知：隋唐时期，武术教育开始走向平民化，逐渐摆脱了贵族化趋势，使得武术的普及面增大，并且武科举的制定给习武之人提供了一个平台，可以通过练武进仕之阶，为以后的武术教育奠定了基础。然而，从历史沿革来看，相对于每年定期举办的文科举考试，武科举则是时办时废，这也在一方面显示出相对于文科举而言，武科举较为不受重视。

（3）宋、辽、金、元的武术教育

唐朝以后，武艺教育以军事武艺教育为主。宋朝到鸦片战争之前的这段时间还是相对处于冷兵器时期，因此，统治者十分注重军队的武艺教育，宋太祖赵匡胤对于枪、射、刀等军事武艺教育就非常重视。在《武经总要》中记载："至于执兵用刃（或作技）又有法焉。凡教刀者，先使执持便惯，乃以形制轻重，折（或作斫）伐猛劣而为之……教旗若枪者，先使把捉有方，盘旋、进退，乃以干之长短大小、插刺深浅而为之等。"②

而当时间发展至宋朝时期，据史料记载——"宋神宗熙宁六年，王安石派王韶率兵出塞，反击西夏侵扰，就曾在军中教士兵习'讶鼓'。两军对垒之时，'讶鼓'鼓舞士气"。这种在宋朝民间所流行的"讶鼓"据传最早为军中所创，也是武术以舞蹈的一种形式将其文化蕴含于祭祀以其祈求上苍的活动之中。表演者在求雨的过程之中，以武功表演的形式表现其异于常人的特点，其实也就是将武术的文化蕴含在祭祀以及宗教活动之中。同时，时至宋朝，武艺

---

① 杜佑：《通典》，浙江古籍出版社2007年版，第83页。
② 曾公亮著，陈建中、黄明珍点校：《武经总要》上，商务印书馆2017年版，第40页。

教育可谓已经非常完善，具体体现在以下三个方面。

首先是对军事武艺教育方法、教育内容做出了明确规定，如《教法格并图像》"教法格"《宋史·兵志九》等的颁布与实施。"教法格"对武艺考核标准做出了一定规定，考核标准为："凡弓分三等，九斗为第一，八斗为第二，七斗为第三；弩分三等，二石七斗为第一，二石四斗为第二，二石一斗为第三。"① 同时，在《教法格并图像》中对移步、步射、运手举足、执弓；步用标排、马上野战格斗、能马射等，皆有法像。因此，"教法格"的实施与颁布促进了军事武艺的发展，同时使军事武艺教育有了较为完善和统一的考核、训练标准。

其次是宋代武举制的实行和武学的创立。宋代延续了前朝的武举制来选拔武人才，考试的内容为武艺和军事理论并重。宋仁宗庆历三年创立了武学学校。虽然只办了三个月就停了，但是在神宗熙宁五年又将武学恢复。"武学分为三个等级，分别为上、内、外舍。这三个等级可以通过考试实现递升。上舍又分三个等级，分别为上舍下等人、上舍中等人、上舍上等人。上舍下等人免解试，上舍中等人免省试，上舍上等人可直接授官。

最后是在宋代出现了大量的武艺结社，如角抵社、锦标设、弓箭社、英略社等武社组织。这是由于辽、金等国不断骚扰和侵犯宋朝。而宋朝的统治阶级较为保守，基本上是采取守势，并且对于那些农民义士的起义，则采取镇压的态度，"京都士庶之家，不得私蓄兵器。军士素能自备技击之器者，寄掌本军之司；俟出征，则陈牒以请"②。在这样的背景下，才涌现出大量的武艺结社。这些武艺结社的大量出现，促进了民间武艺教育的发展，并且是进行武艺教育的重要场所，对于民间武艺教育的发展有着非常重要的作用。

宋代，武术和军事武艺开始分途。武术主要存在于民间，而军

---

① 袁口：《枫窗小牍》，中华书局1985年版，第18页。
② 脱脱等：《宋史》，中华书局2000年版，第3281页。

事武艺主要存在于军队中。存在于民间的武术不仅注重技击性教育，同时它还以一种娱乐活动的形式出现。例如，一些以表演武术的艺人，他们以此为生。两宋时期，卖艺之人表演的武术主要是舞剑、使拳、舞刀枪等。由此可见，宋代武艺不仅以军事教育为目的，同时还以娱乐、表演为手段，出现了以谋生为目的的武术教育。

宋代时期，由于统治阶层将"重文轻武"作为一项治国理念大力推行，使得在社会上层阶级，"废力尚德"成为主流。而习武之人则为人所不齿。受"弃武行文""科举取士"等思潮的影响。民间逐渐产生了一种文比武贵的思想，传统以技击动作为核心的武术也逐渐地与文化搭边，开始以一种被动影响的形态与当时的儒家、道家、宗教思想相结合，并逐渐形成了诸如"虚实兼备，开合相宜""阴阳混成，刚悉柔化"的练拳口诀。此外，汉代兵法学的大发展也显示出了武术思想的繁荣。流传于习武者群体中的"打抱不平""行侠仗义""惩强扶弱"等思想也为人们向往。在这样的一个历史阶段，可以说武术受社会文化背景的影响，潜移默化的形成了其深层次的文化属性。至此，武术的文化性初步形成，并发展成为吸收传统儒家、道教、佛教等传统哲学思想以及蕴含祖国兵法学、中医学、阴阳五行学说的一项集养生、健体、技击为一统的项目。

中国北方少数民族蒙古族、契丹、女真族、党项分别在中国这块土地上建立了元、辽、金、西夏政权。这些少数民族长年生存在大漠草原，并且以狩猎游牧为生。在这种环境中生活和生存，决定了他们习俗尚武和强悍民风。并且习武已经是他们生活中的重要组成部分。蒙古族和满族有着骑射民族之称，其中蒙古族首领"一代天骄"成吉思汗勇猛无敌，武艺超群，威名远扬欧、亚两大洲。元、辽、金、西夏等国家，为了政权的需要，无一不把军事武艺教育当作这些民族建立政权后的重中之重。并且有些民族也以武举制来选拔武人才。例如，金朝武举分殿试、府试、省试。其考试内容为马枪、步射、马射等。如考试达到预期制定的标准后，将给予任职。虽然这些少数民族统治者重视军事武艺教育，但是严禁民间习武，特别是在元朝严禁汉族民间习武和私藏武器。尽管这些少数民族统治者禁止民间习武，但是民间武术教育活动仍然存在，只不过是从"明处"转到"暗处"。

回顾历史长河我们可以发现，宋朝的经济实力与文化发展水平可谓达到了中国封建社会时期的顶峰，然而，受其"重文轻武"国策的影响，宋朝军队孱弱的军事力量使得其疆土屡屡被外敌所侵。因此，宋朝灭亡以后的明清统治阶层逐渐认识到了尚武之风与国家军事力量的重要性。受这种观念影响，宋朝时期废除的武状元科举制度在明清时期再次得以确立，这也使得明清时期的武术文化再次得到空前的发展。在这个阶段，诸如《水浒传》《三国演义》等宣传"行侠仗义""替天行道"的武侠小说大量出现，"八卦掌""太极拳""螳螂拳"等不同的拳种流派也在这个时期大量出现。在武术被贴以"文化性"的标签以后，这个阶段的武术在发展技击术的基础之上又形成了其独有的武学思想体系，在吸收传统儒学"仁、义、礼、智、信"这一传统伦理道德思想的基础之上，形成了以"忠、义、信、刚、毅、勇、诚"为价值内核的"武德"[①] 思想。

---

① 武德：普遍的观点认为，从事武术活动的人在社会活动中所应遵循的道德规范和所应具有的道德品质。我国"武德"一词，最早见于《左传·宣公十二年》，楚庄王言："武有七德"——"禁暴、戢兵、保大、定功、安民、和众、丰财者也。"近代，孙维国和辛治国两名作者在《武德在武术发展中的作用》一文中，提出武德的具体表现为：尊师重道、遵义守信、立身正直、谦和仁爱。在《当今武德论》一文中，白鸿顺、李忠孝两位学者提出的武德规范为：传艺育人、尊师爱徒、宽宏大度、扬善抑恶、团结拼搏、公正竞争。李印东博士在《武术释义——武术本质及其功能价值体系阐述》一书中指出：武德是一种作为习武者必须践行的道德行为规范。这种道德规范又分为两种：一种是不受时间、空间影响的，具有永恒性特征的内源性武德；另一种是不为习武者所独有的，但为习武者所接受的受时代伦理文化影响的道德行为要求，这种道德行为规范受到时间空间的影响，具有时代性、区域性特征，被称为外源性武德。温力老师在《中国武术概论》一书中说道，"武德"一词在《现代汉语词典》和《辞海》中都无明确的解释，我们可以将武德理解为习武者调整他们与其他人之间的关系和他们和社会之间关系的行为规范，是评价习武人的善恶标准，包括处理习武者与其他人之间的道德关系、道德理想、道德标准、道德规范等；习武者对个人品德完善的道德意识、道德信念、道德判断、道德行为、道德品质等。

纵观历史，明清时期的武术发展可以说是历史上继唐朝以后的第二个高峰期。在这个阶段，武术在从外界被动附加了"文化性"之后，逐渐形成其区别于其他传统体育项目并兼具传统哲学、宗教、养生、兵法、中医、阴阳五行等学说的文化体系。武术的文化体系在这一时期发展到了巅峰，也逐渐确立了其技击性的技术体系与深蕴传统文化精华的文化体系。

（二）近代：工具性的彰显与文化性的内隐

进入近代后，中国武术文化性的特点受列强侵略影响，逐渐表现为抵抗外敌入侵以及强健国民身体素质，"强种救国，健身强体"的思想也在这一时期诞生。

1. 抵御外敌：外显的工具性

自从1909年霍元甲打败西洋和东洋的武术高手之后，他就开始在上海传授武艺，建立了精武体操学校，提出"爱国、修身、助人、正义"的口号，并以"提倡武术、研究体育、铸造强毅之国民"为主要宗旨。当时武术主要是为了强国健身，振兴中华，并得到很多爱国人士的支持，他注重武德的培养，提倡德艺兼备促进了当时精武会的武术传播。1915年的民国政府教育部提出"学校要教授中国武技"，并逐渐推广规定中小学、大学体育课程中武术教育的授课内容，提倡代表民族精神的武术国技普及。学校武术走进学校体育将有利于武术传统技艺的整理和武术教学的正规化。

2. 匡扶正义：内隐的文化性

作为一项历经千百年传统文化润泽的传统体育项目，中国武术不仅仅是一项武术技艺。武术之所以能被称为一种文化现象，更深之处在于其拥有诸如"振兴民族保家卫国""侠义精神"为文化符号的武术精神。

通常我们所说的武术文化精神，是以中国传统文化的价值观以及基本精神为核心内容，并对一代代习武者的道德规范以及行为准则进行浸渍和熏陶。可以说这种武术文化精神是中国人民在源远流长的武术发展道路上经过不断实践从而形成的文化结晶,其核心理念便是以"匡扶正义""扶弱救贫"思想为基础的侠义精神。

作为一项中国历史文化的特殊产物,侠义精神具有鲜明的民族特色以及文化底蕴。其主要思想包含保家卫国的爱国情怀、重利轻义的侠肝义胆以及匡扶正义的崇高追求,等等。在以这种侠义思想为熏陶的背景之下,一些富有侠义精神的习武之人在面对贪官污吏或者豪强劫匪之时,总会以其自身强烈的责任感对施暴者进行制止和惩罚。

(三) 当代:政治权力支配与西方文化入侵

1. 行政主导:武术教育事业的再度繁荣

随着中华人们共和国的成立,中国民族的传统文化得到应有的重视,武术作为中国传统文化的一部分,开始了一个新阶段,并得到了较为完善的发展和取得了可喜的成果。

国务委员李铁映曾经指出过:武术应该被列为小学、中学、大学的体育课程。武术是中国文化的重要组成部分,它是国宝,因此,每一名学生都应该掌握一种器械、一种拳。1961年教育部对《中、小学体育教学大纲》(以下简称《大纲》)进行了重新修订,在总结经验的基础上,为了在教学大纲中体现民族特色内容,因此正式把武术列入《大纲》之中,并对武术教学时数,以及武术教学内容做出了规定,《大纲》规定:小学三年级的武术教学以基本动作、初级拳、武术操和简单组合动作为主要内容;中学的教学内容为青年对练、初级二路、青年拳等。《大纲》还对武术的教学时数作了规定,要求小学和中学的教学时数分别为6学时和8学时。《大纲》的制定使得学校武术教育逐渐形成了体系,并走上了正轨。2000年教育部颁发的《体育与健康教学大纲》中,将民族传统体育改为武术,并且将武术列入体育课程的必修课中。2004年教育部颁发的《中小学开展弘扬和培育民族精神实施纲要》中指出,在中小学体育课程中适当增加一些武术教学内容,并且在各学科的教学过程中要渗透带有民族精神的教育内容。武术在学校体育中得到普及与发展的同时，它还以学科的形式正逐渐地发展起来。1958年国家体委（现在的国家体育总局）召开的全国体院校长会中正式将武术确立为专业体育院校的普修课和必修课，开始了武术专业人才的培养，武术成为一门学科而存在。1982年至1996年，上海体育学院先后被国家批准授予硕士点和博士点单位。使得武术教育的地位得到提升，使得武术成为培养高级人才的学科，这对中国武术的发展有着至关重要的意义和作用。

1956年教育部将武术列入中国第一部中小学体育教学大纲。武术是中华民族的优秀文化成果之一，代表着民族传统文化和民族精神，在中小学武术发展的基础上，大学武术也逐步得到了发展。1958年全国体育学院院长会议决定设立武术专业以后，北京体育大学（原名北京体育学院）、上海体育学院等院校纷纷成立武术专业。80年代后期武术专业大学生毕业分配到学校任教，为全国的武术教育注入了新鲜的师资力量，武术教育开始获得突破性的发展（见图3-1）。①

"从武术进入学校体育的发展历程来看，武术教育中蕴含的民族传统文化是武术得以传承和发展的关键，也是促进武术教育传播和发展的命脉。历史实践不断地向我们诠释着只有具备强大的文化底蕴才能够使中国武术得以传承和发展。武术教育的成长和发展流淌着民族传统文化的血液，因此它可以深入人心激发国人的爱国精神和民族精神，为武术教育烙上鲜明的民族性和时代性。很多的习武之人都以保卫国家、除暴安良、匡扶正义作为理想追求。在国家和民族危机的关键时刻，许多习武人用自己的鲜血和生命捍卫了民族和国家的尊严。今天的武术仍然可以映射出其中蕴含的中华文化精神，那种自强、自尊、自豪的文化意识可以唤醒现代人心中的冷漠，充分发挥武术爱国主义传统，加强民族凝聚力和向心力，提高

---

① 关博：《武术教育的文化性探析》，《体育与科学》2014年第3期。

```
近代以来武术教育的历史演进
```

- 1909年霍元甲成立精武体操学校 → 提倡"爱国、修身、助人、正义",以"提倡武术、研究体育、铸造强毅之国民"为主要宗旨,强国健身,振兴中华

- 1915年国民政府教育部提出"学校要教授中国武技" → 有利于武术传统技艺的整理和武术教学的正规化,提倡代表民族精神的武术国技的学习普及以利于"强种保国"

- 1956年教育部将武术列入中、小学体育教学大纲,1958年全国体育学院院长会议决定设立武术专业,80年代后期伴随着武术专业大学生毕业分配到学校任教,武术教育开始获得突破性的发展 → 在体育全球化背景之下具有传承民族文化、弘扬民族精神的历史使命

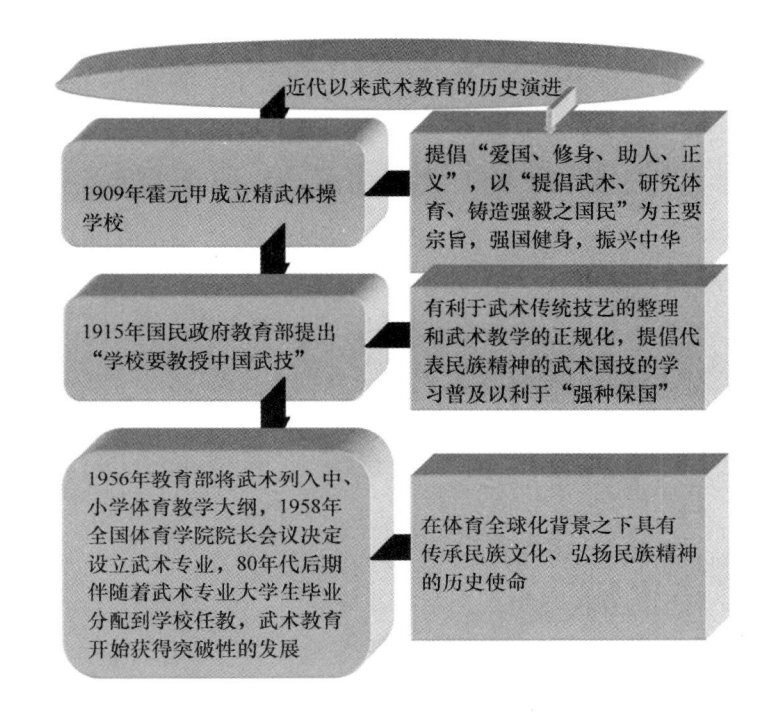

图3-1　武术教育的历史演进与时代内涵

国民的文化自信。"①

2. 盲目西化：武术教育文化性的日渐式微

西方竞技体育以强劲的势头席卷全球,给我国的传统武术带来了前所未有的冲击,在这样的背景下,我国的传统武术开始向"肢体运动"和"操化表演"转变。仿照西方的竞技体育模式,我国也对武术这一传统项目进行了"操化改良"。武术存在形式有两种：一种为以竞技类为主导的竞技武术,另一种为传统武术。竞技武术有技能主导类的武术套路和技能主导格斗对抗两种表现形式。在西方竞技体育的影响下,武术套路不断向"新、高、难、美"方向发展,使得我国武术沦入"单纯的肢体运动"和"操化表演"

---

① 关博：《武术教育的文化性探析》,《体育与科学》2014年第3期。

的境地,这也使得我国武术在发展和普及过程中难上加难。"根据国家体育总局武术管理中心的调查数据显示:开设武术课程的学校,武术教学内容以竞技武术为主,并以基本功—规范化套路的模式进行教学。"① 在教学过程中过分追求竞技化,而对武术文化性的教育相对较少,尽管我国的武术管理部门开始关注我国武术教育工作的开展情况,但是,在武术教育的过程中还是出现忽视武术教育的文化功能,注重技术教育的现象。如长此下去,会使我国的武术沦为"薄小俗浅"的境地。

三 武术教育文化要素的流变:横向的剖析

(一)武术名称的流变

关于武术的起源在学术界有着各种说法,国家规定教材的常见观点(目前比较统一的观点)是武术起源于生产劳动,也有不少学者认同武术起源于军事和原始巫风、图腾之说。

最早武术较为正式的名称应叫"武舞"。春秋战国时期到秦汉时期,武术没有较为统一的名称,如技击、剑道、手战、击剑等。武术一词产生的前兆应是"武艺"一词。"武艺"出自陈寿的《三国志》。"武艺"是对所有武技的一种提炼和概括。到南朝时期,"武术"一词才真正地出现——"偃闭武术,阐扬文令"。但是,当时的武术并不是指习武活动,也不具有武术概念的含义,在文中的意思是停止战争,发扬文治的意思。武术一词虽然当时不具有习武活动的意思,但是,从此历史上产生了一个包容角力、剑道、击刺、武艺、相搏、技击、卞射等含义的新词,这个词就是"武术"。虽然说武术一词产生了,但是,对武术的称呼还是有很多种。

有学者综合上述的说法,把武术的起源归结为:"武术在发展

---

① 董新伟、王智慧:《我国中小学武术教育状况调查研究》,《体育科学》2009年第3期。

过程中受到军事、教育、宗教、文化等社会因素的影响,武术的动作元素来源于生产劳动,军事战争为武术提供丰厚的土壤,以及图腾和原始巫风为武术舞化提供了可能。"①

国民政府于 1927 年成立,成立后的国民政府中的一些党国要人,要求把"武术"改为"国术",其原因是因为武术是中国固有的国粹。因此,"国术"成为民国时期武术的称谓。直至 1958 年在北京成立了中国武术协会,才把"武术运动"统一称为武术。我们都知道,李小龙为中国武术对外的发展做出了巨大的贡献,让西方人真正地认识到中华武术的魅力,此时的中国武术在西方人的眼里叫作中国功夫。功夫成为西方人对武术的称谓。在当今的影视中或武术比赛中,为了便于对外交流,仍然用此称呼。我们对武术名称流变的研究,有助于更好地梳理武术教育流变的发展过程。

(二) 武术教育内容的流变

从古至今,我国武术的内容发生了巨大的变化,在武术的发展过程中,有些内容已经难寻踪迹,如弩射、舞载、翘关、举鼎等武术内容。一些流传下来的武术,如古代的角力、相扑、角抵等原始体育项目(按照现在的武术定义已经不属于武术范畴)。还有一些古代武术内容,如飞镖、射箭等,虽然曾经是我国古代武术的教学内容,但如飞镖、射箭等体育活动却不是直接继承我国古代武术发展起来的。古代武术的搏斗技能有相扑、角力等,器械的搏斗有矛、剑、刀、戈等,然而现代武术的搏斗内容是以长兵、散打、短兵等为主,其中散打在如今的武术搏斗中较受欢迎。古代习武之人对功法较为重视,在武术中有个拳谚是这么说的:"练拳不练功,到老一场空。"这里所指的功是武术的锻炼方法。在我国的唐朝,武则天为了选拔武艺高超之人,进而设立了武举制度。在考核的过

---

① 关博:《武术教育的文化性探析》,《体育与科学》2014 年第 3 期。

程中，有一项为"翘关"，要求考试者手持门关的一端举起，"翘关"在考核中占有非常重要的地位，它是武举中选的基本条件。这不仅考验应试者的基本素质，更重要的是考验应试者运用器械的能力。再如清代的武举考试中有舞大刀、拉硬弓等。如今的武术在功法方面已经发展了多种竞赛项目，如大刀、开硬弓、掇石等克服阻力的表演项目。

作为中华武术的精髓，套路运动是武术技击的高度提炼与艺术再现，它来源于技击，又高于技击，可谓是武术运动的最高表现形式。追根溯源，武术套路最早的表现形式为原始舞蹈，到了宋代就已经脱离了舞蹈的范畴，表现形式就很接近于武术套路，如在宋代游艺场所"瓦舍"中舞剑、使棒、舞刀枪等，其形式都十分接近武术套路。到了明代时期，无论是拳术套路，还是刀术、棍术套路发展的都十分活跃，如戚继光创编的拳术套路等。明代时期的武术套路应是当今有图谱说明和明确记载的最早的武术套路。到了民国时期，武术套路开始分段分节的进行练习，并伴有"口令"的形式，这时候的武术套路借鉴了西方兵操的训练方法，以这种形式进行教学，便于集体操练和教学。中华人民共和国成立以后，我国的武术套路多为竞赛规定套路、简化普及套路、传统套路和自选套路。如今武术套路已经和真正意义上的传统套路大有区别，运动员为了在竞技套路比赛中获得优异的运动成绩，追求武术套路中的动作难度是如今获得高分的重要手段，这已和我国传统武术套路所追求的以传统哲学为"拳理"，以及注重武术的文化内涵等完全背离。现代武术套路的形式和体操形式大致相同，以动作的高难度进行评比，这不利于我国传统武术的发展。

（三）武术器械的流变

武术器械主要是由古代的兵器演化而来，古代的兵器的发展与当时的战争和自然是密不可分的。和平时期，兵器脱离了其战争需要，因此武术器械的流变也与其社会背景和科学发展息息相关，兵器的制造也伴随着当时的文化和科学的发展而发展①。关于古代兵器的演变过程，我们先通过古代的一些传说进行分析，传说在黄帝和蚩尤那个时期，当时的战争较为残酷，由于部落之间的战争较为频繁，因此，促进了兵器的发展，在《周易正义》中对于当时兵器的制作有所记载："黄帝、尧、舜弦木为弧，剡木为矢，弧矢之利，以威天下。"据《管子》记载："蚩尤受卢山之金而作五兵。"可见当时制作兵器的人物较多的集中在蚩尤和黄帝身上。军事武器的发展历经了石器、青铜器和铁器时代，由此可见，战争与社会生产力的发展水平息息相关，同时战争也能在一定程度上推动武术器械的发展和流变。从最早的石器时代到后来的青铜器时代，社会生产力不断提高，军事水平也得以不断上升。到了铁器时代，由于冶炼技术发展较为迅速，因此武术器械不仅外形美观，而且种类也较为丰富。

在春秋战国时期重要的兵器有弓、剑、戟、戈、矛。到了三国时期，刀取代了剑的短兵地位，逐渐成为当时军队的主要短兵器。宋代出现的"十八般武艺"分别为一弓、二弩、三枪、四刀、五剑、六矛、七盾、八斧、九钺、十戟、十一鞭、十二简、十三挝、十四殳、十五叉、十六把、十七绵绳套索、十八白打。前十七种是兵器的名称，第十八种为徒手拳术。可以说"十八般武艺"的出现，才真正意义上标志着武术器械的形成。唐代时期剑型趋于简单化，并较为统一。清代的剑形就如我们今天在武术比赛中见到的一样，当今武术器械成为竞赛中的标准化器材，已经没有了利刃，并明确规定了器械的重量、长度和硬度等。因此，对武术器械的研究有助于我们更好地了解武术的文化性。

（四）武德表现形式的流变

武德是武术教育的重要组成部分之一，中华武术有着几千年的

---

① 习云太：《中国武术史》，人民体育出版社1985年版。

文化历史，在中国这片特殊的土地上受到中国传统文化的滋养，在武术传承过程中逐渐形成尊师爱徒、重传统的观念，其中最鲜明的体现就是武德，武德包括对先辈之敬孝、对百姓之关怀、对君王之忠诚以及对自强不息精神之追求。武德是约束一个人的行为准则和思想准则。在武术教育中有着重要的地位，在武术传承过程中是重中之重，并始终把武德的培养贯彻到整个武术教育过程之中，把德艺双修作为武术教学的最终目的。通过武德形成的历史流变，并对武德表现形式的动态分析，有助于我们对武术教育文化性有更好的理解和认识。

秦汉以前把武德视为思想体系的"道"、合乎礼的规范，同时诞生了"侠"的意识。把武德视为思想体系的"道"，《庄子·说剑篇》对庶人剑、天子剑和诸侯剑的论述涉及了法制、外交、伦理、内政等，并对武技理论和武德的内涵进行了论述，这里阐述的剑道已经超越了武术本身，如"越女论剑"中把变化莫测、机动灵活的战术进行了较深的论述，并对呼与吸、静与动的矛盾关系进行了阐述，这已经上升到了哲学的高度，可见秦汉以前的武德源流之丰富，并有坚实的思想基础。先秦时期的"士"分为游士和游侠，游士指的是好文者，而游侠指的是尚武者。无论是游士还是游侠都要受"礼"的约束，如《韩非子·显学》中讲"儒以文乱法，而侠以武犯禁。"武术在"礼"思想的约束下，出现了封建的理论色彩，如武术门派的"门规戒律""师命不可违"等思想，从一开始不仅有其精华，同样存在糟粕。韩非子最早提出了"侠"的概念，《五蠹》云"侠以武犯禁"，这里的观点是否定了"侠"，司马迁在《游侠列传》感情深沉的描写了侠，并肯定了"侠"。梁羽生先生说："武是躯壳，而侠是灵魂。"我们可以看出，无论是作为"道"的武德，还是"礼"思想约束下的武德，都是服务于诸侯之军事政治。武德处于低级阶段，在秦汉以前，武术中武德的内涵是低级的、多元的、阶级本位的以及个人本位的"小武德"。

秦汉至明清时期，武德表现为忠、志、德。战争是军事武德的载体，士兵忠于将帅，同样将帅也要忠于君王，可见"忠"是武德的首要内容，但在秦汉至明清时期忠更是作为统治阶级的奴化工具。随着奴隶制的崩溃，武术逐渐流入民间，武术的发展也开始多样化，明清时代门派众多，这时的武德主要以扶危济贫、尊师重道、戒骄奢淫逸、屈己待人、虚心请教等为信条，各门各派也制定了门规戒律来约束徒弟们，并作为了武德的标准。更多地表现为个体的道德，与军事武德那种必须接受命令完全不同。

鸦片战争至中华人民共和国成立以前，列强入侵，危机四伏。自1840年鸦片战争以来，中华民族的武德已经由小武德转化为大武德，此时的武德是具有爱国主义、民族关怀、时代责任感的内涵。如1909年霍元甲在上海建立精武体育会，目的就是强国强种。孙中山先生曾经也说过："中国拳勇技击，与西洋的飞机大炮，有同等作用。"在这个时期的武德，具有大胸怀和大视野，以救国救民为目的，已经完全突破了阶级本位和个人本位的局限性。

四　武术教育文化性发展的历史启示

（一）武术教育文化性的社会制约

作为教育社会性的最主要表现形式，教育的社会制约性质是指教育的发展受一定的社会生产力发展水平和社会生产关系的制约，除此之外，教育的发展也受当前社会背景下文化传统、人口、环境等多方面因素的制约。必须充分认识到这种客观存在，才能更加有效地把握教育的发展和改革规律，从而更好地促进教育事业为政治、文化、经济、科技建设服务，促进社会进步。作为校园体育课程的一项主干内容，我们也要充分认识到武术教育过程中所面对的社会制约因素。

在武术教育过程中，社会生产力的发展水平除了限制武术技术体系与文化内涵的发展规模和速度之外，也制约着人才培养的规格与教育结构。社会生产力的发展水平虽然为武术的教育过程提供了一定的物质基础，但是其并不能单独决定武术教育的发展进程，武术文化性的教育是在生产力和生产水平同时作用下产生的。此外，武术文化性的教育过程受社会生产力和生产关系制约的基础之上，也对社会生产力的发展具有促进作用。因为其教育过程在传授于人以知识与技能的同时，也促进了武术项目出现科研、教学、德育联合体的功能。

因此，武术文化性的教育过程与社会生产力、政治、经济、教育等多方面、多维度之间的关系是相互作用、相辅相成的。教育的作用是通过传播科学技术和培养人才来宣传某种思想，进而达到稳定政治经济体制和推动社会生产力的目的。同时，稳定的政治经济体制也是进行文化教育的前提。

（二）武术教育文化性的社会功能

作为一项民族文化现象，加强对于武术教育文化性领域的研究。不仅可以加深学习主体对于中华民族传统文化的重视程度，也有利于武术文化性教育在当今社会的积极作用，笔者认为从社会功能的角度出发，武术的文化性教育主要有以下功能。

1. 丰富人们文化生活，提高大众人文素养

自党的十八大以来提出以改革创新精神建设社会主义文化强国这一重要精神之后，有关文化建设的相关理论研究逐渐提上各地政府发展纲要。改革开放以来，人们的经济生活水平随着社会经济结构的快速转型得以不断提高。然而，经济水平不断提高的同时带来的却是人们精神文化层面教育的缺失。诸如青少年校园暴力事件的不断发生，社会青年网瘾难以解除以及退休人群沉迷赌博等案例的出现，都是人们在面对新奇繁杂的网络文化和缤纷多彩的各种诱惑之时，精神世界的发展没有跟上物质水平的提高，进而导致内心矛盾、空虚从而出现自我堕落的一系列行为。

武术文化作为中国传统文化的一种意识形态，与中国传统民俗、习惯、伦理、道德、宗教、哲学、艺术等文化制度和精神产品

充分融合，具备十分丰富的技术与文化内涵。对于丰富人们的精神文化生活，提高人们的人文素养有着十分重要的作用。除此之外，通过习练中国武术，也可以从实际行动上更好的保护、传承中华传统文化，对其精华予以保留，对其糟粕予以去除。从而更好地促进全面健身活动，提高人们的文化素养，丰富人们的文化生活，从而更好地促进社会向稳定、和谐的方向去发展。

2. 规范人们的个人行为，提高人们的品格修养

作为人们在生产生活之中创造的精神和物质财富的总和，文化是一项由社会制度、知识、价值观以及理想信念等多方面、多维度构成的内容体系。武术文化作为中国优秀传统文化中不可分割的一部分，其产生过程充分体现了人类的创造力和改造自然的本质能力。同时，在其几千年的发展过程中，也对人们的道德规范、美感、智慧等方方面面进行着潜移默化的调节作用。扎根于以"礼仪之邦"为土壤的中国武术，充分吸收了儒家以"仁义"为核心的伦理精神内容，并形成其独有并且区别于现代体育项目的"武德"思想，这也体现出了热爱和平、善良诚信、尊老爱幼的传统美德。在以"武德"为核心的思想行为规范之下，诸如拜师学艺中的"未曾学艺先学礼，未曾习武先习德"以及练拳谚语中的"舍己从人"等思想，均体现出了传统文化当中对于和谐、礼仪以及宽容等美德的向往。也正是通过这些隐含在礼仪以及生活道德方面的自我规范，武术人可以形成一种自我反省、内外兼修、刚柔相济的自我约束模式，从而培养出遵纪守德、尊老爱幼、自强不息的良好精神面貌。

3. 提高人们的民族精神，增强人们的爱国情怀

自古以来，中国武术便以其增强身体素质、提高意志品质、培养爱国情怀等内外兼修的育体育心作用闻名遐迩。武术文化在具备一般体育项目健身健体功能的同时，也凸显着其独树一帜的民族特色。近代以来，诸如一些著名武术家匡扶正义、除暴安良、以武报国的实例并不少见——如"神拳大龙"蔡龙云先生在少年时期刻苦

习练武艺并以高超武技和强烈的爱国精神多次打败来华挑战的俄国大力士；又如武林人士东方旭与何大海二人同仇敌忾、团结一致击败了外国大力士；除此之外，在现代影视作品上经常看到的叶问击败美国大力士以及精武门弟子踢馆日本道场并踢坏"东亚病夫"牌匾这些武林故事，都充分体现了习武之人强烈的爱国主义情怀和民族自尊心。通过加强武术教育过程之中的文化内涵教育，从而将思想、道德、意志品质等方面培养孕育其中，进而弘扬传统武术文化以及爱国主义精神，培养中华儿女的民族精神，提高青少年学生对于民族优秀文化的认同感和自信心，从而激发学习武术的兴趣，更好的传承弘扬武术。

（三）武术教育文化性的育人实效

通过对历史进行回顾，我们可以发现尚武精神的出现是中华民族崛起的标志。从武术最早形成的雏形阶段，尚武精神就已渗透于中华民族根基之中。2014年南京青奥会开幕之前，习近平总书记视察运动员村之时也曾提出："少年强、青年强则中国强，奥林匹克精神除了需要强调重视锦标的体育精神之外，也需要弘扬积极向上、自强不息的尚武精神。实现中国梦必须要弘扬尚武精神，这种精神也是凝心聚力的新国之魂、强国之魂。"作为一项象征着中华民族自强不息的民族精神与民族荣耀的体育运动，武术蕴含有尚武崇德、自强不息、不畏强敌、勇于挑战的精神力量。通过练习中国武术，恰恰可以培养当代青少年学生的民族精神、提高青少年学生的身心素质，这也正与我们所追求的大国崛起"中国梦"相契合。

自古以来，武术教育过程之中便非常重视武德教育，以"崇武尚德"为基本原则的武术教育贯穿于每一个武术人的练习始终。正如2000多年前的《周易》一书中所记载"天行健，君子以自强不息；地势坤，君子以厚德载物"，这两句流传千古的名句所体现的恰恰正是武术人所追求的"尚武崇德"。"自强不息"精神所描述的即习武之人的尚武精神，武者若想取得高超武艺，则必须经过长期坚持不懈的练武过程，这个过程需要克服的不仅是自己身体的劳累，还需要克服严寒酷暑等恶劣天气，正所谓"冬练三九夏练三伏"，这也正是"自强不息"精神的理论基础。此外，"崇德"二字所培养的便是武者"厚德载物"的气度，武者在习练武术的长期过程之中，除了遵循武德之外，亦需要遵守口德、手德、公德等方方面面的社会约束。正是这种长期潜移默化的自我约束，使习武之人形成与人友善、宽待万物的气度，这也正是"厚德载物"精神的具体体现。

此外，作为一项蕴含中国传统文化精华的民族传统体育项目，中国武术可谓渗透了传统文化之精髓。其不仅融合了朴素哲学思想，也吸纳了诸如五行学说、阴阳学说等优秀传统文化中的灵魂，可以说，武术因其强身健体、内外兼修、培养学生民族精神的重要功能，恰恰正与国家所号召的弘扬尚武精神、助力大国崛起重要号召相吻合。因此，加深武术教育过程中的文化内涵教育，对于提高青少年学生的人文素养、培养青少年学生的爱国主义情操和民族精神、提高青少年学生的意志品质等方面都有着不可取代的作用，亦是建立和谐社会，促进中国梦尽快实现的理论基础。

第四章　文化性缺失：武术教育异化的表征与原因

近年来，受西方竞技体育文化的影响，作为我国传统文化代表的中国武术也正在由传统向现代进行过渡，其中最具代表性的便可谓"竞技武术"这一运动项目的产生。同时，受体育行政部门以及社会大环境所影响，竞技武术作为一种区别于传统武术的新形态出现大家的视野之中。不可否认，竞技武术为中国武术走向世界体育舞台做出了不可磨灭的贡献，然而，以中国传统文化作为根基的中国武术却因为过多借鉴西方体育思想，而忽视了自己本来应好好保留的一些东西。武术具有与西方现代体育项目共通的健身、养生价值，但是将深蕴传统伦理思想以及教育功能的传统武术简单的作为一项体育运动项目进行发展，却又使得一直强调的武术文化传承出现缺失。

一　武术教育文化性异化的表现

（一）重"武"轻"礼"

武术是在中国这块特有的土地和文化的酝酿下形成发展起来的，武术本身就是中华文化的重要组成部分。作为一项从远古走来的民族传统体育项目，武术中蕴含着华夏文明所特有的文化体系和思维方式。武术教育的本身就是传统文化的传承过程①。然而如今学校武术教师在传授武术上过分追求对武术技术的传授，即对武术招式、武术动作的传授，而忽视了武术的思想、动作的内涵、武术礼仪的灌输。在学校的武术课程上，教师传授的只不过是武术套路中的一段动作，对动作的攻防意义，以及武术的礼仪文化讲解甚少，致使学生学到的也只不过是动作的形式。如单纯的传授武术的技术，武术教学中会使学生产生厌倦心理。只有将武术文化的趣味性、历史性和知识性融入武术的教学中，才能改变这一现象，才能对这一现象进行有效的补充，才能利于武术的传播与发展。

武术礼仪文化在武术文化中有着重要的地位，武术的礼仪文化可以约束习武之人的行为规范，习武之人长时间遵守这种规范，从而内化为一种习惯，即武德。武术的礼仪文化可以促进人的全面发展，承载民族精神，代表了一个习武之人的武德修养。教会习武之人尊敬他人的品德。它是中国传统文化的一种符号，如将武术中的礼仪文化抛弃，也就将我国的传统文化抛弃，传授的武术也只不过是没有灵魂的躯壳，正因为我国的武术有着中国传统文化的内涵，才可称为博大精深。只有将武术教育由技能的传授向文化传承转变，才是解决学校武术"重武轻礼"的基本途径。

（二）重"技"轻"德"

作为一项中国传统文化，武术一直以"仁"作为其最高道德标准。受这样一种儒家思想熏陶，武术形成了其独有的"德技并重""内外兼修"的武德这一自我规范。在这样的一种要求之下，习武者除了追求技术与道德的和谐统一之外，也强调了其作为一个独立个体对于社会的责任与义务。

然而，近年来，随着西方文化的强势输入，中国武术"尚武崇德"的传统思想正在不断被淡化。这除了与经济全球化背景之下，

---

① 关博：《武术教育的文化性探析》，《体育与科学》2014年第3期。

西方文化的过度输入有关之外,近年来社会经济结构的快速转型也是导致武术走向"重技轻德"发展误区的重要推手之一。

不可否认,近年来体育产业化或者市场体育的发展趋势为我国竞技体育以及武术事业的发展和推广都做出了巨大贡献。然而,这样一套源于西方社会的体育发展模式却未必适合扎根于中国传统文化的武术项目。由于西方文化的核心所强调的是竞争以及物质欲望的满足,这就使得拜金主义以及金牌至上的思想引领了社会发展的潮流。受这样一种价值观影响,武术的推广范围虽然有所扩展,但是遗弃了武术的灵魂——武德精神。近年来,因为忽视武德方面的培养,也使得武术赛场上出现了诸如使用兴奋剂、打黑拳、违反规则等丑闻的出现;同样赛场之下也出现了诸如一些武术运动员寻衅滋事、打架斗殴、恃强凌弱等恶性事件。

作为一项传统的行为规范与道德观念,武德规范的不仅仅是武者个人的道德,强化武德教育,更能够以传统道德思想净化整个社会道德的氛围。顺应党的十八大所强调的"将依法治国与以德治国有机结合"这一重要思想,我们也应以"礼始礼终"为先,引导武德精神的培养,加强武术礼仪教育,从而保证武术沿着健康可持续的道路发展。

(三)重"利"轻"义"

作为中国武术文化中特有的一种武侠精神,侠义思想所代表的是习武之人胸中所抱有的强烈的社会责任感,其所蕴含的是一种类似于舍己为人、劫富济贫、惩恶扬善、替天行道的等等行为。传统武术观念中,侠义思想在习武之人身上主要表现为"苟利国家已生死,岂因祸福避趋之"的这种民族精神;然而到了近代,侠义思想的范围则更为广阔,往往将其上升为民族与国家的层面。

改革开放以后,随着市场经济体制的确立。传统观念中"重义轻利"的这种侠义思想观念在当今社会面临着不断被淡化的尴尬现状,侠义精神的消弭所带来的便是人们对于物质与金钱的追逐和崇拜，进而造成了贪污腐败、拜金主义、以权谋私等不正当社会现象。针对这些社会不文明现象，笔者认为可以通过加强精神文明建设，强调传统武术文化之中关于"重义轻利"的侠义精神的手段。进而提高当代国民素质、传承传统武德思想，更好的传承发展武术这一国粹。

（四）重"物"轻"人"

随着竞技体育的飞速发展，武术的竞技色彩越来越浓厚，运动员越来越多的追求物质上的东西，"奖牌至上"在运动员和教练员的心理占有重要的地位，为了获取比赛的胜利，更有甚者不惜用重金贿赂裁判，这些做法已经背离了武术的精神宗旨。在竞技体育的世界里，武术的礼仪文化也成了掩人耳目的"虚礼"。武术因具有文化的特性，因此，它区别于其他的体育项目，武术的传承就是一种文化的传承，如我们的教练员和运动员仅仅以获得奖牌、奖金为目标，只重视技能的提高，忽略了武术本身的文化属性，其后果是不堪设想的。武术的教育过程中，不仅是为了提高我们的竞技能力，更重要的是教会习武之人应如何做人，如何提高个人的修养，如何去尊重对手，如何与人相处等。

在"举国体制"的大背景下，我国竞技体育运动员很早就放弃学业，并接受专业化训练，他们的文化底蕴薄，很多运动员在退役后很难适应这个社会，将面临被社会淘汰的危险。在竞技体育的世界里他们是万人瞩目的焦点，可现实社会中生存的压力使他们变成了弱势群体，有的体育冠军为了生存，不惜将自己在比赛中获得的奖牌卖掉。诸如艾冬梅、才力的例子不胜枚举。因此，在竞技体育的世界里，武术更需要注重礼仪文化的传承，运动员需要将术德并修、术德并重有机地结合起来，注重个人修养的提高。武术的礼仪文化具有尊敬谦让、重义轻利等特点，虽然它不是武术运动要走向社会的万能钥匙。但是武术的礼仪文化可以让运动员更好地与人相处，更好地融入这个社会。

（五）重"他者"轻"本土"

群众对于体育文化意识的淡漠也是武术在当代教育过程中出现文化性缺失的一个主要原因。

现如今人们在探讨武术发展问题时，除了技术层面的发展趋势之外，关于如何才能更好地促进武术文化的传播和继承正在成为人们关注的热点。作为一项与中国传统文化紧密相关的民族文化，武术可以成为代表中国传统文化内涵的一个标杆。但这些也好像也只是停留在武术专家学者身上，对于大部分人还是无法认识到中国传统武术文化的重要性。回归到现实社会中来，人们的生活节奏越来越快，带给人们的压力也越来越大，人们逐渐认识到锻炼身体的重要性。在广场、公园等随处可见锻炼身体的人群，健身队伍中使用武术作为健身手段的大有人在，其中以习练太极拳来健身的居多。太极拳不仅受到老年人的喜爱，很多年轻人甚至一些国外友人也同样热衷，这就使太极拳有了一定的发展市场。但是仔细观察习练者的一招一式会发现很少有人能打出太极拳的那种韵味，这可能是习练者练习时间短的原因，但更重要的是因为习练者对太极拳文化内涵的不够了解，武术的每一招一式都有其攻防含义。习练太极拳必须走心，用意念引领动作，这样才能打出太极拳应有的韵味，才能达到"天人合一"的境界。作为一项与中国朴素哲学紧密相连的传统体育项目，武术以其内蕴的技击、养生、审美、伦理等方面重要内容充分地体现了武术的民族文化特征。拥有这么多文化底蕴的武术真的应该引起全民族的重视。如果我们还是单纯为习练太极拳而练习，对其中的文化内涵不够了解，那也只能是机械地重复每个动作，做出的动作也只不过是没有灵魂的躯壳，永远达不到"天人合一"的境界。

失去了中国传统文化的武术必将是无源之水和无本之木。如武术中失去了其文化内涵，那么它也就和一般的体育项目没有任何区别。其结果必然被外来体育文化（跆拳道、瑜伽等）挤出城市流行的文化行列。现在的跆拳道可以说是风靡全球，我们应该认真的反思一下，是什么原因造成这样的结果出现。结论就是，韩国的跆拳道特别重视礼仪文化的培养，礼仪文化是他们教学中的必修课。他们习练跆拳道的目的就是磨炼整个民族的意志，无论是家庭、运动队，还是学校，他们不仅重视技术层面的练习，更注重思想文化层面上的教育，这就极大地推动了跆拳道运动的推广和发展。因此我们得到启发，对于中国传统武术而言，只有我们真正地意识到武术文化的重要性，在教学过程中，把武术文化融入教学体系中，还原武术最纯粹的思想教育理念，习武先习德，只有这样才能使武术持续、健康发展。

（六）重"技艺"轻"内涵"

国学，即指中国传统文化。如果将武术教育的过程之中加入国学意识方面的培养也必然能够促进武术这一民族传统文化的继承与发扬。但是目前国内社会发展形势，正如前文所述，西方体育文化的冲击，导致极具中国国粹的武术文化并未发展起来，极具中国特征的武术教育趋于边缘。很多国民对国学的认识十分短浅，甚至一无所知，更有甚者还一直认为武术教育是一种野蛮教育方式方法，只有不成器的孩子才去学习武术。当前阶段，若要重新振兴武术教育，应将武术教育回归至国学的教育层面，这样势必能够引起社会大众的重视，进而拓宽武术传播渠道，更好的弘扬武术这一传统文化。

（七）重"现代"轻"传统"

不同于语数外等学科类专业的教学，武术的教育过程需要学习者的身体力行，武术文化中的武德体系恰恰就需要着这样一个身体感悟的过程，通过武德文化的熏陶，进而起到培育和弘扬民族精神的作用。当今传统武术的形式已经脱离了现代化发展的轨道，当今社会讲究共同发展，"共同体"一词是当今搜索的热点词汇，个别地方还是一直保留着"传内不传外"封建思想，这种封建落后思想严重阻碍了武术的传承和发展。社会在进步，武术的传承也需要与时俱进。在传承中华传统文化的同时，对于外来的文化我们不应该一并拒绝，对于有助于武术在当代发展的因素，我们应该学习和吸纳，这样才能促进武术精神符合当代的发展需求，进而更好地促进武术在当代社会的传承与发展。诸如以爱国主义为核心地位，促进武德传统精神与现代社会主义精神的融合，促进自强不息精神的弘扬与传播等，都是完善武术教育内容的有效手段。

（八）重视"精英教育"轻"大众教育"

武术的发展要想符合社会价值需求，应该推进武术走向大众、走向社会，扩大武术的品德与精神教育在社会中的影响。而不是只有少数部分人在"玩"。目前，虽然有各种大小型武术赛事推广着武术发展，但目前为止，武术的大众化趋向未能掀起很大的浪潮。虽说当今的太极拳在国内外盛行，但是并不能代表中华 56 个民族的极具各自当地特色的武术特征，而且练习太极拳的年龄层次普及性不够高。因而促进当今武术教育的大众化发展路线，迫在眉睫。让武术更好的传承下去需要的是让武术能够走向社会大众并为人民群众所喜爱，而让人们接受武术的话则需要从完善武术教学规模、改革专业课程设计等方面进行入手。因此，推进武术教育的改革可谓迫在眉睫。

二 武术教育文化性异化的归因

（一）社会维度的原因

1. 中西博弈中的文化自卑

（1）全球化进程中西方文化的快速渗透

随着全球化进程的深入，西方文化进入中国是不可避免的，以至于我国当前的文化呈现出多元化趋势。在西方体育项目的挤压之下我国传统体育项目被迫沦为边缘化，失去了原有的受众群体，为此我们参照西方竞技体育的标准整合出了包含套路与搏击两种运动形式的竞技武术项目。

现代武术中的套路运动是参照西方体操等项目进行改良的，运动形式与演练过程主要倾向"高、新、难、美"的特点，所谓高是指演练水平高，新则是指套路创编新颖，难则是指动作难度大，美则是整体的创编要有美感。搏击运动则借鉴了西方拳击等项目中"积分打点"的评判方法进行量化积分而产生比赛结果。在这样的背景下导致的直接后果就是原本整体的武术形成了打和练的分途，套路运动则在与体操和技巧等项目的比肩中丧失了武术的文化本质，进而沦为"操化表演"和"单纯的肢体竞技"。随之而来的是武术沦落为单纯的技能传习，最终导致武术失去受众和生存空间。武术之所以博大精深不仅仅是因为武术的拳种繁多（据统计我国现存的拳种有129种），而是因为这些拳种背后所依附的中华传统文化以及具有代表性的地方区域文化。失去了中华传统文化的理论支撑武术必然沦为无源之水和无本之木，进而导致武术本身的异化，最终沦落到"薄小俗浅"的尴尬境遇。[①]

这种外来文化对我国传统文化有着较大影响，尤其对青少年的影响更深。现如今的青少年追求时尚，猎奇心理较强，接受新鲜事物快，但是他们缺乏对丰富文化资源的选择，缺乏对外来文化去粗取精和去伪存真的能力。导致一些青少年对西方文化一味推崇，并认为西方文化是历史的潮流，是人类文明的标志。如一些年轻人对于圣诞节、情人节等外国节日要比对自己国家的节日还要疯狂，对于麦当劳、肯德基等快餐食品尤为青睐。人们在接受这些外来事物的物质文化的同时，也潜移默化地接受了他们的审美价值和思想。更有甚者一味追求西方倡导的放任自流、个人自由以及个性解放，并对西方的粗鄙文化盲目跟风和模仿，导致一些青少年以自我为中

---

① 关博：《武术教育的文化性探析》，《体育与科学》2014年第3期。

心，把个人利益放在集体利益之上，无视他人和集体。这与礼仪思想的严于律己、关爱他人、相互尊重格格不入。武术文化作为社会文化的一部分必将或多或少的受其影响，如今的武术过多的追求物质化的东西，如奖金和奖牌。教师在武术教授过程中更加注重对技能的传授，较少的传授武术的礼仪文化。过多的注重武术的技术层面，而忽略武术最重要的文化内涵。

武术是在中国这块特有的土地和文化的酝酿下形成发展起来的，武术本身就是中华文化的重要组成部分。作为一项从远古走来的民族传统体育项目，武术中蕴含着华夏文明所特有的文化体系和思维方式。武术教育本身就是传统文化的传承过程，因此，只有重视武术文化传承才能避免武术教学中德育教育的偏失，维护传承认可的信念和价值体系；只有重视武术文化传承才能减少武术教授过程中的功利色彩，增强授业者对武术传承的价值认同和精神信仰；只有重视武术文化传承才能杜绝学武过程中的动机不纯。因此，术德并修、术德并重才是一个习武之人正确的观念意识。

（2）市场经济体制的不完善和对国外武术文化的盲从

近年来，随着全球化进程的不断加快。我国人民在经济生活水平得到提高的同时，也在潜移默化地接受一些西方国家的文化入侵，尤其是西方资本主义的拜金主义，将人与人的关系利益化和金钱化。武术文化作为我国文化的一部分同样也受其影响。在市场经济下，商业可谓是无孔不入，商家追求的是经济利益最大化。商家为了追求武术中的商业价值，过多把武术的竞技领域最大化，"武术争霸赛"成为商家的宠儿，使得武术的终极目标成为金钱。武术礼仪对商家来讲几乎没有经济利益，中国传统的武术礼仪道德正逐渐被遗弃。这种过度重视武术的竞技领域，而忽视武术中的文化属性，最终将使武术和其他体育项目一样，没有任何区别。我国的武术之所以和其他一般体育项目不同，是因为它背后有着文化的内涵，如抛弃这种文化内涵，武术也将失去它的意义和价值。

随着全球化的不断深入，西方的体育逐渐占据了中国的市场，跆拳道、空手道、瑜伽等成为青少年热衷的体育项目,而与此同时作为我国民族传统体育项目的武术则在与这些洋项目的竞争之中处于边缘化的尴尬境地。这可能是因为,如跆拳道、空手道等体育项目动作简单易学,而武术的动作较为复杂等原因。韩国的跆拳道和日本的空手道是十分重视礼仪的,这种礼仪是伴有外国文化在其中的。使得外国的文化潜移默化的渗透到习武之人的思想意识中。学习者较多为青少年,青少年的思维活跃、接受新鲜事物快是其优点,但是,他们辨别事物的能力是有限的。无法在学习体育礼仪(跆拳道、空手道等)文化中把好的方面选择出来,而把坏的东西所抛弃,只是一味地盲目跟风和模仿。当今世界最可怕的侵略要属文化侵略,西方的文化正逐渐被一些年轻人所接受,并视为人类文化的标准,而对我国的传统文化越来越不重视,长此下去对国家的发展是不利的。武术的传承本身就是文化的传承,广泛的开展武术文化性的教育是弘扬我国传统文化的基本途径之一,重视武术教育的文化性是对抗外来文化侵蚀的有效方法,因此,我们的武术传授者在传授武术的过程中不仅要提高习武之人对武术的兴趣,更要传承武术的文化(礼仪、武德等)。如只重视对技术的传授,忽略武术的文化内涵,在外国礼仪文化的渗透下,武术的礼仪文化势必会严重缺失。

2. 外来体育的连环冲击

"随着西方强势文化的不断扩张,以及西方发达国家以先进的科学力量和强大的经济实力为依托,控制着文化交流中流向、流量、流速,并且把持着文化交流的主动权"[①]。在这样的大背景下,中国传统体育文化同样遭受着西方体育文化的强烈冲击,在这场"土洋体育之争"中,西方体育文化占据了主导地位,并且以竞技体育为主的西方体育文化在中国这片土地上得到了传播与发展,使得中国武术被归为体育的范畴。西方的体育文化对中国武术的影响

---

① 胡惠林:《中国国家文化安全论》,上海人民出版社 2005 年版。

是全方位的，不仅表现在方法、形式、内容、手段等方面，而且在价值观理念上都影响着中国武术。中国武术的西方化改造，在一定程度上促进了中国武术的普及与发展，但同样也对中国武术本身造成了较大影响，后者尤为突出。

  我国的传统体育向现代体育转变的过程中，其武术教育的传习方式、手段、内容发生了根本性的变化。传统武术师徒间言传身教传授技艺的方式，被教师和学生面对面的集体武术教学所取代；传统武术以武德为第一标准，向只重视武术技艺的传授而忽略了武德教化的转变；传统武术有着严格的择徒标准和要求，以及尊师重道和复杂的拜师程序，这种以家庭伦理背景的理论关系向新兴的师生间的关系转变；传统武术练功的时间为夏练三伏、冬练三九，向定人数、定时间、定地点的课时教学转变；由过去三位一体（修身、防身、健身）的"谱系师传"的规定内容向追求高、难、美、新，注重外在形式新编套路转变。这种转变忽视了武术本身的文化属性，单纯地把武术体育化，失去传统文化的武术势必成为没有内涵的"躯壳"，这将不利于我国武术的发展。

  我国的传统武术被纳入竞技体育之中，实际上就是一种对我国传统武术的异化过程。西方体育是建筑在自然科学、解剖学、西医等基础上的，强调的是更高、更快、更强的竞技原则，体现的是西方文化的公平、竞争、平等、个性的运动理念。西方竞技体育特征的表现主要有两个：一是主体的明确性，二是规则的周密性。竞技体育对比赛的判罚尺度、内容以及性质的界定都非常客观。我国武术为了迎合西方体育文化，在进入竞技体育项目的过程中，虽然在一定程度上获得了发展，但是同样也付出了昂贵的代价。例如，如今的武术是以体操为模式，并且以金牌至上为最终目的，以及比赛规则鼓励运动员使用平衡、跳跃、翻腾等高难度动作，使得武术向高、难、美、新的方向发展，运动员为了在比赛中取得金牌或者奖牌，单纯地追求动作的难度和形象美，忽略了动作规格、一招一式的功架、攻防技击等特点，使得一些运动员过分追求高难度动作，致使在训练或比赛中练伤甚至练残。我国学校在选择武术教学上基本以散打和武术套路为主，学校武术教育同样带有竞技武术的身影，无论是散打还是武术套路由于借鉴西方体育的发展模式，简单地从体育的角度思考我国的传统武术，是我国的传统武术失去了文化内涵，成为粗野的、简单的肢体运动，而如今的教学注重身体锻炼、运动健身，忽视了武术的文化属性，使武术变得竞技化、简单化、快捷化，武术中的文化功能逐渐被弱化。

中国文化注重整体综合，而西方文化以发达的数学、化学、物理、解剖、医学等自然科学为基础，因此西方文化注重分解具化。无论是西方还是东方国家，体育是东西方文化的一部分，由于东西方的文化背景不同，因此，中国传统体育强调整体，而西方体育强调分解。使得我国的武术在教学方法上采用分解教学法、统一口令法，学生在练习过程中，过分注重武术动作外在规格，而忽略了武术"天人合一""内外兼修"的理念，忽略了武术套路中神韵以及快慢、动静的节奏表达；忽略了武术精、气、神的追求。

综上所述，武术教育文化性缺失产生的外因是因为西方竞技体育对中国武术文化的冲击，这种冲击实际上是一种文化的冲击，再加上中国武术对西方体育的"效法"与"追赶"所导致。奥林匹克是西方体育文化的代表，它以不可阻挡之势渗透到世界的各个角落，并且成为影响最为深刻、规模最大的国际文化现象。其内因主要是因为社会文化的变迁使得中国武术原有的生存环境发生变化，从而使得中国武术传统的价值与功能也发生了相应的改变。

3. 传统武术根植土壤的变迁

物质世界是永恒运动的，物质世界中的万事万物都处在不断消亡、不断产生的运动、发展和变化的永恒的过程中。变迁是文化的永恒状态和存在方式。自然界和人类的社会文化都是这样的。"地久天长，风俗无恒，五帝不同俗，三皇不同礼，先秦降而为两汉，降而为魏晋，降而为六朝，礼义殊变，风俗屡迁。"无论哪个民族，无论古今，任何一种文化都不会一成不变，随着时间的推移都将发生不同形式和不同程度的变化。这种文化的变化可能是被新的文化所取代，也有可能在原来文化的基础上又融入了新的文化内容，还有可能是改变了原有的形式。总之，随着时间的累计和推移，文化的变化是不可抗拒的，不可避免的事实。然而这种文化的变迁必然对一种文化的认同产生深远的影响。

中国武术经历了农耕时代、冷兵器时代、火器时代、健身时代以及各种文化包围的武术文化时代等。农耕时代是武术最早的生存背景，曾经是社会发展的主导力量，但由于在历史巨大冲击下，逐渐走向了没落，无法延续它固有的辉煌。火炮、洋枪的出现，逐渐使冷兵器时代消寂。如今和平年代的到来，使无比辉煌的中国武术陷入了各种文化包围的境地。社会文化的发展和人们生活的改变使我国的传统武术无法按照其固有的轨迹发展，再加上西方文化的冲击，使得人们对我国的武术或多或少的产生了陌生感。当今，中国武术在发展的过程中出现了文化性缺失等现象，其原因和西方体育文化的冲击有着密切的关系，但是，文化的变迁使得中国武术原有的生存环境发生了较大变化，使得中国武术旧有的价值和功能也发生了改变，因此，文化变迁是导致中国武术文化性缺失的内因之一。

我们不得不承认当今的西方体育文化已经成为主流文化，并且以一种强大的态势挤压着我国的传统体育文化，以及中国武术对西方体育的"效法"与"追赶"，致使我国武术不得不改变自己的文化态势，因此，文化认同危机就此产生，认同危机的产生已经成为武术文化面临的最主要的时代问题。这种对西方体育文化的认同，实际上就是对我国传统体育文化的抛弃，是对自己文化的不信和不知的表现。是中国武术在其发展的过程中向西方体育普遍性的效法与靠拢所致。

（二）学校层面的原因

作为培养社会优秀人才的主要平台，一所学校的教学理念及其制度直接影响着社会发展水平的高低。中华人民共和国成立以后，自原国家体委将武术这一传统体育项目列入中小学体育课程之后，学校范围之内的武术教学成为武术传承的主要阵地。不可否认，不同于农耕社会时期的家族传承或者师徒传承，将武术的活动场所转入以青少年学生为主体的校园之内，对于武术项目的传承以及发展有着十分积极的作用。但是，将原本蕴含有丰富文化教育内涵的武术项目仅仅以一项类似于现代西方体育运动进行教学，使得现代武术发展有些不伦不类。

让我们回顾一下武术进入校园的发展历史。最早可追溯至民国时期，早在1915年，当时的教育部便提出"各学校应添加旧有武技"的通令。孙中山先生也曾号召当时国民通过习武强种强国，并且大力提倡尚武精神。此阶段的中国武术脱离民间的师徒传承制度，正式成为学校体育教学的重要组成部分。然而，其主要教学内容与门派繁多的民间（传统）武术不同，此阶段的武术教学内容为借鉴西方体操项目演练创编而来的"军事化体操"。这样一种统一规范、统一安排之下的武术教学方式可谓与强调"边练边悟"的传统武术大相径庭。同时，随着国民体育概念认识的不断加深，学校体育的教学内容则转变为健身、娱乐功能更强的田径、体操、球类运动，从最初的模仿西式体育项目到后来在体育课中"夹缝求生"，武术项目的发展一时间进退维谷。

中华人民共和国成立以后，在原国家体委的牵头之下，武术这一国粹的发展得到了空前重视。在这一阶段，武术的发展进入了一个新的"竞技武术"时期——以固定动作创编为主的武术套路运动；和以格斗对抗练习为主的武术散打运动。这样两套不同体系的运动项目将武术推广又推上了一个新的台阶，但是随着人们认知水平的不断提高。"武术套路是花拳绣腿，能看不能打"以及"散打就是拳击加上跆拳道"的声音又出现在社会之中，丢失了传统武术的技法练习、德育以及文化教育功能的现代武术，变得只剩下了健身和娱乐功能。相关武术界人士也指出——武术正由曾经的"博大精深"正转变为如今的"薄小俗浅",这不得不引起我们的重视。

党的十八大以来,党中央明确提出要以加强文化建设和文化体制改革为重点,建设优秀传统文化传承体系,弘扬中华优秀传统文化这一重大任务。武术作为一项在中国传统文化熏陶之下发展出来的体育项目,其传承发展也引起了国家的重视。国家体育总局也于2010年联合教育部共同推进武术健身操项目进入中小学,随后2015年,教育部又将"武术、田径、体操、游泳、篮球、足球、排球"列为校园七大教育运动项目,种种措施的出台都为武术项目的发展提供了良好的契机。然而,近年来不断涌现的校园安全事故以及青少年暴力事件,却揭露出了学校体育教育背后的问题。武术项目以体育课的形式进入校园,虽然对于这一国粹的传承及发展有着极其重要的作用,但过度重视技能教学,忽视对于文化内涵的培养,使得校园武术的发展走入了"重技轻德"的误区。武术作为一项传统体育项目或是文化现象,除了其拥有强身健体的体育功能之外,更多的是其对于练习者"精、气、神"以及民族精神的塑造,这一点也正是武术与一般体育项目的区别所在。同样,忽视武术教育过程中的文化性,亦是武术教育出现异化的主要原因。

归根结底,武术这一传统文化之所以被称为"博大精深",不仅仅是因为其流派众多的武术拳种(129种),更重要的是因为其在几千年的发展历程中充分吸收了祖国传统哲学、中医、兵法以及养生等方面的理论精华,形成其自成一派的文化体系。然而,仅仅将武术作为一项与体操、拳击等并列的西方现代体育项目,而不重视其教育过程中的文化内涵教学,是当今武术发展出现异化的主要表现。通过对近年来前人的研究成果进行分析,笔者认为武术文化在校园范围内的缺失主要由以下几方面原因构成。

1. 混淆武术教育与武术教学的概念

教育的关键在于育人,其过程代表着一个人的精神成长阶段,在教育过程之中,不仅需要对理论知识以及实践技能进行堆积,更重要的任务在于去塑造一个完整的"人"。不同于教育,教学过程则属于教育的一个组成部分，教学是教师以培养人才为目标，有计划、有目的、有组织的引导学生学习相关理论知识以及基本技能的一个过程。可以说，教育是一个大命题，教学活动蕴含于教育过程之中。两者的区别可简述为——教育以"育人"为目的，教学以"学习"为目的。

作为中国传统文化的重要载体之一，武术运动近年来在教育部与国家体育总局的联合推动之下在校园体育课中有了长足的发展。然而，正如前文所述，作为一种建立在西方体育文化思想之上的现代体育课程，武术在校园体育课中的发展现状也仅可以用差强人意进行描述。现代奥林匹克精神（西方体育思想）强调人与人之间的竞争，更注重于运动对于人的育体功能和娱乐功能。在此基础之上，为适应校园体育课的教学目标，校园武术的教学实质则仅仅表现为传授健身知识以及模仿动作技能，可以说这样的一种武术教学方式并没有体现出武术文化的博大精深，也缺乏对于练习者伦理思想以及道德品质方面的教育，并没有体现出武术原本具备的"育人"功能。而武术之所以被称为一项"属于体育但高于体育"的文化现象，正是因为其独特的文化技艺传承特性，在校园武术的教学过程之中，只重视其运动、健身价值，而忽略其核心对于人的培养，以此为目标发展武术，无异于削足适履。

正如有人所言："教育的核心是做人，而不是求知"。将武术项目与校园体育课进行结合，对于增加武术人口以及推广武术都是非常有利的。现阶段的校园武术教学体系多分为两种，即以动作创编为主的武术套路和以实战格斗内容为主的武术散打。两种体系各有不同，但是对于练习者的智力、体力以及创造才能都有着一定的提高效果。然而，对现代的武术教学内容进行调查，我们可以得知，不管是散打还是套路。现阶段的武术教学内容仅为一种身体技能的传授，却忽略了对于练习者人格、道德品质以及世界观方面的培养。既然称为武术教育，其教学过程中应更加凸显出其"育人"的目的性。

2. 西方体育思想的侵袭使得武术教学过程的文化性被削弱

自鸦片战争以来，西方的坚船利炮打开了封建帝国闭关锁国的大门，西方文化也在不断传入中国。中国传统文化重视"中庸之道"，强调天人合一、道法自然、不与世争，然而这样一套朴素的哲学思想在与现代西方重视竞争的文化对抗中节节败退，从以前的"天朝上国"到战阵之后的"东亚病夫"，一时间国人对自己本国的文化出现了前所未有的不自信现象，甚至更以西方文化作为价值标杆，从而抛弃了其原有的优秀传统文化。

正如近代开展的武术教育活动，最早便是以"强兵、强种、强国"为任务在军营及社会中开展起来的。其教学内容的选择也是以西方体育为内核的教育理念，"借鉴兵式体操的方法，配以口令，制定团体教练法。而且，体现了由易到难、由简到繁、由单练到对练的渐进训练原则"。这样一种体操化或是规范化的武术内容教学以西方文化强调的公平、竞争、彰显个性为设计理念，以西方医学以及现代解剖学为理论基础。在教学过程之中，强调武术动作的出拳速度、踢腿力度、腾空高度等"外形、蛮力"指标，而忽略了传统武术练习过程中对于"手眼身法步，精神气力功"等精、气、神、意方面的培养。从而使得练习者只重视对于动作外形或是力度、速度等外在指标的练习，却忽略了武术练习过程中对于节奏、神韵以及动静结合等方面的培养。从而造成武术教学过程中对于内外兼修、天人合一、道法自然等传统文化内涵的追求被忽视，然而也正是这种体悟结合的武术练习方式，才能真正解释清楚中国武术所蕴含的丰富文化内涵，从而更好地将武术的文化属性与技击属性相融合。

3. 教育主体的认识不足以及学习动机异化

自 2010 年教育部联合国家体育总局共同推进武术健身操进入中、小学体育课之后，一时之间出现了学校武术课无人可教的尴尬境地。现阶段，我国中小学体育教师多为各高校体育专业毕业生，教师群体之中，很少能见到自幼习武又通晓武术拳理的专业人士。受教师自身水平影响，学校武术教学过程也出现了教师现学现卖、外聘武术教师或者学生不愿意学的种种尴尬现象。同样，随着时代的不断发展和人们自身对于健身锻炼需求的不断提高，人们练习武术的动机也在悄然发生着变化。农耕社会时期，通过习练武术杀敌防身，惩强扶弱的思想观念正在不断被如今健康第一的锻炼理念所取代，以中国传统文化为根基的养生观念很难得到现代学生的认同。在互联网以及媒体传播日益繁荣的今天，各种动作精彩的武打影视剧吸引了很多青少年学生的关注，从而投入练习武术的队伍中来，却在练习过程中才发现武术"三年小成，五年大成"的辛苦之处，进而产生畏难心理，造成学生喜欢武术却不愿意练习武术的尴尬处境。在强调健身、娱乐功能的西方体育思想影响之下，相对于需要自己身体进行感悟的中国武术，动作简单易学同时又包含礼仪教育文化的跆拳道得到了更多学生的认同。为了适应学校体育课程简单易学却又能够起到强身健体功能的目的，蕴含丰富人文思想的中国武术，也不得不削足适履，将自己改造为"体育的武术"或者"运动的武术"，其原有的以技击性、教育性为核心的教育理念也转变为强身健体和美育娱乐为主要目标，进而造成武术文化教育过程中的异化现象。

4. 学校武术礼仪教育的失衡

武术的教育性是武术传承的基本保障，教育的本身也是文化的传承过程。在武术文化的传承过程中正确的教育定位是实现武术文化有序传承的必要条件。武术文化之中蕴含着中华文化的伦理道德思想，传统武术教育的本身就是对传统文化的普及教育，中华文化中的自强不息、厚德载物、尊师重道和见义勇为等优秀文化基因在传统的武术文化教育中都有不同程度的彰显。传统武术教育一般采用师徒教授的方式进行传承，由于派别和崇拜的不同容易使武术传承出现一些偏差，失去武术文化的教育性就会导致武术传承的异化，主要会出现德育教育缺失，传授技艺的功利色彩增强，习武动机不纯等具体表征（见图 4-1）。

```
武术传承异化的具体表征
├─ 德育教育缺失 → 武术教育倡导技术与德育并修的教育过程，如果没有武术文化的支撑武术教育本身就会被各种流派所自由演化，丧失了可以统一传承和认可的信念和价值体系
├─ 传授技艺的功利色彩增强 → 武术教授者如果忽视文化传承将会过多地追求功利性的物质化东西，例如奖牌和奖金。如果没有武术授业者对武术文化的价值认同和精神信仰，武术教授者的行为将越来越具有功利性特征
└─ 习武动机不纯 → 术德并重的武术教育可以修正人的思想和行为。如果学武者不具有武德意识不尊重和传承武术文化，那么它将是一个暴徒，是一个社会的危险分子，他的习武动机和价值观念将会成为社会的不稳定因素
```

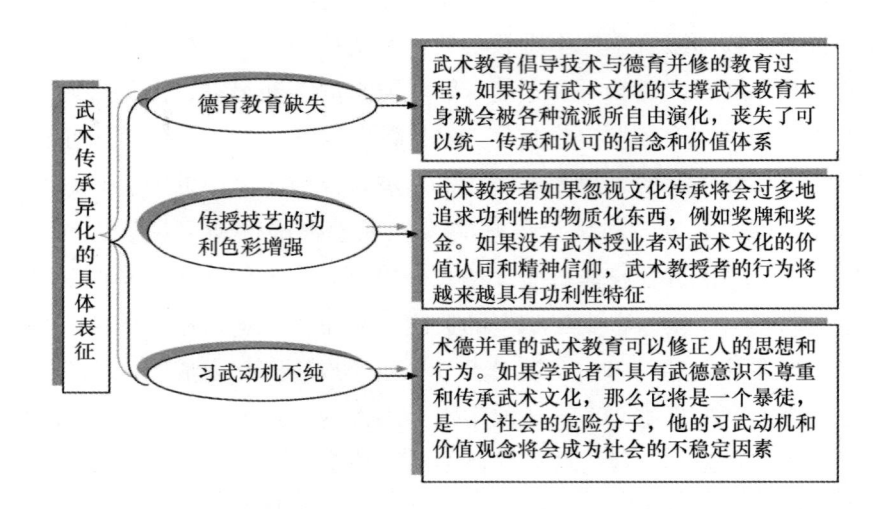

图 4-1　武术传承异化的具体表征

学校在人才培养方面有着重要的作用，学校老师的教学水平、学校领导的决策、学校的教学环节、学校的教学理念都会影响到学生综合素质的高低。由于我国目前的教育体制不够完善，绝大多数学校还是以应试教育为主，对于学生的衡量标准依然是以考试成绩为依据，很少关注学生的道德修养和人格完善的提升。中华人民共和国成立以后武术作为我国优秀的民族文化遗产受到重视和保护，政府为此出台了一系列的重要举措和规定，1956 年教育部将武术列入中国第一部中小学体育教学大纲。① 武术在学校体育教学中扮演着重要的作用，因为武术和其他体育项目的最大区别就是它承载着几千年的传统文化，武术教育的传承是具有文化性的传承，也就是说武术教育本身就是文化的传承。在武术教学中可以培养学生的道德修养、历史文化、礼仪等。因此，武术教育是中国传统文化传播的有效途径之一。但是，当前我国学校中的武术教育中的文化性

---

① 关博：《武术教育的文化性探析》，《体育与科学》2014 年第 3 期。

教育较少，过多的注重武术的技术层面。有的学校设立了武术代表队，但是武术教练关注的是学生在比赛中取得的运动成绩，关注的是奖杯和奖牌，把武术技术水平放在第一位，把奖杯和奖牌设为最终目标，很少关注武术教育对学生武德的修养和武术礼仪的培养，教师很少向学生传达武术的礼仪精神，武术课程中也没有开设武术礼仪课程，这已经背离了武术教育的宗旨，武术文化具有的影响力使武术在传承过程中充满生命力并不断地增值，武术文化在武术传播的过程中能够创造出传承的意义和价值，从而实现武术文化和武术教育传承的有效性增值。只有重视武术文化传承才能避免武术教学中德育教育的偏失、才能增强授业者对武术传承的价值认同和精神信仰、才能杜绝学武过程中的动机不纯、才是一个习武之人正确的观念意识。[①] 学校体育中武术教练员的重技轻德，是武术礼仪文化缺失的重要因素之一。

（三）武术自身的原因

党的十七大以来，为应对国际社会上日益激烈的文化对抗，党中央提出了"建设和谐文化"以及"推动社会主义文化大发展大繁荣"的重要号召。在此基础之上，党的十八大又提出"建设优秀传统文化传承体系，弘扬中华优秀传统文化"以及"完善中华优秀传统文化教育"的文化发展战略。作为一项与中华传统文化联系紧密且具备自己文化传承体系的中国武术，毫无例外的也被推选为民族文化的优秀代表加以保护和传承，近年来有关武术文化传承方面的研究不断涌现。但是经过笔者总结之后发现，相关研究很多却未能解决问题，大唱赞歌的很多却鲜有对其糟粕的分析。中华传统文化传承数千年至今日，固然有很多的精华需要我们去传承，但是也有一些不符合于当代社会发展潮流的糟粕需要我们对其筛选并将其抛弃。传统文化如此，作为民族文化优秀代表的武术亦是如此。武

---

① 关博：《武术教育的文化性探析》，《体育与科学》2014年第3期。

术历经千年发展可谓积累了诸如武德以及养生学等现代体育项目无法比拟的文化精华，但是有哪些糟粕需要我们将其筛除，通过对学术界的前人研究成果以及本课题的总结，笔者认为当前针对武术自身主要有以下几大方面亟待改善。

1. 过于"自恋"（故步自封）

几千年来中国自尊为世界的中心，并将人分为夷狄、禽兽和华夏三类，是绝对不允许"以夷变夏"的事情发生，也绝对不会与蛮夷戎狄讲平等。这种中心主义文化思想，导致几千年来中国排斥一切外来文化。武术作为中国传统文化的一部分，势必会受其影响产生"自恋"倾向。对于武术来讲这种思想具体表现为：一是各门各派对自己本派武术充满着无比的自豪感和对掌门（师父）的过度崇拜。弟子们认为凡事师父或祖先留下来的东西绝对是"绝品"，并且对其他门派优秀的武术文化拒绝吸收，这就导致了各门各派无法相互借鉴、取长补短以及"老死不相往来"的尴尬地步。二是一些习武之人完全抵制西方竞技体育文化。这是由于中国武术和西方体育是两种截然不同的文化体系，而且西方体育和中国武术所处的文化土壤是不同的，这就产生了生活习惯以及价值理念等方面存在较大差异，当这两种文化发生冲撞时，因为中心主义文化思想的根深蒂固，势必导致会以己文化吸纳他文化。另外一点就是当时国人极度痛恨外来侵略者，对于外来文化持拒绝的态度。这些都是中国传统体育文化无法让西方体育文化渗入其中的动因。但是由于武术文化的中心主义思想——拒绝一切外来文化，导致我国的武术文化没有及时地得到其他体育文化的补充，在和西方竞技体育文化的比拼下，逐渐沦为了弱势文化，并失去了话语权。

2. 过度"自卑"（盲目崇外）

随着鸦片战争的失利，中国人不再夜郎自大，同时也开始在仇视中了解西方文化。从鸦片战争至五四运动，中国人对西方文化的态度完全转变——从坚决抵制西方文化到"全盘西化"。并认为中国文化和西方文化相比简直一无是处，应该完全给予抛弃，以否定的目光去评价本地区的文化。对于体育界来讲，在与西方竞技体育文化的对接和碰撞过程中，由于西方体育以塑造"拼搏、竞争、平等"的特点，以及追求"更高、更快、更强"的体育理念，对国人价值取向的影响较为深刻，并深深吸引着国人的目光。另外，从文化传导的角度来看，由于我国的传统武术过度追求武术的"竞技性"，导致中国传统武术发生异化，这是对西方娱乐文化的过度模仿，也就是说西方竞技体育文化和中国传统体育文化在碰撞中已经占据了绝对的优势。这种"绝对优势"使得一些习武之人对传统体育文化产生了自卑心理，认为只有模拟西方竞技体育文化才能更好地使武术发扬光大，"中体西用"成为当时一些习武之人的基本观点。纵观当今的武术文化，无论从内容，还是运动形态，都深深地打上了西方竞技体育文化的烙印。我们不得不承认这是武术发展的悲哀，因此，我们必须重新认识我国的传统武术文化，如长此下去，我国的传统武术将和一般体育项目没有任何区别，武术的文化性也将逐渐变淡。

3. 门户之见（内斗严重）

有关门户之见这一弊端，早在民国时期便可见诸报端——李宗吾先生曾在谈及宋明理学之时予以评价："理学将三教合一，使传统文化深入民众，贡献固然巨大，但门户之见太深依然为传统文化之最大弊端。"所谓门户之见可理解为百家之尊儒家思想说的就是对的，其他的学说门派以及周秦诸子说的都不对；只有遵循孔子学说的才是对的，其他学说都不对，在这两种教条经验基础之上，可成为道统之说。且这种根深蒂固的门户之见顽疾广泛存在于中国传统文化领域之中，深受中国传统文化氛围影响的中国武术出现门户之见、之争便也不足为奇了。

中国传统武术的传承机制是建立在以师徒传承为核心的模拟血缘关系之上，不可否认，这种家族式的传承方式具有保密性好、精英式授徒等方面的优点。但是，受中国传统文化"内向凝聚，外相排斥"观念的影响，传统武术这种对于旁门左道划分十分严格的传承特点却在另外一方面暴露出了诸如妄自尊大、相互排斥、唯我独尊、相互对立、相互诋毁、相互斗争的"门户之见"陋习,这也正是传统武术难以适应当代社会发展潮流的文化糟粕。

以最简单的拳术分派为例,中国武术可因其演练特点以及技术特征被分为"内家拳"与"外家拳"两大技术体系,这两种拳术也有以动作刚猛著称的少林拳和以修身养性为主要功能的武当派作为各自风格体系的典型代表。在民国时期(1927年3月)设立国术研究馆之初,也曾将国术研究馆分为"武当"和"少林"两种门派,然而,这样两种内家拳与外家拳的代表却未能和谐相处。反而处处以各自门派拳种为尊,相互仇视,不断比武互争高低乃至互相诬蔑。这不仅没有对传承弘扬国术起到积极作用,反而在社会以及武术界中引起了极坏的反响,普通民众也笑称"武术圈的内斗打不完"。因此,刚刚成立的国术研究馆不得不将成立的"武当""少林"两大门派取消,并以现代校园体制中的教务处、编审处、总务处予以代替。但是,其机制机构的教学管理人员仍认为各自门派的掌门人或优秀弟子,一旦碰面仍然避免不了剑拔弩张之势。由此可见,在中华传统文化滋生之下的武术"门户之见"这一陋习,主要表现为对于其他门派的精华内容难以做到学习并加以吸收,这样一种观念与当今世界文化大发展、大融合的背景很难做到完全契合。

4. 严重的宗派主义

上文已经说过,武术受几千年的中国传统儒家文化思想,具备着"保守保名""点到为止"以及"遵循中庸之道"的技术特征,其技术传承机制也以建立在家族式或者模拟血缘关系之上的师徒传承机制为主。这样一种传承体系虽然有教学精度高以及传承效果好的种种优点,但是在这样一种家长式的教学方式之下,各自门派的徒弟务必以本门派师父的世界观、价值观为处世准则。师父也在经过对徒弟的人品、道德以及悟性进行了解之后,将其学生区分为"入门弟子""入室弟子"以及普通练习者,这里所说的"入室弟子"即我们平时所说的能够得到师父真传的徒弟。在练习武术之初，入室弟子往往与普通弟子一样先从本门派的"架势"（武术套路）开始练习。在习练后期，只有通过师父考验的入室弟子方能跟随师父学习套路的精髓也就是在套路基础之上的技击精华，武术的本质与核心就是技击，这一点已经没有异议。然而，受宗派主义以及本门派之内以师父为尊的家长式管理之下，徒弟即便跟师父学习套路动作的实战技击意义，往往也仅限于简单的拆招与喂招层面。出于对师父的敬畏，并不敢全力以赴与师父进行对抗，在这种对抗情景之下，也促进了"点到为止"这一武术思想的形成。然而，作为一项以技击对抗为核心的项目，长此以往，却使得武术陷入了一种"相敬如宾""只能说不能打"的发展怪现状，具体表现为"师父的技术精妙绝伦，打徒弟一打一个准"，"门派切磋仅限于点到为止，并没有真正的实战对抗"。任何一项武技失去其对抗本质以后，可以说就不再是一项格斗项目。同时，在这样一种过度自我催眠的环境之下，越是声望在外的"武术大家"越因为其"面子"或者"怕输"原因变得不敢与人进行实战切磋，长期下来造成武术技击性明显降低，被笑称为"花拳绣腿"。

中华人民共和国成立以后，为更好地促进武术项目发展。原国家体委曾将传统武术区分为以演练为主的武术套路项目和以实战对抗为主的武术散打项目，可以说最初的武术散打这一项目也是在吸收各门派传统武术技击之精华进而创编的一套技术体系。然而，自从散打项目出现以后，不乏所谓的"民间武术高手"挑战散打专业运动员，却以屡屡败北的惨淡结局收场。长此以往，使得本以技击格斗生存下来的传统武术陷入了一种"不轻易出手，出手必伤人"的自我麻醉状态，进而造成了传统武术技击性的普遍丧失。

5. 陈旧观念亟待改正

作为扎根于农耕社会时期的一项民族传统文化现象，武术在其几千年的形成、发展、演变过程中与封闭、分散、保守的小农生产经济结构联系可谓非常紧密。近年来，学术圈内便有"武术、巫术、舞蹈"三者同源的说法。武术的发展经过早期狩猎生存以及后期战场保身杀敌的发展阶段之后，因其仪式性以及娱乐性的技术特点，也就成为封建社会时期祭祀上天或者祈求战争胜利的表演工具，与敬神或者说是"跳大神"活动的结合也可以被视为武术封建迷信思想不适合于现今社会的特征之一。

以武术缘何产生这一问题为例，自古以来便有着"神人创拳"这一理论。据史书所描述，无论是传说中曾得到神人指点的少林拳创始人僧稠，或者是面壁 9 年的达摩祖师，均为人们凭空捏造出来的动听神话故事。此外，有关内家拳代表的武当太极创始人张三丰的神话传说也不胜枚举，据黄宗羲在《王征南墓志铭》一书中所描述："有所谓内家者……盖起于宋之张三峰。三峰为武当丹士。徽宗召之，道梗不得进。夜梦元帝授之拳法。厥明以单丁杀贼百余"。通过这段描述，我们可以看出将张三丰的武学造诣归功于夜梦神人。现如今，以一种科学的视角进行看待，无疑是天方夜谭。

此外，受传统"重男轻女"这一封建思想影响，传统武术的师承体制当中历来有着"传男不传女"这一陋习。在国际社会呼吁男女平等以及女权主义觉醒的今天，这一陋习对于武术文化在当代的发展传承无疑是非常不利的。

第五章　本土之承与他山之石：武术教育文化性的理性建构

武术教育的文化性在当代社会出现异化，是在社会变迁进程中受武术生存环境的变化、西方现代体育文化的冲击、国家宏观文化的调控以及武术自身一些传统陋习等多方面因素影响而共同形成的。作为中国传统文化的重要载体，武术的教育过程其实也就是传统文化的普及推广过程。因此，只有重新重视起武术教育过程中的文化传承，才可以有效避免武术的发展出现异化。当前，对武术教育的文化性进行重新建构，不仅需要保护传统，亦要顺应时代潮流；不仅要重视技能传习，亦要做到德术兼修；不仅要保留自身精华，亦要借鉴他山之石。

一　武术教育文化性建构的核心原则

（一）坚持"钩沉拾遗"与"时代观照"相结合

当今社会，道德底线下滑，恶性事件频发。武术"未曾习武先习德"、先做人后做事的教化理念正可纠正青少年的不良思想，使之慢慢趋向正途。武术"君子之争""以和为贵"的伦理型竞技在一定程度上排斥了西方残酷的竞争和血腥的对抗，能够有效净化青少年的心灵，减少人间悲剧的再次发生；武术中"不争""礼让""清静无为"的思想可以缓解人们内心深处的玩世不恭，以及利欲熏心，为达目的不择手段的卑劣行径；武术中的禅悟思想是生活在浮躁世界的年轻人最需要的"功夫"，在物欲横流的花花世界暂放烦扰的世俗之累，去感受和体悟一下"禅武合一"的境界（定慧如一、明心见性），是难得的"逍遥"与"放纵"。武术的和谐思维与"中国和平崛起"的国家战略相一致，它深刻地诠释了华夏民族一贯追求的"和谐共生、以人为本""相互尊重、互不侵犯"的理念。总而言之，武术是中国传统文化的重要载体之一，武术中蕴含的传统文化精髓，是现代社会所迫切需要的；尤其是当代西方社会发生了人文价值危机，许多思想家——诸如：丹尼尔·贝尔、列奥·施特劳斯、列维纳斯等在其著述中苦苦寻找诊治"现代病"药方的时候，武术通过一种身体文化潜移默化的熏陶与感染，使人们能够从中得到生命的启示。这正是武术不同于其他武技的独到之处，也是武术国际竞争力的一大体现。

中国武术自诞生以来，其技术体系与文化内蕴也随着社会结构的变迁不断做着适应性的改变与调整。当代社会，武术的发展在经历了"保留传统"或是"现代异化"的自我调整之后，应采取何种措施从而重新建构武术教育的文化性？笔者认为，重新建构武术教育的文化性，引领武术在当代的正确发展，应遵循"钩沉拾遗"与"时代观照"相结合的观点，既要保留传统武术流传数千年至今的文化、技击精华，也要适应现代社会推陈出新，吸纳现代竞技武术的可取之处，进而丰富武术的文化、技术体系。

在国家强烈呼吁弘扬中华民族传统文化的今天，武术的传统文化可以说是其传承下来的母体。但是当我们谈起传统与现代这两个词的概念之时，往往会产生如何去理解的困惑。通常认为，传统的文化在意维系保护，而现代的文化则更注重于创新和改变，对于武术也是如此。中华人民共和国成立以后，虽然在国家体委大力推广现代（竞技）武术的整体环境之下，武术的发展取得了空前的成绩；但是作为一项蕴含着几千年传统哲学思想的文化现象，武术的现代化转型过程也正在面临着与其承载的传统文化相脱离的危机。

这种情况的出现，一方面是因为将蕴含有健身性、娱乐性、道德教化等功能的传统武术以西方竞技体育思想作为发展向标，另外一方面也与武术自身传承千年所遗留下来的一些文化瑕疵有一定关系。

中国武术的形成过程是经过历朝历代的武术传承人在农耕社会时期不断揣摩、实践而形成的一项具备中华民族性格的技击术，其动作演练过程具有鲜明的技击特征，可以称得上是中华民族格斗技术与经验的总结。与传统武术不同，现代武术的两大流派——套路和散打：一项是以技击对抗为主要练习内容，一项是以动作演练为主要内容。为了进一步向国际社会推广武术项目，这两项现代武术的动作规格和创编初衷都是以西方竞技体育思想作为标杆（如违背武术技击常识创编的体操、舞蹈以及"门户大开"等动作），削弱了武术的技击文化属性，增强了武术的体育属性。同时，在竞技武术训练过度强调练习者身体素质练习这一指挥棒下，出现了诸如散打运动"一胆二力三功夫"和套路运动"高难美新"的发展怪圈。传统武术练习中所强调的"精气神"方面的练习则被诸如"外练"以及杠铃练习等现代体育训练方式所取代，太极拳技击术中诸如"四两拨千斤"的功力练习也被"旋子转体720°"或者"腾空正踢腿"等难度动作所代替，种种现象的出现不能不说是传统武术在当今社会发生的异化，这对于武术文化在当今社会的继续传承也是非常不利的。

随着社会结构的不断转型，以及现代竞技武术的发展需要。传统武术在脱离以农耕社会为背景的社会环境以后，难免发生与传统文化意识层面的冲突与技术练习层面的异化。要解决这些问题，我们也应该从武术自身进行入手，在保留武术优秀传统文化的同时，"以和为贵"作为价值思想，做到传统文化与现代文化相结合，从而重建武术的民族性，更好地建构武术教育的文化性。

（二）坚持"个性保持"与"个性让度"相融贯

竞技武术和传统武术既有矛盾的一面，也有不可分割的一面，二者有着千丝万缕的关系。矛盾冲突的一面指的是竞技武术的发展是通过瓦解传统文化来实现的，也就是说，对竞技武术发展道路上造成阻碍的东西的一种破坏，即传统武术文化。而这种冲突矛盾是相对的而不是绝对的。二者从历史延续性上讲，有着千丝万缕的关系，竞技武术是基于传统武术的基础上创造出来的，是传统武术文化延续的存在，并不意味着对传统武术的一种否定。相反，对我国传统武术的不断发展可以更好地丰富竞技武术的内涵。抛弃传统武术的竞技武术，就意味着对中国文化的背叛。就像吉登斯所言："现代性作为一种后传统的秩序，并没有与传统彻底决裂，而是在利用传统和习惯进行秩序重建"[①]。因此，我们不能一概而论地认为竞技武术不利于传统武术的传承，而是要冷静分析两者之间的关系，要清楚地认识到我国传统武术文化的丰富性和未完成性，要打破二者文化之间二元对立的思维关系，要清楚地认识到二者文化的延续、冲突、传承的关系。

在西方竞技体育文化的强大冲击下，我国的传统武术正在逐渐萎缩，我们既不能"全盘西化"，也不能排斥一切外来文化，我们要遵循文化自觉原则。首先，我们要保持清醒的头脑，对于西方竞技体育文化的渗透，不能一味地进行排斥，而应该仔细分析西方体育在同我国武术进行竞争时的优点体现在哪里。根据文化自觉原则，我们要尊重各种不同文化，取其精华，去其糟粕。其次，我们要主动维护中国武术文化的传统和历史，找到武术文化存在的意义，并将其发扬光大。文化自觉是一种精神境界、是一种应对之策、是一种特殊的敏感，其最终目的是实现人类体育的"天下大同"。

（三）坚持内隐之"道"与外显之"术"相统整

武术的本质究竟是以技击格斗为主要表现形式的"术"？还是

---

① ［英］安东尼·吉登斯：《现代性的后果》，田禾译，译林出版社 2000 年版，第 33 页。

以丰富文化内涵为代表的"道"？近年来，有关武术本质性的相关研究不胜枚举，然而却一直未能形成一个统一的定论。针对这一争论，笔者认为：技击性也好，文化性也罢，都是属于武术在不同历史阶段为适应社会发展所体现出的价值属性，简单将武术教育乃至武术的发展方向限制为单纯的格斗技击或者文化修身，难免有失偏颇，也易使武术发展进入歧途。因此应采取一种术、道结合的发展方式，重视技击的同时亦不抛弃其文化属性的教学，方能为武术的发展以及传承指明道路。

作为一项传承数千年流传至今的传统文化，武术自诞生以来，便以其流派繁多的拳种技术体系以及内蕴深厚的文化技术体系被赋予以"民族传统文化优秀代表"等文化标签。关于武术一词的衍变，最早可追溯于春秋时期，其名称的流变也于时代变迁中一直不断演化。从最早的"拳勇"、春秋时期的"武艺"、战国时期的"技击"、汉代时期的"技巧"、明清时期的"技艺"直至近代民国时期的"国术"，中华人民共和国成立以后方统一称作"武术"。通过对近代以前的武术概念进行分析，我们不难看出，不管是"拳勇"也好，"技击"也罢，武术一词的概念定义一直以来更重视的似乎都是关于其以技击格斗为表现形式的外在之形，即武术之"术"字。这样一种外在之术可表现为徒手的"手搏""相扑""角力"等，也可以表现为运用器械的"击剑""刺枪""角棒"等动作形式，可以被定义为一项习武之人之间用来教授或者交流的实践技能。

然而，一直以来我们所强调的武术是以其"内外兼修""术道并重"而闻名海内外的。那"道"字究竟怎样进行理解呢？类似"柔道""空手道""跆拳道"等域外武技项目，之所以被称为"道"，除了其自身拥有鲜明特色的技术体系之外，就其项目内涵而言，往往蕴含着丰富的东方传统哲学观念。中国传统文化的根基可以说是建立在老子"道生一、一生二、二生三、三生万物"的道家玄妙思想之上的，一句"道可道、非常道"又将老子道家思想的高深莫测展示的淋漓尽致。正如《道德经》所述——"有物混成，先天地生……可以为天下母，吾不知名，字之曰道"，在这种思想之下，"道"被认为是宇宙万物的根本，是世界的普遍规律以及根本法则。道生万物，万物归于道。武术之中所强调的"道法自然"以及"天人合一"思想就是在这样一种道家思想的引领之下，从而建立起来的一种以习武打拳作为体验生命和世界的手段，进而追求以仁、义、礼、智、信为行为准则的人生价值，以及对天地之间宇宙万物的思考与感悟。受这种目标影响，一切迫于形势但忠于大义的慷慨赴死或尽忠尽孝都可以理解为行大"道"。同时，在这种"大道"的引领之下，武术之技击再也不是一种简单逞强好勇的手段，而上升为一种具备健体、养生、信勇、自卫等功能的生存性活动。中国传统哲学中所追求的中庸之道其实也可以与武术中所重视的天人合一、顺其自然理论形成契合，如《太极拳经》一书中所描述"太极者，无极而生，动静之机，阴阳之母"。在此基础之上，众多流派拳种也将"以静制动""以柔克刚""物极必反"等思想列为本门派的技击格斗指导原则。在传统养生理论方面，譬如道教弟子的气功修炼和武当太极拳，都体现出了武术重视内练内修的练习思想。对上述种种理论进行总结，不难看出：武术与以道家思想为根基的中国传统文化联系非常紧密。脱离了关于"道"这一层面的武术，仅仅可被称为一项与现代西方搏击项目并无二致的搏击技能。武术的可持续发展离不开以技击为核心的"术"，但是若将其在世界范围内进行推广，则必须重视其文化内涵，即武术之"道"。

"术"与"道"之间的关系，也可以理解为一种普通技术与理想之间的关系。我们经常可以看到，一套相同的拳法，由于两位表演者精、气、神方面展示能力的差异，往往能看出天壤之别，这也正是谚语之中所提到的"师父领进门，修行在个人"。不同练习者因其悟性不同，在武术实践过程中所表现出来的运动形式即"术"这一层面也有很大差距，正是通过师父的点拨以及自己不断的体悟，武术之"术"方能上升为"道"的层面。总体来说，"术"可以定义为道在武术动作实践过程中所表现出来的智慧与技巧。

对现代体育课中的武术教学进行分析,我们不难发现:受武术整体环境、竞技武术套路发展趋势(高、难、美、新)和教师自身水平等多方面因素影响,学校层面的武术教学并不能达到"由术至道"或"术道合一"。这种情况除了与国家大力发展体操化的竞技武术有关之外,中西方文化的根本差异也是"校园武术"难以体现其"术道"内涵的原因之一。对于一件事情,西方文化讲究科学性,东方文化则讲究体悟。在西方体育文化的引导之下,以生理学、解剖学为理论基础兼具有强身健体功效的武术动作被优先选定出来并编制成类似于现代体操的竞技武术套路(武术操亦然)。这样一套"武术"虽然具有动作好看、强身健体以及便于记忆的作用,但是却缺乏了传统武术练习过程中需要由"术"向"道"体悟的这样一个过程。武术之"道"所体现的是一个武者内心深处对于武术的理解与感悟,只有不断地对武术文化性也就是"道"进行感悟,对武术技击性("术")进行实践,方能取得"术"与"道"的统一,最终达到内外兼修、天人合一的最高境界。

二 武术教育文化性建构的本土之承

(一)本土信念:弘扬武术文化性的精神追求

1997年,费孝通提出了"文化自觉"这一命题,他认为:"文化自觉就是指生活在一定文化中的人对其文化有自知之明,不带任何文化回归的意思,不是要复旧,同时也不主张全盘西化或全盘他化。"[①] 在经济文化全球化的大背景之下,西方体育文化对我国的传统体育文化进行了一次次强烈的冲击,中国武术的发展已经到了较为艰难的时刻,中国武术已不再像曾经那样无比辉煌,如今对于中国武术如何发展出现了两种不同的看法:一些人主张中国武术应

---

① 费孝通:《论人类学与文化自觉》,华夏出版社2004年版,第188页。

积极靠拢西方体育，而另一些人主张我国的武术应对抗西方体育的入侵。显然这两种观点都有一定的绝对性和片面性，笔者认为，中国武术的发展道路应在不丧失武术优秀传统文化的基础上，寻求与西方体育文化相结合的最佳切入点，使我国的武术找到一条最佳的发展道路。

文化不自觉指的是"对自身文化及其相关文化和对作为文化主体的自我的不觉醒或者不完全觉醒的情形、状态"[①]。在我国封建时期，当时的武术存在着"侠以武犯禁"的思想，以及"传男不传女""门户之争"等观念，导致当时武术文化的承载形式是不自觉的，而且并没有得到应有的文化尊重，其后果是在历史的长河中逐渐在自生自灭。随着西方体育文化的入侵以及对中国武术的强大冲击，导致习武者的价值取向和思想意识发生了转变，出现了两种极端且片面的价值取向：一种观点是完全西方化，抛弃传统文化；另一种观点是对抗西方体育文化入侵，对中国武术创新的疑虑，这两种观点都是文化不自觉的表现，导致中国武术的发展举步维艰。

西方文化对我国传统体育的强烈冲击，使中国武术发生了异化，同时也压缩了武术的生存空间。为了能够更好地保护武术这一传承数千年的优秀民族传统文化，民国时期，武术被纳入了现代教育之中，无论是从武术的竞赛方式，还是武术的价值观，都朝着规范化和科学化的方向演进。中华人民共和国成立以后，在倡导我国武术运动世界化的同时，也十分注重武术的文化特性，为了更好地与世界体育文化交流，竞技武术由此产生。竞技武术的形式是历史发展的必然，因为，传统的绝对延续是不符合事物发展规律的，是虚茫的。我们不得不承认竞技武术为中国武术走向世界取得了巨大成就：国际奥委会已经承认竞技武术是正式的比赛项目，1990年正式成为亚运会正式比赛项目，竞技武术作为中国武术的一扇窗口正在为世人所了解。这也可以为中国武术走向世界起到重要作用，

---

① 邓永芳：《现代化境遇中的文化自觉》，中共中央党校2005年版。

使人们对中国武术产生浓厚的兴趣，并逐步去探视中国武术的文化内涵——传统武术。

（二）本土文化：弘扬武术文化性的价值理性

作为一项传承数千年的民族传统体育项目，武术以其博大精深的文化内涵以及门派众多的技术体系闻名于世。自古以来，或以血脉相承，或以师徒相承，流传至今，生生不息。但是与滋生孕育在中国这片古老土地之上的其他传统文化一样，从农耕社会时期带着农业社会文化特征一路走来的武术文化，在与日新月异的现代文化产生碰撞之后，正在面临着如何更好将其传承下去的难题。作为一项中华民族精神的历史沉淀，自古以来武术项目以其强身健魄的育体功能和培养爱国情怀的精神教育功能，对民族的进步、社会的发展都起到了积极的作用。然而，改革开放以来，随着社会经济结构的剧烈转型，社会文化的变迁，造成了武术文化属性的异化和改变。在新思想、新文化不断涌现的今天，如何重新建构武术文化性，认识武术文化性在当代社会的价值是我们当前亟待解决的问题之一。

中华武术之所以成为一项博大精深且深蕴文化内涵的体育项目，其灵魂便是区别于其他国家武技项目而自成一系的武德思想。而武德观念最明显的表现特征便是人们通常会提及的"德艺双馨"，具体可表现为——虽有争斗亦有礼让；虽有劲力却不粗野；动作纯熟却不轻浮；情绪饱满兼有含蓄。这几句对于武德精神的高度概括也蕴含了中华民族传统文化的中庸思想以及鲜明的东方文化气质；与西方现代文明崇尚冒险、华丽的感性审美观点不同，武术文化中所蕴含的德艺统一观念则有着浓郁的东方理性思想。

如在儒家重视"仁礼教化"的思想约束之下，武术文化的传承过程中对于习练者的"品德"要求非常高，这一点我们也可以从习武不同阶段的谚语中窥知一二——从最初选徒弟"可传不可传"的慎重选择，到最初教授阶段"未曾学艺先学礼"，再到后来学成之后仍然遵循的"尊师重道"以及"德艺双馨"自身准则,无不向世人展示了习武之人内外兼修、美善统一的高尚人格。又如受道家"清净""无为""天人合一"等哲学辩证思想所熏陶,以太极拳为例——其轻柔的动作、内蕴的劲力、自然的呼吸以及旁若无人的意念都与道家思想所追求的"坐忘"和"心斋"相契合,从而达到天人合一、清静无为的练习境界。又如不少门派武术在强调外练筋骨皮的同时,也要求练习者在安静时候能够做到打坐修心,思考自己练习过程中的不足之处,追求世间万物的和谐共生,进而起到修身养性之功能,从而真正实现"外练筋骨皮,内练一口气"的练习效果。

近年来,随着东、西方文化不断地融合碰撞,农耕社会时期影响了中国劳动人民几千年的传统文化思想也在今日不断随着社会变迁做着适应时代文明的改变。然而,在人们的思想认识尚未与社会发展程度达到和谐统一的时候,便造成了诸如青少年自我认知性降低、道德底线下滑、社会(校园)恶性事件等社会不文明现象的出现。在这样一种社会大环境之下,我们急需一种正确的价值理念来对社会不文明现象进行纠正、对社会的道德准则予以重新建构。笔者认为:在此时刻,武术以其"未曾习武先习德""先做人后做事"的教化理念,可以为和谐社会、和谐文化的建设作出应有的贡献。同时,中国武术所追求的"以和为贵""不争""礼让"等思想也与我国"和平崛起"的发展战略相一致,从而真正做到"相互尊重、互不侵犯""和谐共生、以人为本"的发展理念。这也正是增强我国传统文化国际竞争力,体现武术文化性在当代社会的价值意义。

(三)本土学者:弘扬武术文化性的主体承担

随着全球化趋势的加强,西方外来文化正在不断地对我国的传统文化进行着吞噬,导致我国的传统文化面临着前所未有的困境,这已经是无法回避的现实。针对这一现象,国务院办公厅于2005

年颁布了《关于加强我国非物质文化遗产保护工作的意见》。武术作为传统文化的一部分同样面临着西方竞技体育的巨大冲击。在西方竞技体育的强大冲击下,一些拳种几乎消失,因此,国家将武术纳入非物质文化遗产保护序列之中,目的是为了保护我国的传统武术。但是,我们换个角度来想,中国传统武术有着数千年的文化历史和深厚的文化内涵,可当今传统武术却到了被保护的地步,真是一件可悲的事情。非物质文化遗产的核心是传承,而传承的核心是人,也就是说人与人之间的传承才是保障传统武术文化关键。但是,中国传统武术由于受到西方外来文化的影响,以及当今人们的生存方式的转变,导致青年一代人的审美观念远离传统,最终导致传统武术后继乏人。由于生活的困顿、经济的贫乏以及民族文化传承人地位弱化等原因,弱化了传承人对传统武术的传承。还有一些拳种的传承人年事已高,人去艺绝问题十分严重,传统武术的一些小拳种逐渐地消亡和变异。传统武术是以师徒传授为主要特征,它的传播形式是动态的,而非静止。因此,将我国的传统武术进行物质化的保护,其结果就是对传统武术的表层进行了保护,我们要对传统武术有一个清楚的认识,从根本上阻止我国传统武术逐渐弱化,甚至消亡的趋势。所以,如何保护传承人的技艺是传统武术生存的关键。

传统武术是在中国农耕的大背景下逐渐形成的,其传承方式比较单一,传承过程常常受不传外姓、传男不传女等封建思想影响,这不利于传统武术的发展和传播。传承人从祖辈或师父那里学到传统武术技艺后,通过所学武艺养家糊口以及立足于社会,因此,对于传承人来讲或多或少会抱有一种自珍式的心态。尽管这种传承方式保证了传承人的权威性,但是却抑制了我国传统武术的社会化发展。因此,对于传承人的保护实际上就是对于我国传统武术的保护。由于一些传承人年事已高,将导致传承人技艺的流逝,为避免这一现象发生,我们的传承人要扩大收徒弟的范围;要开放意识,改变传统的封建思想;要把那些特爱武术的年轻人聚集在自己身边，培养更多的继承人。这些继承人通过和传承人的学习掌握某种拳种，很有可能将成为传承的骨干，也就是说，今天的传习人很有可能将成为明天的传承人。我们的传承人还应肩负起对本拳种的宣传和推广工作，要让传承人代表的拳种在社会普及，要让大众了解以及接受。要想将传统武术发扬光大必须依仗广大群众，群众是传统武术生存的基石，把传统武术推广到群众之中，让我国的传统武术在民间生根发芽。

任何一项艺术如果不创新，一直停留不前，一直以一副老面孔存在，不焕发新的面容，都将面临被社会所淘汰的命运。我国的传统武术虽然有着数千年的文化内涵，但由于受到中国封建社会的影响或多或少都会有其糟粕地方，比如，传男不传女，不传外姓等。再加上西方外来文化的巨大冲击，导致我国的传统武术在当今社会处境十分尴尬，发展较为困难，针对这一现象我国的传统武术必须要进行创新，这里所说的创新不是将武术的优秀文化内涵去除，而是在中国优秀传统文化内涵基础上适当地为更好地适应社会需求而进行的创新。那么，创新就需要人来完成，这就需要每一位传承人认真地去思考如何将本门派的拳种在保证自身特点和优势的基础上进行创新，真正地将传统武术变成一种有着生命活力的文化，不断地为我国的传统武术注入新的血液，不断地推动我国传统武术的发展。

三 武术教育文化性建构的他者之鉴
——基于仪礼的视角

（一）柔道对中国武术教育的借鉴意义

柔道被称为日本的国术，起源于日本的柔术。由于日本从平安朝末年起武士集团间的战争持续不断，为了满足战争的需求日本武士们研究出了一套徒手的格斗技巧（柔术）。柔术在日本的盛行时期为江户时代（1600—1867），在这个时期，柔术是武士的必修课程。明治维新以后，由于日本学习西方的军事活动（军事体操式训练），使日本传统柔术一度落寞。直至 1882 年嘉纳治五郎创立了讲道馆柔道，其目的是为了挽救日本传统体育文化。不久之后，柔道逐渐成为日本全国普遍的健身武艺，成为青少年普修的一门课程。

柔道不仅注重技术，而且更注重柔道的礼仪和道德修养。柔道在技术上讲究以柔克刚、四两拨千斤，而在精神和礼仪上均讲究"道"，因有其文化内涵，所以柔道区别于一般性的竞技项目。柔道有着强大的攻击能力，它可以一招制敌，可以使对手筋皮扭伤，甚至骨节分离。因此，师父在传授技艺时十分看重徒弟的道德修养，把真本事传授给那些道德纯洁的人。只有将柔术加上道德的外衣，才能真正地使柔术发扬光大。正如日本作家小泉八云所言："柔术的真正奇妙之处，并不是那些专家的最高的技巧，而是全部技术所表现出来的东方思想。"① 正因柔道有强大的杀伤力，所以在学习柔道的过程中始终将礼仪文化贯穿其中，目的就是培养习武之人忍耐、克己、谦虚的思想品质。

柔道的礼仪分为立礼和跪礼两种形式。立礼的要求是两脚跟相对并立直，身体自然站立，双眼注视对手，两臂下垂，将上体前屈约 30 度，静止稍许后自然抬起上体。跪礼的要求是从站立姿势开始，两脚尖着地，右脚拇指压在左脚拇指上成跪坐姿势，正坐后将双手放在膝前约两拳位置上，将头低下约到两手 30 厘米处，行礼。可以说柔道的礼仪教育贯穿于练习者训练、比赛、日常生活等当中，如，练习者在出入柔道训练场时要向队员和教练行礼；训练时如果教练员对练习者进行了指导，练习者在指导前或指导后都要向教练行礼；当运动员进入柔道馆时要给场地和道馆鞠躬；训练或比赛时要向对手行礼；训练或比赛结束以后要行三鞠躬等。可以说柔道的教育过程是以礼始，以礼终。柔道是一项十分看重礼节的运动，柔

---

① 刘勇：《日本柔道与中国武术》，《体育文化导刊》2004 年第 4 期。

道中的礼节蕴含着东方人的智慧和哲学思想，并将礼节贯穿于练习者的生活、训练、比赛之中，或许是因为柔道对礼仪的严格规范，才使得柔道成为一项较为成熟的奥运项目，并被世人所接受。

（二）空手道对中国武术教育的借鉴意义

空手道和柔道一样都源自日本，空手道在世界上的联合会目前为止大约有180多个会员单位，世界上大概有1亿多人学习空手道。①

空手道和柔道一样都是极重视气度和礼节的。如果空手道选手在格斗中对礼节不够重视，那么这名选手也将被视为是野蛮的。空手道的行礼方式分为鞠躬礼和立式礼两种，在比赛开始和比赛结束以后，运动员都要向对手、教练、裁判、场地行礼；在平日的训练中练习者在出场或者入场时都要行礼；对练时同伴之间要相互行礼；空手道在开始练习前，老师和学生都要向空手道标志以及开祖像行礼；当教练或者老师不在场时，空手道学员不得私自作搏斗练习；未得教练同意，不得擅自离开排列；道服必须保持清洁，而且腰带只可风干，不能湿洗；练习时不可佩戴任何饰物等。

空手道选手不仅仅在比赛场上和训练中讲究礼仪，同样将空手道的礼仪带到了生活当中，目的是为了提升练习者的道德修养以及不断地约束自己，空手道的礼仪传达的是友好、谦虚、坚韧不拔、忍让等精神内涵，也正因为有着这样深厚的文化内涵，所以受到日本乃至很多国家人们的青睐。

（三）跆拳道对中国武术教育的借鉴意义

跆拳道由于有着时尚性的特点，传入我国后便深受青少年的喜欢。这项古老的技击术不仅注重技术，而且更注重道德修养和礼

---

① 史新闻：《从日本空手道发展特点来审视中国武术的发展》，《体育世界学术》2010年第11期。

仪，并将礼仪文化贯穿于教学和训练之中，使学习者潜移默化地养成忍耐克己、礼义廉耻等内在修养。跆拳道的"礼节"为鞠躬礼，要求练习者将双手放于身体两侧，双手握拳，并步直立，鞠躬时要达到规定的量化角度——头部前倾45度，上体前倾15度。跆拳道的礼仪内容大致为相互尊重、谦虚；相互谅解的精神；提倡正义感；处事要符合礼仪；对侮辱他人感到羞耻；坚持公平原则等。跆拳道练习者在很多场合下要行礼鞠躬，如当跆拳道练习者进入道馆要向挂扎墙上的国旗鞠躬敬礼，这是表示对祖国和民族的热爱；学习者向师长鞠躬行礼代表着对师长的尊敬；比赛或训练中的相互行礼代表着对对手的谦让和友好，双方队员无论是输还是赢都要"以礼始、以礼终"。跆拳道的学习始终要求练习者在练习跆拳道技术的同时，还要不断提升自己的个人修养。通过对跆拳道的训练，培养练习者积极向上的品行和坚毅的精神。通过跆拳道礼仪训练，养成练习者友好、谦虚、忍让的态度，切磋技艺时相互学习的作风以及宽厚待人的美德。虽然说跆拳道是一种古老的格斗技击术，但是，双方在比赛或对练过程中不是以击倒对方为目的，而是以磨练品质和提高个人技艺为目的，双方内心深处都有向对方学习的心理。跆拳道礼仪几乎贯穿在跆拳道学习的所有细节之中，可以说礼仪是跆拳道学习的灵魂。

（四）日韩剑道对中国武术教育的借鉴意义

日本剑道礼仪与日本武士的历史有着千丝万缕的关系，日本古代武士只有在就寝和正座时不佩戴剑，其他时间日本武士与佩戴的剑形影不离，并都将长短两剑横别于腰间。但由于性别不同，日本男女剑士在别剑或者持剑时的站立礼是不同的；"日本女剑士的站立礼需双手并于膝前，左手盖在右手上面。而男子需双手自然下垂于大腿两侧，躬身行礼。"[①] 在古代，日本武士的剑术礼仪都是在

---

① 白长明：《现代剑道》，上海教育出版社2007年版，第54页。

持剑的情况下完成的。而这样一种剑术礼仪文化也从古代传承至今，现代日本剑道的行礼方式也是以佩剑式进行行礼。日本剑道的礼使习武者油然而生敬重之意，是发自习武者内心的，是对他人的一种敬意，也只有在这种相互尊敬的前提之下才能进行后续的相互合作或者相互学习。在日本，如果一个剑士连行礼都不能做正确，将被众人厌恶。

韩国的礼仪文化受中国儒家礼仪文化影响甚深，其国民的礼仪文化可谓渗透到韩国人生活的每个角落，并且是"五常六艺"中的重要组成部分。对于剑者而言，"礼"是他们内心深处溢出的，并不是刻意完成的，是剑道精神的具体体现，是他们自然表现在行为上的方式。韩国剑道倡导"始于礼，终于礼"，并以敬礼的形式来表现对对方的友好、尊重、礼貌、感谢和尊敬等。正所谓剑道者，就是剑与道相互结合，换句话也就是"剑为体，而道为心"。只有通过习武者不断的修炼，以及将道剑合一，才能达到武术的最高境界，才能塑造剑道者的礼仪修养和高尚品质。

通过上述关于两国剑术礼仪文化的分析，我们可以得知：虽然各国礼仪文化略有不同，但有一点我们可以发现，就是日韩的剑术礼仪文化深受中国儒家礼仪文化的影响，就寓意来讲，中国的剑术礼仪文化，在强调个人礼节修养和行为规范的同时，更深层次地体现了中国为礼仪之邦的文化意义和华夏礼仪大国的谦虚态度，以及天下武林为一家和团结各族各国武术友人之气度。和中国剑道武术礼仪相比，日韩的剑道礼仪对个人修养较为重视。

（五）泰拳对中国武术教育的借鉴意义

泰拳起源于泰国，又称八臂拳术，有着五百多年的历史，其特点为动作简单实用，招数凶狠，把人体的拳、肘、膝、腿当成军事武器一样杀伤敌人，如两膝和两肘如同战斧、拳臂如同刀剑、脚如同棍矛。这种凶猛且血腥的拳术在其发展过程中因汲取了泰国的传统礼仪文化，变成了有着丰富精神内涵的文化体系，并逐渐被世界各国所接受。把泰国民族传统礼仪文化渗透在泰拳之中，主要是来规范和约束拳手的行为和举止，使泰拳不仅是一项拳台技艺，更是一种有着民族特色的武技文化体系。

泰拳的礼仪主要有赛前礼仪、拜师礼仪、敬师礼仪、满师礼仪。泰拳赛前礼仪包括三个部分，第一部分是礼神礼仪，第二部分是礼师礼仪，第三部分是漫舞礼仪，并且整个过程是需要有音乐伴奏的。礼神礼仪的形式为选手登上擂台以后抚摸着围线绕拳台走一周，而且要在拳台四角进行默祷，目的是祈求神灵给自己以力量和智慧，驱除邪魔，战胜对手，以及在比赛中不受其他因素的干扰；礼师礼仪的目的是感谢师父和先祖的恩德；漫舞礼仪模仿鸟类飞行、猎人探险等，是一种非常优美的拳击舞蹈，它可以使拳手安神静心，可以使拳手充分热身，把状态调整到最佳。

泰拳的拜师礼仪是非常神圣的，它是师徒关系确立的标志，这种关系如同父子之间的关系一样，是有义务和权力的。因此，师父在收徒弟时会对徒弟的道德品质、身体素质以及宗教信仰进行较长一段时间的考察和测试，同时拜师者也愿意接受师父的指导，只有师徒之间达成一致后方可进行正式的拜师仪式。由于泰拳受佛教影响较深，所以拜师的日子需要经过佛教法师的确认。拜师时徒弟要先向佛陀行"甲"礼，再向师父行"莫甲"礼，并且要对师父真诚地发誓："永远不做不利于同门的事情，并珍惜师父所传授的技艺，恳求师父将其纳为忠心弟子。"

满师礼和拜师礼基本仪式大致相同，仪式时辰需要经过佛教法师的确认，徒弟要先向佛陀行"甲"礼，再向师父行"莫甲"礼。满师礼意味着徒弟在师父的指导下，不仅具备了较高的技艺，而且对泰拳的理论水平有了较为深入的认识，可以独立地教授其他人，即可以有收徒的能力。满师礼有如下几层含义：其一，徒弟感激师父长时间的栽培之情；其二，表示将会和师兄弟们和睦相处、相互帮助，绝不恃强凌弱；其三，表示永远做对社会和国家有利的事情；最后，表示永远尊敬师父，这也是最重要的一点。

敬师礼在泰拳礼仪中十分重要，每年徒弟都会给师父举办敬师礼。在徒弟看来师父就如同再生父母，师父不仅传授给徒弟泰拳的技艺，而且师父也教给了徒弟如何做人、做事的原则。使徒弟在技艺、心理和精神上都得到了完善。师父不仅要教授弟子以高超技艺，而且极其注重培养弟子的修养和礼仪。所以，在敬师礼上徒弟将对师父发誓会永远忠诚于师父、敬重师父。

（六）对中国武术教育发展的启示

韩国的跆拳道、日本的柔道、空手道以及泰拳的礼仪都已经成为武艺教育的有机组成部分，礼仪中蕴含了本民族的宗教意识和传统文化，在教育的过程中重视礼仪教育会使习武之人潜移默化地加强自身的修养和对自己行为的规范，以及对本民族传统文化传承起着重要的作用。通过借鉴这些域外武技的礼仪文化，也可以为振兴我国武术文化提供参考，在增强人们爱国情怀的同时增强民族凝聚力。

从某种意义上来讲，礼仪文化的教育是一项运动能否普及和发展下去的重要因素之一。

通过对其他国家运动项目对礼仪文化的重视，反观当今我国的竞技武术，近代以来随着体育全球化进程的加快，西方现代体育项目在我国迅速普及并成为青少年群体热衷的时尚运动，在西方体育项目的挤压之下我国传统体育项目被迫边缘化，失去了原有的受众群体。为此我们参照西方竞技体育的标准整合出了包含套路与搏击两种运动形式的竞技武术项目，现代武术中的套路运动是参照西方体操等项目进行改良的，运动形式与演练过程主要倾向高、新、难、美的特点，所谓高是指演练水平高，新则是指套路创编新颖，难则是指动作难度大，美则是整体的创编要有美感。搏击运动则借鉴了西方拳击等项目中"积分打点"的评判方法进行量化积分而产生比赛结果。在这样的背景下导致的直接后果就是原本整体的武术形成了打和练的分途，套路运动则在与体操和技巧等项目的比肩中丧失了武术的文化本质，进而沦为操化表演和单纯的肢体竞技。武术区别于一般体育项目的本质在于其内在的文化性，武术长期浸润在中华文化之中，在其漫长的历史演进过程中武术与中华文化中的儒、释、道等核心文化哲学相互融合交汇形成了独特的文化体系，武术不仅是一种运动形式，更是蕴含传统哲学、宗教、礼仪、医学、养生、伦理、军事思想等多元文化元素的东方文化集合体，武术源流渊远、文化底蕴厚重，博大精深成为对中华武术的总体概括。武术教育正处在全球化背景下，面临着西方文化的冲击、自身文化的流失以及异种文化的争夺。因此我们需要重视武术教育中的文化性，从文化的角度来重新审视和定位武术教育。将中国文化中的深厚文化底蕴融入进武术教育，让武术教育找到传承的命脉和火把，将武术教育与传承弘扬民族精神相结合，找到武术教育的方向和出路。

  武术发展的实践经验告诉我们盲目地物化追求最终的结果会导致武术的文化性丧失和武术异化，单纯的技能传习致使武术沦落为一般的体育项目，失去内在文化意蕴的武术最终将走向"薄小俗浅"的境遇。武术不仅仅代表着一项传统的体育运动更是中华民族的符号象征，武术的习练过程更是民族精神和族群认同的重塑过程。传统武术自始至终一直将外部修炼、自我修炼与真、善、美、相结合，主张以德为先，德术兼修为贵，注重武德在武术中的教化作用，通过术德并修、术德并重的文化教育方式实现对武术价值认同和民族精神信仰的重塑。在武术教育的过程中单纯的技术教学往往容易造成学生厌倦和枯燥心理的产生，文化的历史性、趣味性和知识性是对这一现象的有效补充。因此，实现武术教育由技能传习向文化传承的转变是消弭武术异化的基本途径。[①]

[①] 关博：《武术教育的文化性探析》，《体育与科学》2014 年第 3 期。

四　武术教育文化性建构的具体理路

（一）彰显武术教育的文化性内涵

在当今社会想要重新塑造武术教育文化性，增强其竞争能力，必然要从武术中挖掘各时代的文化特征。①先秦诸子奠定了辉煌的中国古代文化的重要基础，不仅在当时是武术体系得以形成的重要历史条件，而且成为中国武术千百年来不断发展的思想源泉。②也赋予了中国武术丰富多彩的文化内涵。

1. 道家的清静无为

喧嚣的世界扰乱了世人的现实生活，人们内心深处极其渴望得到一份宁静。通过修炼武术，特别是根据道家"无为而无不为""上善若水""守弱处雌"等哲学辩证思想创生的太极拳可以让人们体会到一种超然世外的享受。《太极拳经》说："太极者，无极而生，动静之机，阴阳之母"这无极而太极的观点便来自道家缓慢的动作、内蕴的劲力、自然的呼吸、无羁的意念，这一切使人沉浸在庄子所谓的"心斋"与"坐忘"之中，达到与宇宙万物相往来的境界，在浮躁的后现代社会倘若真能至此种"清静无为"之境是何等的洒脱与自在，很多人虽身不能达，却心向往之。

2. 佛教的禅悟精神

少林武术的精髓就是倡导"习武"与"修心"相结合的禅武合一。佛教的禅悟精神使得武术在习练过程中十分注意"修心"，并且认为只有"修心"才能让一个人真正静下来，才能有所思、有所得；也只有当人们得以驻足省思武术所为何求的时候，才能体悟到武术并不是努力追逐那些世俗的东西，而是应该回到自我，寻找失落已久的心性（禅悟的修心见性之功能）。这种觉醒会带来一种全新的态度和责任，让主体处于一种超然旷达的出世心境。以这种心境观看大千世界，方能了解到生命中的起落聚散、环境中的对立冲突，皆是源于私欲。由此，反馈到内心世界皆应该注重世间万物的和谐共生。所以说,武术虽是一"小技",然却能使人悟出"大道"来。

3. 民族的和谐思维

国学大师钱穆先生说:"中国历史上传统对外政策,主要常在和平与融合,不在武力之扩张。求大同文化世界之实现,不在偏狭的帝国主义之发展。"可以说,和谐思维是中华民族发展的基本向度,"和为贵"成为华夏子民的处世哲学和行为准则。武术受此种和谐思维之影响,在其发展中处处体现了这种人文情怀。比如:以技击为其本质的武术,能有当今的文化格局乃在于数千年和谐思维的不断融入与感化。古人强调"兵刃之举,圣人不得已而为之",最初血腥味儿十足的武术经过中华传统文化和谐思维的数千年熏陶和洗礼,使原始的世界同源的攻防格斗技术演变出了套路演练形式;通过"己所不欲、勿施于人"的人文关怀态度,使得致人伤残的武术转化成具备文化底蕴、修身养性的不二法门。应该说,这与祖先们和谐思维经年日久的点滴教化分不开。

4. 儒家的仁礼教化

众所周知,武术传承中一般对传人的"德行"要求很高,各个拳种开宗明义即有对传人的具体要求,"可传不可传"向来是爱憎分明,这与孔子"文质彬彬,然后君子"的观点十分一致。可以说,在漫长发展史中,武术形成的光辉熠熠的具有浓重东方伦理色彩的武德文化与儒家的"仁""礼"教化理念相合相契,它深刻地反映出了中国传统礼教文化在各实践领域的渗透。"未曾学艺先学礼""未曾习武先习德""尊师重道""德艺双馨",一句句传唱数千年的响亮口号并非浪得虚名,乃是历代武者、拳家们修身养性的点滴践行汇聚而成。在这种"美善统一"的追求中,成就了无数英雄的侠义之举、塑造了不计其数的崇高之魂;与此同时,它也见证了古之武者圣贤们的人道观念、生态意识以及武德文化的不断发展与完备。

（二）突出专业武术课程的文化性

1. 武术专业课程指导思想重构的必要性

从体育院校武术专业课程发展的历史中，我们可以清楚地认识到武术专业课程基本以竞技武术为主体，忽视了与武术相关的民族传统文化理论。新中国成立初期，武术因具有鲜明民族特色的内容被重新纳入体育部门的竞赛和学校教育中。为了满足社会对武术人才的需求，国家体委在各大体育院校设置了武术技术课程。由于体育院校按照比赛项目设置专业的原因，武术和其他一般性体育项目一样重视竞技成分，而忽略了武术自身所独有的传统文化成分。因此，在体育院校武术的教育过程中并没有充分发挥武术的民族传统文化教育功能。武术在传承中国传统文化和培养民族精神上有着重要的作用，因此，体育院校培养出的武术人才应具备武术文化能力和武术文化内涵，而不应过度地去追求武术的技能目标。

随着武术学科的不断完善和发展，20世纪90年代，武术学科研究扩展到了武术文化。并将与武术相关的中国传统哲学、养生学、兵法、中医等有机地结合起来建构武术专业课程。从理论上讲将武术与中国传统文化结合进行专业课程设置有可能实现传统文化的教育功能。但是，由于在国家体育管理部门的主导思想下，武术专业教育仍然是以培养教练员和运动员为主要目的，所以武术传统文化教育模式并没有得到应有的重视。直至今天，我国的一些体育院校武术专业课程仍然存在着以"竞技武术"为主题曲的现象。国家体育管理部门和武术工作者在设置武术专业课程时应脱离武术竞技比赛的习俗思维，要清楚地认识到武术教育的文化性。武术专业课程体系的建构，要以增强学习者的民族自信心和提升学习者的精神境界为最终目标；要以武术技术为载体，弘扬民族精神和传播民族传统文化为最终目的。因此，我国体育院校武术专业课程在建构时，要以培养传播我国民族传统文化和弘扬民族精神的专业人才为重心，要及时改造培养竞技武术运动员和教练员的课程体系。在课程设置和组织上，要遵循现代课程的一般规律以及要考虑到武术知识所特有的属性；在武术专业课程内容的选择上要把武术技术和与武术相关的民族传统文化有机地结合在一起。最终实现以武术为载体，培养民族精神和弘扬民族文化为核心的培养目标。

2. 体育院校武术专业课程设置的人才培养目标

我国传统武术因具有民族文化特色，因此它区别于西方的外源型体育项目，它是将中华民族传统文化与技击相融合的身体运动。虽然说西方的体育项目如篮球、田径、足球等可以娱乐人的心灵，可以直接作用人的体质；虽然说中文、历史等学科有着同武术一样的民族文化教育形式，可以对学生进行中国传统文化教育。然而，如果缺少了一种通过身体运动的方式来传承中国传统文化；如果缺少了一种以身体直接参与来体验天人合一、知行合一传统文化；如果缺少了有着数千年文化历史内涵的中华武术，那么，这将是我国民族传统文化教育的缺憾。武术课程长期存在于各级各类学校体育教学中和体育院校民族传统体育专业将武术作为本专业的主干课程可以充分表明，武术在学校体育教学活动中的重要性与不可替代性。学校是培养人才和传授知识的场所，但同时学校教育也是弘扬民族传统文化和传播民族精神的主要阵地。2004年3月，教育部印发的《中小学开展弘扬和培育民族精神教育实施纲要》中提出："各学科有机渗透民族精神教育，把弘扬和培育民族精神教育纳入中小学教育全过程，贯穿在学校教育教学的各个环节、各个方面。……体育课应适量增加中国武术等内容。"[①] 从武术课程长期存在于学校体育教学中以及教育部下发的《纲要》中不难发现，学校的武术教育是国家赋予学校民族精神教育和民族文化教育责任的

---

① 张继生：《韩国学校跆拳道发展的调查与思考》，《武汉体育学院学报》2009年第3期。

需要，武术教育在学校中承担的角色不仅仅是增强学生体质和增强学生体育锻炼意识，更重要的是武术肩负着传承民族传统文化的历史使命。因此，武术专业课程的主要目标应是培养出具有专业素质、专业知识以及传播中国传统文化能力的人才。

3. 武术教育内容应把传统武术和竞技武术都包含其中

学校武术在构建武术教学内容时既要遵循教育的一般规律，又要考虑到民族传统文化的范畴。中华传统武术有着数千年的文化底蕴，儒家、道家、佛家对中华传统武术有着较大的影响。我们都知道，儒家思想讲求"齐家、修身、治国"，武术因受其影响，在传习时讲求"国家为重、民族大义、道德追求"。因此，儒家、道家、佛家这种中国哲学的思想已经渗透到人们的思想中，一旦这种传统价值观形成就难以转变。中华传统武术对学习者的教育不仅仅片面强调知识的有用性，它还强调对于学习者精神的提升；中华传统武术教育不仅是专业技能教育，而且还渗透了民族的价值认同。因此，在设置武术知识体系时要认识和了解武术在历史上的不同存在形式，使学习者不但要掌握技术体系，更要掌握技术动作形成背后的社会文化因素，这里所指的社会文化因素主要包括人们的生活观、价值观和认识观等。中华传统武术是在中国这片特殊的土地上不断完善和发展起来的，它有着完整的体系和丰富的文化内容。因此，我们在学习武术时，不能只学习武术的理论意识和武术的技术体系，更为重要的是要了解和学习中华民族的历史文化。

有的学者认为竞技武术是对中国传统武术的异化，对其持有完全否定态度，有的学者认为武术的竞技化可以将中国武术推向世界，应成为主流模式，这两种说法都是片面的。由于竞技武术有着易于标准化和量化的特点，在较长一段时间里竞技武术成为体育院校武术教学的主要内容。由于中西方的价值取向和思维方式有着较大不同，因此，竞技武术无法完全反映出我国武术的全部内涵。竞技武术分为散打和套路两种，在西方奥林匹克文化的强大驱动下，武术套路不断地追求高、难、美、新的目标，可以毫不夸张地说，当今的竞技武术套路如同体操，这种只重形式、忽略内容的做法，最终使得武术套路失去了原本的"味道"。再看竞技武术的另外一种形式——散打，散打是西方体育文化和中国传统武术的有机结合，采用西方的竞赛规则，以击打点数和击倒对手来判定比赛胜负，这种只重内容、而忽形式的做法同样也不能表现出我国武术博大精深的一面。因此，以竞技武术的模式来设置武术专业课程，这会阻碍学生建立正确和清晰的武术概念。但是，我们也不能完全否定竞技武术为武术做出的贡献，起码通过竞技武术让更多的人了解到了中国武术，也或多或少地推动了武术的全球化。

综上所述，在选择武术的教学内容时既要包括竞技武术，又要包括传统武术，但是，我们要以传统武术为主干，而对于竞技武术，我们要充分的利用它易于传播和宣传的功能，使竞技武术成为世人了解中国传统武术的引路石。

4. 武术专业课程应以拳种为主要学习内容

温力在《试论武术的概念》中指出："武术拳种有数百种之多，且内容非常丰富。不同的拳种之间有着不同的技术演练特点。虽然说不同拳种有着各自的自有属性，但是不同拳种也有着共同的特点，那就是它们都有动作的攻防技击价值，也就是说，不同拳种正因为有着共同的本质属性，才得以聚为一类，共同组成武术。"[①] 从温力先生对武术概念的总结，我们可以得出：中国武术是由不同的拳种所组成的，也就是说，拳种是中国武术的母体；武术的概念不是从竞技武术中概括出来的，而是从拳种中抽象概括出来的；不同拳种虽然有着偶有属性，但是，不同拳种又有着本质属性。因此，武术的本质属性归根到底就是武术的拳种。我们要想全面的认识武术，就应把重点放在武术拳种上，而不应该把重点放在竞技武术上。只有从历史的传统中寻找认知对象，我们才能更加全面和客观地认识武术，才能真正地掌握武术中博大精神的传统文化。

---

① 温力：《试论武术的概念》，《体育科学》1987年第2期。

虽然说我们将拳种作为武术专业课程的主要学习内容，但是，也不是说武术专业课程只学习武术拳种，也不是说将竞技武术完全排除掉，而是有主次之分，应以拳种为主体，竞技武术为辅。我们客观的来讲，竞技武术以其标准化和量化的特点已成为武术宣传的窗口，它对中华武术的推广以及提升武术的社会地位有着不可磨灭的贡献，它已经成为武术专项课程的一部分，已经成为武术的主流范式。但是，由于中西方的价值取向、思维方式、文化认同有着较大不同，所以，如果将竞技武术作为专业课程的主要内容势必影响武术真正的教育意义。当武术课程的内容以拳种为主的情况时，为了满足竞技比赛的需要，我们要适当地将竞技武术的部分内容融入其中，最终目的就是为了突出武术专业课程的传统文化特色。

5. 武术专业课程组织的基本原则

（1）学生学习的心理顺序原则

为了使学习产生积累的效应，为了使武术专业知识更加有效地联系在一起，必须要对选择出来的武术专业课程内容进行有机的组织。关于课程内容组织的问题仁者见仁，智者见智，历来都有着不同的观点。杜威认为："在课程研究领域中很难不碰壁"[①]。有些学者认为课程组织应以学生为起点；有些学者认为课程组织要注重逻辑顺序，要将注意力集中在教材上。泰勒（现代课程理论的奠基人）认为课程组织应具有以下三个基本原则：第一，整合性原则；第二，连续性原则；第三，顺序性原则。这三个基本原则在武术专业课程的具体应用应该是：1）整合性原则，即要把握好武术各类课程的关系，让学习者获得一种统一观念；2）连续性原则，即在武术专项课程安排上对于重要目标要反复地进行练习，并最终掌握此技能；3）顺序性原则，即武术专项课程安排要有顺序性，要从易到难，后续所学内容要以之前所学内容为基础，并且要逐渐增加所学内容的深度和广度。因此，武术专业课程组织既要注重学生学

---

① 施良方：《课程理论——课程的基础、原理与问题》，教育出版社1996年版。

习的心理顺序，也要注重武术知识的逻辑顺序。

武术专业课程的组织要以学生身心发展特征、兴趣、需求等为依据，如果所设置的课程内容不符合学生的认识特点，那么设置再科学的课程内容也是没有效果的。在组织武术专项课程内容时要选择可以激发学习者学习武术动机的内容。美国著名心理学家马斯洛认为："学习动机是由学习期待和学习需要构成的，学习需要是个体从事学习的根本动力，学习期待是那些能够满足人体学习需要与那些个体感到可以达到目标的相互作用而形成的"[①]。从马斯洛的观点中我们可以得出，学习动机中学习需要是主导。马斯洛还认为人类的需要分为五种，有生理需要、安全需要、归属需要、尊重的需要、自我实现的需要。从中华传统武术的发展我们可以看出，起初武术的产生是为了满足人类的自卫需要和生存需要。所以人们学习武术最起初的动机或多或少都会有安全的需要和生理的需要。但是，通过对武术技术长时间的训练、对意志品质的磨练以及在武术文化的熏陶下，学习者不会追求起初的简单或低级目标，而是将"以德润身"最为自己的最高目标。也正是因为武术中所蕴含的文化属性对人具有较强的教化作用，而且它还具有精神和物质的属性，因此，武术和一般性体育项目不同。当学习者学习武术技术时，武术中所蕴含的文化属性会潜移默化地作用于人的身体。因此，我们在组织武术的教学内容时要按照人类的需求的层次进行制定。

在选择武术专业课程内容时，要考虑到学生学习的心理特征。大学时期的学生创造思维和辩证逻辑思维发展较为显著，他们通过观察所获得的知觉印象更加深刻。因此，在选择武术专业课程内容时必须要符合学生的概括、比较、分析、综合等能力。我国武术专业课程长期以来基本上是以竞技比赛为主要内容，教学目标主要是提高学生的竞技能力。因此，在教学中主要遵循竞技训练的心理规

---

① 伍新春：《高等教育心理学》，高等教育出版社1998年版。

律和认知规律，使学生获得竞技能力。在这种教学目标的引导下，学生和老师更关注的是比赛结果，而忽略了武术技术动作中的文化内涵。因此，在选择教学形式和组织教学内容时，既要传授学生技术，又要传授学生技术背后的文化背景知识。只有这样才能让学生对武术有完整性的认识和了解，同时对所学武术技术掌握得更加深刻。

（2）武术知识的逻辑顺序原则

中国传统文化与西方文化相比有其鲜明的内倾性，中国传统武术因受中国传统文化影响，也存在强烈的内倾性。中国传统武术强调"天人合一"，并将事物看作成一个整体，对事物的追求向内部求索。在这种思维方式的影响下，习武之人在撰写拳谱会将习武过程中内心的体验和哲理相互结合。因此，要想学好武术光用语言表达是远远不够的，还必须要用身体活动去体验。武术的内倾性还表现在武术用中医学理论来规范技术方法，将中医中的养生之道演变成"炼神还虚，练气化神，练精化气"的习武三部曲。武术还有着观物取象、以形喻势的特点，如，白鹤亮翅、青龙献爪等。练习者必须要产生相应的"内景"意境和联系相应的动作形态才能完整地完成动作。对于评价武术技术好与坏的标准用通俗一点的话说就是"有味"和"没味"，难以用文字和语言来评述。也就是说学生在练习武术技术时要表现出武术技术的"味"，要表现出武术技术的特色。这不是短时间就能够表现出来的，是需要在文化意识观念的支配下，长年累月的积累才能形成的。例如，形意拳技术战术注重整体推进，并以直线进攻拳法为主，是在五行学说和三才学说（天、地、人三位一体）的哲学理论下形成的"三体式"拳种体系。形意拳的运动特点为快速整齐、朴实简练、稳固沉着。然而形意拳拳谱的文字说明无法完全反映技术原貌，只能反映出技术原貌的一部分。这就是我们所说的武术的隐性知识，是需要习武者通过亲身体验才能反映出来的。武术技术知识和文化知识大部分存在于武术的隐性知识之中，因此，在建构武术专业课程时，要以与武术相关的民族传统文化内容为理论基础，要以武术技术为主要内容，并且要加强武术技术课程的横向联合，掌握好武术文化的技术属性。

（三）发展通识武术课程的文化性

1. 重新确立传统武术在学校体育中的地位

在体育文化全球化的背景下，西方竞技体育过度挤压其他国家传统体育文化，使得其他国家的传统体育不能在公平的环境中和谐发展。中国武术在西方竞技体育剧烈的冲击下，必须要发扬中国武术自身的优秀传统文化，对中国传统武术重新定位，从而吸纳整合异质文化。中国传统武术有着数千年的悠久历史，同时它还与兵法、哲学、中医等水乳交融，有着相当深远的价值，因此，我们要对中国传统武术有信心，并保持一份"文化的自信"，进而去振兴国粹，使得这一古老的格斗展现它新的生机。脱离了中国传统文化的武术好比无本之木和无源之水，因此，中国武术必须继承和尊重传统文化，必须保持自身的特色和风格，才能展现生命力。要想重新确定中国传统武术的地位，就必须潜心钻研武术文化与中国文化的联系；就必须研究当今武术所处的文化背景；就必须总结中国武术兴衰的经验教训；就必须丰富武术的文化内涵；只有这样才能更好地理解武术文化的来龙去脉，才能判断中国武术的根本走向，才能真正地使中国武术发扬光大。

2. 通识性公共性武术教育类课程建设的指导思想

（1）树立"健康武术"的指导思想

近年来，我国经济产值年年创新高，在这种背景之下，人们的生活水平也得以不断提高。但也出现了运动不足以及"生活方式病"等问题。近几年普通高等院校学生的体测结果表明：学生的身体素质较差，并且逐年呈下降趋势。这种现象是极其不乐观的，应该引起我们体育工作者的高度重视。"健康第一"思想为学习体育的发展指明了方向，它要求在体育教学过程中既要注重学生的身体素质发展，同时也要注重学生的心理发展和社会适应能力的提高。武术作为中国传统的体育项目与西方体育项目有着显著的差异，它是在中国漫长的历史发展中逐渐形成的，中国传统武术有着完善的价值观、处事方法、道德风尚、思维方式，习武之人在练习武术技术的同时，也会潜移默化将中国优秀的传统文化灌输给自身，进而形成良好的教育作用。虽然说中国传统武术的核心是攻防格斗，但是，在一招一式中都蕴含着哲学思想。通过对中国传统武术的练习，不但可以增强体质，而且还可以培养学生的道德品质，完善学生的人格，增强学生的社会适应能力。因此，在建构武术课程时首先就要树立健康第一的思想，培养学生的协作精神，培养学生的坚强毅力，培养学生的竞争意识，加强学生的身心健康教育。

（2）树立"人文武术"的指导思想

人文这一概念所指的是人类社会中所建立的各种文化现象、文明现象和精神现象，也可以称为人文情怀。霍姆林斯基曾经说过："体育是文化知识丰富和人类精神生活充实起来的基本条件。"长期以来，我国的学校体育一直以传授技能和增强体质作为主要教学目标，淡化了人文教育。人文武术所指的是树立以人为本的武术，

人文武术指的是以人为本的武术、是弘扬人文精神的武术、是提升人的武术、是教育人的武术、是锻炼人的武术、是熏陶人的武术。学生通过对武术文化的学习，可以形成良好的礼仪习惯和道德品质，进而塑造出其个人的人文情怀。可是，当今我国的武术受为了成为奥运项目的内在动力影响，以及西方竞技体育的强大冲击，使得我国武术在技术上越来越追求高难度和动作"操化"，几乎已经完全丢失了武术的神韵和意境。竞技武术价值是超越人体运动的极限，并以获取胜利为基本目标，这使得我国的武术越来越功利化，并且已经失去了最原始的内涵，同时也失去了武术应有的传承中国传统文化的价值。因此，在建构武术课程时要坚持"以人为本"的思想，要以学生为主体，要以激发学生兴趣、提高学习能力和创新能力以及弘扬中国传统文化为主要目标。

3. 武术课程教学内容体系建构

（1）整合拳种及优化武术套路

中国武术的拳种大概有120多种，上文我们已经提到了拳种是中国武术非常重要的形态特征，并且技术体系和理论体系完备是拳种的内在含义。武术拳种技术完备是指武术所具有的应用、功法、套路三位一体的技术教学训练整体内容结构①。武术的技术完备这种整体的内容体系可以产生防身、娱乐和健身的功效。也就是说三者相互作用，相互影响，例如，健身性与技击性会使人们身心愉悦。武术拳种的理论体系完善除了要有丰富的技击理论外，还要有丰富的文化元素。由于武术拳种有着多重的价值功能，它对于学生全面健康的需求是完全可以满足的。因此，我们必须发展武术拳种，使其成为学校武术课程教学的主要内容。虽然，我们已经意识到武术拳种在学校武术课程中的重要性，但是武术拳种有上百种之多，而且一种拳种可能会有众多流派，武术课程如果完全按照拳种进行设置，是不太现实的，因为学校的师资力量和学校武术课时有限。所以，对于按照拳种设置武术课程必须要有选择地整合拳种，要按照拳种的核心内容以及课程要求来构建教学内容。

套路是武术不可或缺的组成部分，武术套路不仅是一种运动形式，它还是中国优秀传统文化的载体。"精神气力功"和"手眼身法步"是武术套路锻炼习武之人身心的方法，从这八法的变化中我们不难看出，武术套路中蕴含着中国古代美学、哲学、医学等思想。因此，我们在武术套路练习过程中"形似"是远远不够的，还要追求"神随"，要做到神形兼备，内外合一。我们还要根据教学目标和教学对象的不同，对有价值性的、经典的套路动作进行提炼，尽可能的创编成眼法、步法、手法和谐配合的演练形式，给人以美的享受，使其上升到艺术层次。这也就是王宗岳在《太极拳

---

① 武冬：《高等学校武术课程体系改革研究》，《北京体育大学学报》2013年第3期。

论》中所言:"由着熟而渐悟懂劲,由懂劲而阶及神明"①。这里的意思也就是说要想领悟搏击中劲力的变化首先要熟练地掌握武术动作,领悟到搏击中劲力变化后才能到达出神入化的境界。

(2) 强调武术拳种的应用及弘扬中国传统文化

强调应用是武术套路的本质特点,是武术套路的理性回归,同时也是学生喜欢武术的初衷。体用分离会埋没武术套路的真正含义。因此,无论是武术自身的性质需求,还是学生的需求,我们都要坚持在武术课程体系建构中强调拳种化的应用,纠正唯套路问题,也只有这样才能激发学生的热情,才能使学生对武术真正感兴趣,才能使中华传统武术更好的在学校中发展和普及,才能发挥出传统武术的真正价值。

中国武术博大精深,它不单纯是一项体育运动,而是承载着中国优秀传统文化的重要载体,因此,武术教育本身就是在传承中国传统文化。中国传统武术讲究术德并重和内外兼修,它是以道德伦理和中国传统哲学为思想基础,是以中医为科学依据,用自己独特的方式传承中国传统文化和展现着中国文化的内涵。随着西方文化的全球化,我们民族传统文化受到了前所未有的冲击,越来越多的青少年过分追求西方文化,而将本民族的传统文化抛在脑后,这种文化的侵略是极其危险的,因此,武术作为中国传统文化的一部分应担负起弘扬中国传统文化的历史使命和义务。传统武术因有其文化属性,所以武术教育本身就是对中国传统文化的传播,我们在武术教育的过程中可以讲爱国主义精神、民族精神结合对学生进行教育,这样一来可以培养学生的民族自豪感、民族自信心以及增强民族凝聚力。同时,这也是学生奋发图强和自强不息的巨大动力。

(3) 加强武术教材内容改革

教材是学生接触武术知识的重要载体和工具。20世纪60年代,武术被列为我国中小学武术教材体系,主要以长拳套路、对练套路

---

① 吕墨竹:《学校武术课程结构模式之研究》,《搏击武术科学》2010年第2期。

以及基本功为主的教材体系。可以说,当时的武术教材为传播武术文化起来了一定作用。但是,随着时代的发展,之前的教材显然不够科学,无法充分地体现武术的人文价值和武术内容的丰富性。因此,作为新时期的武术教材必须要与时俱进,要突出武术文化内涵,使武术教材成为培养民族精神和弘扬传统美德的平台。以往的武术教材有轻理论、重技术实践的特点,尤其忽略了武术文化思想对学生多方位的教育价值。所以,在借鉴以往武术教材优点的基础上,我们还要从我国国情出发,使武术教材更具有实用性,同时还应注重武术教材的历史性、科学性、教育性。而且在编写武术课程教材时还应注意以下几点:

第一,教材中应注重对与武术相关的传统文化介绍,例如军事、美学、医学、兵法、哲学思想等。

第二,武术教材结构应更加严谨和科学。

第三,武术教材应包含武术基本功,要以拳种为主要内容,并要优化武术套路。

第四,武术内容在安排上要遵循由浅入深,由易到难,由简到繁的教学原则。

第五,要对武术国际性比赛有所介绍,以及武术在世界范围内的影响力等。

第六,对武术的起源以及演变过程要重点介绍,因为,这可以使学生更全面的了解中国武术。

武术教材对中国武术的发展起着至关重要的作用,因此,武术工作者在对武术教材的编写上要科学和严谨,要尊重学生的身心发展规律,要坚持武术教材内容以人为本的原则,要弘扬中国传统文化,使武术教材成为培养民族精神和弘扬传统美德的平台。

(4)建立完善的教学评价体系

学校武术的考核较大多数以主观评分和套路考核为主,虽然说按照运动训练学项群理论武术属于难美性项目,但是,如果完全和体操、花样滑冰等难美性项目一样用主观评分为主,那么,对于武术来讲是不够完善的。因为，武术本身有其攻防技击性，而且武术又蕴含着礼仪、德育、审美等诸多哲学思想，所以，只用一种方法来考核武术是不科学也不合理的。我们在对武术进行考核时要有整体性，既要用评分方法，又要用攻防击打的成功率来判定。同时，我们还要借鉴跆拳道和空手道的考核体系，将武术礼仪纳入到考核内容之中。武术礼仪不单纯是一种形式，而是通过武术礼仪规范，培养习武之人团结友爱、相互尊重、文明谦逊等精神品质。习武之人都知道武术礼仪的重要作用，可是长期以来武术考核内容中并没有将武术礼仪纳入其中，只是有要求，但并没有进行操作，使得武术礼仪形同虚设。所以，在平时的教学和训练中、实战对练中、教师示范讲解后、考核中均要注重武术的礼仪，注重细节。只有将武术礼仪不断地加强，才会使学生产生一种习惯，久而久之就会使习武之人潜移默化地加强自身的修养和对自己行为的规范，以及对本民族传统文化传承起着重要的作用，可以使本民族的传统文化得到很好的延续，而且还可以增强民族的凝聚力。从某种意义上来讲，礼仪文化的教育是一项运动能否普及和发展下去的重要因素之一。

（四）注重社会武术教育的文化性

1. 当前我国大众武术发展现状

（1）民办武术馆校

现如今的武术馆校和过去的拳馆、拳社有很多共同点，但又有所区别。共同之处在于无论是现代的武术馆校还是过去的拳馆、拳社都是习练、教授武术的专门机构。不同之处在于办学形式、性质、内容与过去的拳馆、拳社有着较大差别。武术馆校是由社会团体以及公民个人举办的以武为主的民办教育机构，武术馆校的出现扩大了武术的传播面，同时也改变了过去师徒传承为主的模式。可以说武术馆校为大众武术的发展做出了较大贡献。

20 世纪 80 年代至 90 年代中期，我国的武术馆校发展迅猛，最高时大约能有12000多所，在这10余年的时间里，我国的武术馆校如同雨后春笋般的出现。这是因为当时国家的政策支持使得武术馆校应运而生。我们不得不承认武术馆校对于带动地方经济水平，普及群众性武术活动以及在弘扬民族传统文化上发挥一定作用。但是，随着社会的改变，人们需求的不同，我国的武术馆校由于受到办学模式以及自身办学指导思想的影响，在短暂的辉煌发展以后开始出现萎缩现象。李春木在《新形势下皖北地区武术学校现状与对策研究》中表明："2007年年底，皖北地区无论是学生数量还是武术学校数量都出现下滑趋势，部分武术学校的在校学生甚至不足百人。"[①] 因此，武术馆校的发展出现了萎缩甚至倒闭的现象，这应该引起我们武术工作者的高度重视。

（2）民间武术社团

八卦掌研究会是国内最早成立的民间武术社团，于1982年在北京成立。八卦掌研究会成立后不久，全国各地的流派仿照"八卦掌"也相继成立了自己的研究会。例如，陈式太极拳研究会、形意拳研究会、杨式太极拳研究会、吴式太极拳研究会等。民间武术社团研究会是武术流派的传人自发成立的，成立研究会的目的就是为了发扬和继承该拳种。民间武术社团研究会的社长一般都由技艺精湛、德高望重的人来担任。武术研究会的活动形式包括组织比赛、开展尊师重道的活动、给会员进行技术辅导等。虽然说民间武术社团对全民健身以及武术在民间的传播发挥了一定作用，但是，武术社团缺乏管理和组织机构，武术活动的开展主要靠武术爱好者或者民间拳师义务开展，同时活动场所不固定，使武术社团活动无法有规律有计划地进行。因此，虽然说民间武术社团为中国传统武术的传播做出了积极贡献，但是，还有待于完善和规范，目前还没有对大众武术的发展形成广泛影响。

---

① 李春木：《新形势下皖北地区武术学校现状与对策研究》，博士学位论文，武汉体育学院，2009年。

（3）民间武术活动

民间武术活动的形式为武术邀请赛、拳术联谊会、武术节等。民间武术活动的特点就是地区范围广，参加人数多；其宗旨就是以武会友。表演和比赛内容多以传统武术为主。例如，少林武术节、形意拳邀请赛、太极拳健康大会、永年国际太极拳年会等。2004年，首届世界传统武术节在河南郑州举办，此次武术节主要活动包括：武术竞赛、群众文体活动、论文报告会等。开幕式文艺晚会用匠心独具来形容一点也不为过，此次晚会着力张扬中国传统武术——太极和少林。无论是从形式和内容上，还是服装和音乐上都是精心设计的，充分展示了中华武术的博大精深以及丰富的中华民族传统文化。本次武术节还将群众武术健身列为主要项目之一，数千名武术爱好者展示了木兰拳和功夫扇，国内外武术界的人士被他们的表演所震撼。可以说众人都为中国传统文化的魅力所陶醉。但是，无论是武术节还是邀请赛多是几年举办一次，对我国武术的发展可能短时间起到了作用，但是没能产生持久的影响。

（4）社区武术活动

武术社区活动是指居民在广场、公园、城市社区等公共场所以健身娱乐为目的的大众武术活动形式。进入21世纪以后，人们的生活水平和消费水平有所提高，人们对健康意识越来越注重，这为武术在社区内的发展带来了很好的时机。但是，就目前武术在社区内的发展来讲不是十分乐观，出现了锻炼内容老年化、缺乏专业人士指导、武术场地器械缺乏等问题。社区武术的练习内容主要以木兰扇、太极拳、太极剑等有氧项目为主，动作节奏相对来说较为缓慢。武术社区绝大部分的指导者为离退休的武术爱好者，有的甚至没有指导者，这些指导者存在着年龄偏大、武术专业知识不足等现象。这给社区武术锻炼带来了一定障碍。因此，社区武术急需具有专业健身理论的人才，这样才能使社区武术在管理和组织上做出更好的成绩。中老年人是社区武术的主要锻炼者，锻炼地点一般在广场、公园等，由此可见，社区武术活动场所相对还是较为缺乏。松散型是社区武术的另一大问题,社区武术锻炼多以集体组织为主,个别是以个人形式进行身体锻炼,社区武术锻炼以政府为依托的较少,基本上都是自发行为,所以无法形成统一管理。虽然对于一些规模较大的武术表演或比赛是由市老年体育协会组织,但是参与者多为中老年人,而且比赛项目也多以太极类为主,很少有其他的传统武术项目,参加表演或者比赛的武术爱好者必须在武术协会注册方可参加,没有注册的人根本没有机会参加表演。综上所述,虽然说社区武术为全民健身做出了一定的贡献,但是由于社区武术缺乏专业人士指导、场地器械缺乏、锻炼内容单一、组织松散等问题已经成为社区武术发展的障碍。

2. 提升社会层面武术教育的策略

(1) 积极举办社区民族武术交流活动

社区武术是发展和普及我国传统武术的重要环节,随着我国市场经济体制的建立以及全面健身计划纲要的实施为社区武术提供了广阔的发展前景。但是,目前社区武术在国内的发展不容乐观,出现了缺乏场地器材、锻炼内容老年化、缺乏专业人指导等问题。因此,我们需要依靠社会力量来更好的发展社区武术,使高校武术和社区武术积极的交流和互动。第一,要使武术人才互动,高校武术教师有着较高的理论和技术水平,可以组织高校武术教师定期对社区武术的人员进行培训。同时还要对社区武术锻炼内容进行调整,要保留武术的技击性和健身健心的本质,编排简练、易学的套路,使武术更容易在社区推广和普及;第二,学校武术场馆要对大众进行有偿开放,并制定合理的收费标准,一来可以弥补社区武术场地器材的缺乏,二来也有利于高校武术场馆的优化整合;第三,在社区武术组织方面,高校可以在社区成立武术俱乐部或武术活动站,进而改善社区武术组织松散和无计划组织活动等现象;第四,要加强高校领导对社区武术的服务意识,使社区武术逐渐走向规范化;第五,要激发社区武术锻炼人群的消费观念;第六,要加强武术科研的互动,通过调查社区武术锻炼人群的年龄、性别、锻炼时间、文化程度、经济条件、风俗习惯等更好地制定锻炼内容和更合理的组织活动。人们通过练习武术不仅可以健体强身、愉悦身心，而且还可以通过练习武术感受人生的真谛，提升自身素质。还可以以武术为载体，更好地宣传我国的传统文化。因此，我们要充分发挥武术的作用和功能，提高全民族的健康素质。

（2）中国武术传播中应重视武术文化的传承

武术传播指的是武术的技术和武术文化通过一定途径，在一定社会环境下人与人之间纵向和横向交流的过程。媒体是武术传播的重要载体，目前我国媒体将竞技武术作为主要报道内容，而对传统武术的关注基本为零，再加上武侠电影的技术误导，导致武术文化传承过程中举步维艰，我们不得不承认，中国武术的文化能量传承正在逐渐流失。正如杨真鉴（麒麟影业总裁）所言："我们在传统文化力量展示方面与其他国家相比还存在不足，中国电影和美国好莱坞电影不仅仅存在技术上的差距，同时对文化价值的把控和设定还需进一步加强。"由于受到西方竞技体育的影响，我国武术为进入奥运会赛场开始进行现代改良，在"土洋体育之争"的争辩过程中，最终以西方体育获胜而告终。为了迎合奥运竞赛方法和竞赛制度，"高、难、美、新"成了武术不断追求的目标，这使得我国武术发生了异化，同时也违背了武术的本质，完全成为西方体育的副产品。随着西方文化的不断侵蚀，人们的人生观和价值观正在发生着改变。虽然说西方的物质文化给人们带来了满足和快感，但更为严重的是它导致了人们精神文化的沦丧。文化是引领社会发展的潮流，如果一个国家的文化被侵蚀了，那么这个国家也将走向灭亡或被同化。因此，弘扬中国传统文化已成为每个中国人不可推卸的责任和义务。我们要坚信不疑的建立自己的文化优势，进而实现文化崛起、文化自信的目标。

武术对弘扬中国传统文化有着极其重要的作用，对武术的传播实际上就是对中国传统文化的传播。因此，我们的媒体在传播中国武术时不能只限于在技术层面进行传播，要重视武术的文化性传承，要大力发展和弘扬传统文化的武术。媒体是中国武术向外传播最有效的途径之一，是改变人们能否真正认识中国武术的有力武器，是弘扬和发展中国武术文化的载体。在武术文化得不到传播，武术形象得不到塑造，武术拳种正逐渐消失的今天，媒体应该肩负起武术文化传播的责任，并且要转变传播的内容，不能一味地将关注点放在竞技武术上，应将更多于武术相关的中国传统文化内容展示给大众，让大众真正地了解中华武术，同时也让中华武术真正地发挥应有的作用和功能。

（3）创建国家或地方武术博物馆勾勒武术全景画面

中国武术博大精深、源远流长，有着深厚的文化内涵。但是，大多数人对武术的了解还停留在表面上，甚至对中国武术产生误解，认为中国武术是神乎其神的。要想让大众真正地了解中国武术，关注中国武术，单纯的用人文说教是远远不够的，必须呈现出一些听得到、摸得着、看的见得武术信息。因此，建立国家或地区武术文化博物馆是传播和保护中国武术的重要途径之一，同时，也可以让人们通过武术实体事物更好地了解武术的发展、产生和内涵。目前我国武术博物馆相对较少，比较有影响力的武术博物馆有中国武术博物馆（上海体育学院所建中国太极拳博物馆、大连武术博物馆）。武术博物馆可以分为展示拳谱、文献、器械、字画、书信等实物的展区，以及武术专业人员现场解说和演练相关拳种的活体博物馆。武术博物馆的建立可以让武术的文化教育价值更好的得以体现，可以将中国武术更好地展现给全世界，也可以带动地方的经济发展。但是，目前为止我国地方武术博物馆相对较少，国家级武术博物馆无法将武术的历史全面完全展示。因此，建立地方武术博物馆，将地方武术的特色器械、拳谱、人物照片等武术资源展现出来会更好地发挥武术博物馆的文化教育价值。

（五）提升武术文化的创新能力

由于近代社会的一系列变革，尤其是 20 世纪初的崇洋媚外以及五四运动中的反"孔"行为，致使具有厚重民族文化底蕴的武术传统开始断裂。今天人们要对断裂的武术传统进行续写，首先需要明白武术的根系何在？即需要武术的"文化自觉"。"文化自觉意指生活在一定文化中的人对其文化有自知之明，即明白它的来历、它的形成过程、所具有的特色和发展趋势等等。"

20世纪在两次"土洋体育之争"① 后，武术从形式到内容都一边倒地倾向于西方竞技体育（马良的中华新武术、张之江的国术馆尝试改变这一现状，但都中途夭折以失败而告终），从而割断了武术五千年有余的传统文化营养根系，失去了发展壮大的资本。

各种形式的现代武术如果不顾及自己的根脉、恣意发展，不从传统武术中吸收养料充实自己，那只能是表面的虚华、昙花一现。所以，现今的艺术化武术（包括竞技武术）要向生活化武术（传统武术）学习，要知道自己的根在哪里，从根系中吸取营养壮大自己的枝叶，才能使武术之树常青不息。譬如，竞技武术（套路）要想得到长久发展，应借鉴传统武术的打练模式，尽量使动作更加"务实"一些，少一些体操、舞蹈性质的不伦不类的"花法"。须知，优良的武术传统"靠抄袭模仿西洋文化来救自己"行不通。

提升武术文化原创力其实质就是"返本开新"，就是在保持中国武术优良文化传统的同时，生发新芽、创造亮点。正所谓："文化无论守成与开拓都需要创新才能实现。"中国武术要想重新回到全球大众的视野，应不遗余力地进行文化创新；应该在原有"博大精深"口号的基础上，真正地拿出"形而下"的具体可感的东西来。比如独特的技术体系——以巧斗力、以弱胜强的技击技法，打得好不如打得巧的艺术化思维等。而要实现这些就需要武术同仁放下架子，深入民间、虚心学习、取长补短。武术管理部门也应大力

---

① 土洋体育之争，是20世纪30年代发生的一场关于中国体育走怎样的发展道路问题的学术争论。所谓"土体育"，习惯上是指以武术为代表的中国民族传统体育项目；所谓"洋体育"，则是指由欧美传入的近代田径和球类运动项目。土洋体育之争，实际就是当时一场关于中国是走民族传统体育的发展道路，还是走西洋体育发展道路的争论。

倡导回归"乡土文化",从大自然中吸取营养,这样创作出的作品才有可能接近"原生态"。中华人民共和国成立以来,"官办"的竞技武术套路一直大力倡导高、难、美、新的发展方向,把最新、最时尚的东西当作最先进、最有价值的东西。初始时,效仿西方的竞技体操,将中国功夫变成了身体平衡和空中翻转的比拼;再后来,又效仿艺术体操或者配乐舞蹈,将套路演练变成了一场美轮美奂的视听盛宴。其实,这是一种错误的引导。竞技武术套路创作如果缺乏"乡土文化"的滋养,一味"追新逐后"("新"指新思潮,"后"是后现代)将不可避免地失去其原创力。有学者指出:"现代人越来越远离了传统的乡土文化,自然的魅惑和诗意以及人对自然的归属感也就变得越来越稀薄和缥缈。"正因为如此,所以要想提升武术的原创力就应该向画家写生一样,不畏辛劳,耐住寂寞,去他人所不愿意去或没有去过的地方进行挖掘和采集,增加灵感,这样创生出的武术才会有价值和竞争力。

结　　语

随着经济全球化的日益扩张和普及，国与国之间的文化软实力竞争也日益激烈。西方国家为了推动和传播自己的强势文化，正以跨地域和超时空的形式冲击着其他国家的传统文化，在如此严峻的形势下，发展中国传统文化是积极应对外来文化冲击的最有力措施。

中国武术作为弘扬中华民族传统文化的重要载体，在数千年的发展过程中深蕴中国传统文化的精髓。然而，步入现代社会以后，受西方现代体育思想冲击，传统的中国武术正在面临着"西化"与"体育化"的境遇。武术的传承空间也从民间步入学校，这在一定程度上扩大了武术的社会受众，却又在另外一方面使得深蕴文化性的武术偏离其正常发展的轨道。一种文化的兴衰取决于拥有这种文化的人数多少，武术文化传承的核心问题就是如何解决武术的教育问题。中国传统文化可以说是武术教育的丰富资源库，也是武术教育的核心因素，而武术教育也是中国传统文化向外输出的重要途径，二者是相辅相成的关系，对武术教育文化性的研究有着特殊的意义。主要结论如下：

第一，中国传统武术是一项以儒家思想为核心，同时融会了道家、佛家、美学、兵法、医学等思想，进而形成的庞大武学体系。武术教育的本身其实就是对中国传统文化的延承与传递，受社会环境变迁的影响，武术文化的传承空间经历了从田野走向校园的发展路径。

第二，武术教育的文化性特征与其社会背景以及不同历史时期的文化背景息息相关。在封建社会，武术教育的文化特征经历了尚武精神、重文轻武等时期，这一阶段是武术发展的黄金时期。进入半殖民地半封建社会之后，武术教育的文化特点表现为"强种救国、健身强体"的民族气节和爱国情怀。随着中华人民共和国的成立，由于过度重视"体育化"的发展潮流，武术教育的传承出现了"重技术教学，轻文化传承"的局面。

第三，武术所蕴含的文化性核心即为武德。其作为一种武术的礼仪文化在不同历史时期有着不同的表现形式和内容，但是，礼仪文化的本质是相同的。对国家和民族而言，这种礼仪文化代表着其习武者自身强烈的民族精神与爱国情怀；于个体而言，这种时时刻刻、潜移默化的礼仪文化熏陶不仅对个体的言行规范产生着积极的影响，也督促着练武之人对社会的正义秩序进行捍卫。

第四，社会环境的变迁，西方主流文化的冲击以及国家宏观文化调控是当前武术教育的文化传承出现异化现象的主要原因。针对这些问题，应通过改善专业武术教育课程建设，增加通识性公共武术教育类课程建设以及推广社会层面的武术教育这三大方面进行改善。

总而言之，本书以中国武术文化作为一个整体，对武术教育过程中文化性的内涵、结构、特征、发展现状等方面进行一个多维度的综合研究。进而分析出当前武术文化研究领域中存在的不足，展望未来有关武术教育文化性的研究趋势。然而，受人力物力条件限制，研究深度尚有不足，希望今后在此领域能够深化针对性研究，为提高中国武术教育文化性研究的整体水平贡献绵薄之力。

参考文献

一　中文著作

毕霍龙：《学校武术文化教程》，哈尔滨地图出版社2006年版。
蔡宝忠：《武术与文化——中国武术文化基因的构成》，山西科学技术出版社2015年版。
陈学恂：《中国近代教育史教学参考资料》，人民教育出版社1986年版。
戴国斌：《武术：身体的文化》，人民体育出版社2011年版。
戴国斌：《中国武术的文化生产》，上海人民出版社2015年版。
邓永芳：《现代化境遇中的文化自觉》，中共中央党校2005年版。
丁钢：《文化的传递与嬗变——中国文化与教育》，上海教育出版社1990年版。
董世彪：《武术文化国际性传播研究》，人民体育出版社2015年版。
方方：《武术教育》，吉林大学出版社2012年版。
费孝通：《论人类学与文化自觉》，华夏出版社2004年版。
冯友兰：《中国哲学简史》，新世界出版社2004年版。
付浩、刘晓华：《现代大学生身体素质培养探究》，吉林人民出版社2014年版。
高小军：《中国武术研究》，人民体育出版社2010年版。
宫祥辉：《传统武术的文化内涵解析及未来发展体系的构建》，新华出版社 2014 年版。

龚茂富：《中国民间武术生存现状及传播方式研究》，北京体育大学出版社 2012 年版。

龚正伟：《学校体育改革与发展论》，北京体育大学出版社 2002 年版。

郭玉成：《武术传播引论》，北京体育大学出版社 2006 年版。

郭玉成：《中国武术传播论》，复旦大学出版社 2008 年版。

郭振华：《传统武术文化思想中的现代教育价值阐释》，光明日报出版社 2015 年版。

韩云波：《中国侠文化·积淀与承传》，重庆出版社 2004 年版。

郝文亭、张雅玲：《学校体育改革研究》，中国教育文化出版社 2004 年版。

胡惠林：《中国国家文化安全论》，上海人民出版社 2005 年版。

胡平清：《武术教育的当代价值研究》，北京体育大学出版社 2016 年版。

胡适：《中国古代哲学史》，安徽教育出版社 2006 年版。

黄济：《教育哲学通论》，山西教育出版社 1985 年版。

江百龙：《武术理论基础》，人民体育出版社 1995 年版。

金文慧：《学校体育文化学探论》，安徽师范大学出版社 2012 年版。

旷文楠：《中国武术文化概论》，四川教育出版社 1990 年版。

黎华：《武术与艺术》，云南大学出版社 2009 年版。

李成银：《中华武术论丛》，齐鲁音像出版社 2005 年版。

李鸿江：《中国传统体育导论》，中国书籍出版社 2000 年版。

李晋裕：《学校体育史》，海南出版社 2000 年版。

李龙：《历史学视野下的中国武术教育》，北京体育大学出版社 2011 年版。

李印东：《武术释义：武术本质及功能价值体系阐释》，北京体育大学出版社 2006 年版。

梁永文：《中华武术文化传承与实用技法学练研究》，中国时代经济出版社2012年版。

林小美：《清末民初中国武术文化发展研究》，浙江大学出版社2012年版。

刘彩平：《当代学校武术教育价值刍论》，北京体育大学出版社2011年版。

刘峻骧：《中国武术文化与艺术》，新华出版社1991年版。

刘媛媛：《先秦身体观语境下的中国古代体育文化》，北京体育大学出版社2016年版。

柳海民：《教育原理》，东北师范大学出版社2006年版。

路云亭：《竞技·中国：竞技文化与中国的国民性》，中华工商联合出版社1997年版。

罗时铭、崔乐泉：《中国体育思想史（近代卷）》，首都师范大学出版社2008年版。

毛振明：《学校体育学》，高等教育出版社2001年版。

秦清俊：《传统武术文化传承与发展研究》，吉林人民出版社2012年版。

邱丕相：《武术文化传承与教育研究》，高等教育出版社2011年版。

邱丕相：《中国武术文化散论》，上海人民出版社2007年版。

阮纪正：《至武为文——中国传统武术文化论稿》，广州出版社2015年版。

石佩臣：《教育学基础理论》，东北师范大学出版社2000年版。

孙刚：《全球化背景下学校武术教育的文化选择》，天津教育出版社2014年版。

孙俊生：《武术文化与技术学练研究》，吉林大学出版社2013年版。

孙培青：《中国教育史》，华东师范大学出版社2000年版。

谭炳春：《武德教育》，吉林文史出版社2002年版。

谭华：《体育史》，高等教育出版社2009年版。

王长青：《武术文化基础》，中国社会出版社2006年版。

王岗：《民族传统体育与文化自尊》，北京体育大学出版社2007

年版。

王岗：《中国武术文化要义》，山西科技出版社 2009 年版。

王建华、高嵘：《学校武术》，北京体育大学出版社 2006 年版。

王俊奇：《宋代体育文化史》，北京体育大学出版社 2009 年版。

王林：《武术传播论纲》，湖北人民出版社 2011 年版。

王庆丰：《传统武术文化与健身》，中国商务出版社 2010 年版。

王耀文：《武术文化传承与教育研究》，光明日报出版社 2015 年版。

温兵：《全球化视角下武术教育的生存与发展研究》，中国时代经济出版社 2013 年版。

温力：《武术与武术文化》，人民体育出版社 2009 年版。

习云太：《中国武术史》，人民体育出版社 1985 年版。

谢承仁：《中华传统思想文化渊源》，人民出版社 2004 年版。

徐莉姝：《民族武术文化与项目价值》，哈尔滨黑龙江教育出版社 2013 年版。

许宗祥：《武术高等教育发展研究》，广东人民出版社 2006 年版。

杨文轩、陈琦：《体育原理》，高等教育出版社 2004 年版。

杨兆山：《教育学——培养人的科学与艺术》，东北师范大学出版社 2006 年版。

于伟：《现代性与教育》，北京师范大学出版社 2006 年版。

余水清：《中国武术史概要》，湖北科学技术出版社 2006 年版。

张岱年、方克立：《中国文化概论》，北京师范大学出版社 1994 年版。

张淼：《武术文化传承与创新》，光明日报出版社 2014 年版。

支川：《中华武术文化概论》，清华大学出版社 2015 年版。

钟海明：《中华武道概论》，中国民主法制出版社 2009 年版。

周勇：《传统文化·课程开发》，安徽教育出版社 2008 年版。

［德］雅斯贝尔斯：《什么是教育》，邹进译，生活·读书·新知三联书店 1991 年版。

［美］孙隆基：《中国文化的深层结构》，广西师范大学出版社 2004

年版。

［英］怀特海：《教育的目的》，徐汝舟译，生活·读书·新知三联书店 2002 年版。

二　期刊论文

蔡月飞：《论传统武术的回归与当代价值》，《武汉体育学院学报》2015 年第 8 期。

蔡仲林、汤立许：《武术文化传播障碍之思考——以文化软实力为视角》，《天津体育学院学报》2009 年第 5 期。

曹能秀、王凌：《论民族文化传承与教育的关系》，《云南民族大学学报年（哲学社会科学版）》2009 年第 5 期。

常华：《从"博大精深"向"薄小俗浅"的蜕变——论现代武术教育中民族传统文化元素的流失与保护》，《体育与科学》2011 年第 6 期。

陈钢：《武术教学中传统文化的渗透》，《教育理论与实践》2016 年第 29 期。

陈琳、王智慧、陈盈：《学校武术教学内容及思想的演进与启示》，《体育与科学》2010 年第 5 期。

陈威：《近现代武术文化传承流变——基于一个武术之乡的考察》，《西安体育学院学报》2015 年第 3 期。

陈威、赵先卿、王舜：《近代以来社会变迁下的武术活动——基于一个武术之乡的研究》，《体育科学》2011 年第 6 期。

陈新萌、赵光圣：《身体的"在场"与话语的"缺席"：武术缄默知识研究》，《体育科学》2016 年第 2 期。

陈振勇、杜春林：《表意主义视域下中国武术套路的本质研究》，《中国体育科技》2013 年第 2 期。

陈振勇：《武术文化继承与发展：地域武术文化发展展望》，《体育与科学》2008 年第 2 期。

崔英敏、黄聪:《跨文化传播：武术文化传播发展的新视角》,《北京体育大学学报》2013年第7期。

戴国斌:《文化自觉语境中武术研究的探索与思考》,《上海体育学院学报》2014年第5期。

戴国斌:《武术现代化的异化研究》,《体育与科学》2004年第1期。

邓运来:《论古代武术文化中的教育思想》,《成都体育学院学报》2009年第1期。

董新伟、王智慧:《体育全球化背景下学校武术发展的影响因素与应对策略》,《体育与科学》2010年第2期。

杜舒书、张银行:《中国武术教育的近现代转型研究》,《西安体育学院学报》2016年第6期。

段丽梅、戴国斌:《身体教育视角下中国武术文化传承的审视》,《北京体育大学学报》2016年第6期。

樊花梅:《"现象学精神"对当代中国武术教育发展的启示》,《体育学刊》2011年第3期。

方国清:《一个中国特有的文化符号——武术之研究》,《北京体育大学学报》2011年第8期。

方国清:《中国文化与武化论弈》,《体育学刊》2007年第1期。

冯青来:《新时期教育与文化的关系之论纲》,《湖北社会科学》2009年第5期。

龚茂富:《近代中国武术文化变迁的文化人类学审视——从文化适应到文化自觉》,《成都体育学院学报》2008年第4期。

关博、杨兆山:《武术教育的文化性探析》,《体育与科学》2014年第3期。

《关于学校武术教育改革与发展的研究》课题组:《我国中小学武术教育状况调查研究》,《体育科学》2009年第5期。

郭守靖:《文化冲突与中国地域武术文化创新》,《北京体育大学学报》2012年第10期。

郭玉成：《传统武术在当代社会的传承与发展》，《上海体育学院学报》2008 年第 2 期。

郭玉成、范铜钢：《武术文化传播构建国家形象的战略对策》，《中国体育科技》2013 年第 5 期。

郭玉成、郭玉亭：《当代武术教育的文化定位》，《武汉体育学院学报》2009 年第 6 期。

郭玉成、李守培：《武术构建中国国家形象的定位研究》，《北京体育大学学报》2013 年第 9 期。

郭玉成、张戈、邱丕相：《武术传播基本理论概述》，《上海体育学院学报》2004 年第 6 期。

郭玉成：《中国武术文化研究述评》，《成都体育学院学报》2016 年第 5 期。

郭志禹、郭守靖：《中国地域武术文化研究策略构想》，《体育科学》2006 年第 10 期。

何胜保、高红斌、杨春、马志勇：《融摄与对话：〈周易〉哲学对中国传统武术文化的影响发微》，《体育科学》2013 年第 10 期。

洪浩：《竞技武术发展理论之研究》，《体育科学》2005 年第 8 期。

洪浩、田文波：《辉煌与寂寥：传统武术的现代话语阐析》，《北京体育大学学报》2013 年第 9 期。

洪浩、田文波：《现代化进程中武术教育新理念与体系重构》，《武汉体育学院学报》2013 年第 11 期。

胡弼成、上官晴：《教育文化软实力的构成及内部效应探究》，《清华大学教育研究》2010 年第 3 期。

胡平清：《武术教育的基本特性研究》，《体育文化导刊》2016 年第 1 期。

黄聪、任璐、汤金洲、袁冰、李旭东、马龙：《武术文化资本化与全球化语境下的武术发展》，《西安体育学院学报》2012 年第 6 期。

吉灿忠、韩东：《当代高校武术教育的突围与跨越》，《首都体育学院学报》2014 年第 2 期。

吉灿忠、邱丕相、李世宏：《传统武术"文化空间"所遭遇的抵牾及其理论调适》，《天津体育学院学报》2010 年第 6 期。

吉灿忠、邱丕相、闻一鸣：《传统武术"文化空间"委顿与雄起》，《武汉体育学院学报》2011 年第 9 期。

吉洪林、赵光圣、张峰：《我国学校武术的发展历程与变革探析——兼论对当前武术教育改革的启示》，《北京体育大学学报》2014 年第 12 期。

姜熙：《体育全球化中中华武术的生存危机和发展抉择》，《体育学刊》2009 年第 10 期。

金慧芳：《教育的文化本质及其当代使命》，《现代教育管理》2013 年第 11 期。

井祥贵：《疏离与融合：学校教育视野下的民族文化传承研究》，《民族教育研究》2011 年第 5 期。

［德］克里斯托弗·乌尔夫、赵雅量：《教育中的仪式：演示、模仿、跨文化》，《北京大学教育评论》2009 年第 2 期。

郎勇春、张文涛、李伟艳：《当代学校武术教育的失范与矫治》，《上海体育学院学报》2011 年第 3 期。

雷军蓉、巩子天胤：《中国武术本体走向的迷失与价值变迁》，《北京体育大学学报》2014 年第 6 期。

黎桂华：《我国青少年武术教育现状的调查研究》，《武汉体育学院学报》2009 年第 9 期。

李翠霞、赵岷：《加与减：对中国武术发展的另类思考》，《中国体育科技》2012 年第 1 期。

李富刚、涂琳琳、季浏：《对学校武术教学内容的反思》，《西安体育学院学报》2014 年第 5 期。

李富刚：《中华武术美学研究的历史演进及其未来展望》，《西安体育学院学报》2015 年第 3 期。

李光全、张元河：《方法、现状与中国意识：高校武术教学改革新探——基于武术原初素质和精要的研究》,《武汉体育学院学报》2013年第11期。

李吉远、郭志禹:《地域武术传承与中国武术国际化传播断想——岭南珠三角武术文化的历史与现实》,《武汉体育学院学报》2010年第3期。

李吉远:《文化生态嬗变下传统武术的历史走向》,《西安体育学院学报》2011年第3期。

李吉远、谢业雷:《"文化生态"视阈下传统武术的传承与保护》,《西安体育学院学报》2009年第2期。

李建国:《文化育人的哲学省思》,《高等教育研究》2014年第4期。

李金龙、宿继光、李梦桐:《由技进道:我国学校武术教育转型发展的出路》,《武汉体育学院学报》2014年第11期。

李金龙,宿继光、李梦桐:《中国武术礼文化及其传承与发展研究》,《山西大学学报年(哲学社会科学版)》2014年第4期。

李龙:《当代传统武术与竞技武术关系之解析》,《北京体育大学学报》2011年第10期。

李龙:《论中国传统武术的当代发展路径》,《体育与科学》2012年第1期。

李龙、虞定海:《全球化时代中国武术教育发展的思考》,《上海体育学院学报》2009年第4期。

李岩、王岗:《中国武术:从荣耀之身到尴尬之境》,《武汉体育学院学报》2015年第5期。

李印东、李军:《从"土洋体育之争"的历史文化背景谈西方体育对武术的影响》,《北京体育大学学报》2010年第4期。

李印东:《论武术与军事的历史渊源》,《北京体育大学学报》2009年第12期。

李印东、张明庭、李志坤、郑兆瑞:《武术概念阐述》,《北京体育大学学报》2008年第2期。

李源、王岗：《中国武术形象的概念内涵与价值阐释》，《成都体育学院学报》2014 年第 4 期。

李源、赵连文、梁勤超：《学校武术教育百年的演进逻辑与文化反思》，《北京体育大学学报》2016 年第 6 期。

李卓嘉、雷学会、王岗：《学校武术教育务实推进的路径选择》，《北京体育大学学报》2016 年第 9 期。

栗胜夫、李富刚：《中华崛起进程中的武术演变与展望》，《体育科学》2009 年第 10 期。

栗胜夫、栗晓文：《论中华武术之核心理念》，《体育科学》2014 年第 11 期。

栗胜夫、姚丽华、刘卫峰：《我国武术学校发展现状与对策研究》，《体育科学》2003 年第 3 期。

栗胜夫、赵红波：《传统武术流失与发展的现代阐释》，《体育科学》2008 年第 1 期。

林小美：《武术基础训练与儿童生理、心理发展之研究》，《北京体育大学学报》2003 年第 6 期。

林小美、杨建营：《武术发展历程的阶段论》，《体育科学》2006 年第 9 期。

蔺志华、虞定海：《武术的现代流变》，《体育文化导刊》2009 年第 2 期。

刘彩平、郭义军：《当代学校武术教育价值——人的社会适应能力发展》，《北京体育大学学报》2011 年第 2 期。

刘彩平：《武术属性之辨析》，《西安体育学院学报》2012 年第 6 期。

刘彩平、徐伟军：《整体思维视野下的武术及学校武术教育》，《山东体育学院学报》2011 年第 6 期。

刘飞舟、蔡宝忠：《对传统武德的现代教育功能及社会影响力研究》，《体育与科学》2009 年第 2 期。

刘宏亮、刘红建：《传统武术的传承困境与矫正路径研究——以鲁西南地区传统武术为例》,《武汉体育学院学报》2014年第1期。

刘静、袁永虹:《武术人文教育传播的新理念》,《体育学刊》2010年第5期。

刘立华:《基于战略学视野的高校武术教育发展战略研究》,《广州体育学院学报》2013年第1期。

刘树军、付文生:《传统武术功法教育理念之研究》,《广州体育学院学报》2008年第3期。

刘文武:《传统武术进入我国学校系统的必要性及其途径研究》,《北京体育大学学报》2013年第1期。

刘文武、杜杰、胡海旭:《学校武术教育——定位、现状、对策》,《武汉体育学院学报》2015年第9期。

刘文武、金龙、朱娜娜:《"武术文化"的剖析与评价》,《体育科学》2015年第6期。

刘文武:《武术基本理论问题反思》,《体育科学》2015年第3期。

刘文武:《武术教学与体育项目教学的区别》,《北京体育大学学报》2015年第10期。

刘文武、闫民:《论武术的分化》,《中国体育科技》2014年第3期。

刘霞:《中国传统文化与公民教育》,《高等教育研究》2015年第7期。

刘元国、温建军、许传洲:《我国大学体育教育中的文化缺失、归因与重构》,《现代教育管理》2014年第7期。

刘治,刘扉:《武术体育化:重生与尴尬》,《武汉体育学院学报》2010年第8期。

刘祖辉、戴国斌:《回溯与建构:基于谱系学的体育武术思想研究》,《成都体育学院学报》2014年第5期。

刘祖辉、戴国斌:《寻根·现代化·综合创新:文化武术思想的3种路向》,《上海体育学院学报》2014年第2期。

刘祖辉:《武术异化体系研究——"文化自觉"的视角》,《北京体育大学学报》2014 年第 12 期。

龙行年：《文化视野下武当武术与武当武术文化的定义》，《武汉体育学院学报》2011 年第 10 期。

龙行年：《中国传统武术文化的源流探析》，《山东体育学院学报》2010 年第 11 期。

吕思泓：《民国时期学校武术考论》，《中国体育科技》2016 年第 1 期。

麻艳香、蔡中宏：《教育：文化发展的内在机制——教育与文化的关系研究》，《西北民族大学学报年（哲学社会科学版）》2010 年第 1 期。

麻艳香：《文化：教育发展的内在机制——教育与文化的关系研究》，《甘肃社会科学》2010 年第 2 期。

马剑、邱丕相：《武术教育观需要一次境界跨跃：从技能教育转向文化教育》，《成都体育学院学报》2016 年第 1 期。

马廉祯：《论中国武术的现代转型与竞技武术的得失》，《体育学刊》2012 年第 3 期。

马文国：《文化安全视野下中国武术的当代教育使命》，《西安体育学院学报》2009 年第 1 期。

马文友、邱丕相：《当代武术的艺术化解析》，《武汉体育学院学报》2013 年第 1 期。

马文友、邱丕相：《和谐：当代武术发展的核心理念》，《上海体育学院学报》2014 年第 2 期。

马文友：《中国武术审美核心价值实证解析：仁礼教化的人格修为》，《武汉体育学院学报》2013 年第 12 期。

马文友：《中国武术审美现代性及其批判》，《上海体育学院学报》2015 年第 4 期。

马文友：《重塑当代武术的文化价值——兼论其对实现中国梦的意义》，《北京体育大学学报》2015 年第 2 期。

毛海涛、黄利华、蔡清顺：《析中华传统武术的礼仪教育》，《北京体育大学学报》2007年第1期。

孟建伟：《教育与文化——关于文化教育的哲学思考》，《教育研究》2013年第3期。

倪依克、邱丕相：《社会学视域下传承武术文化的教育研究》，《体育科学》2007年第11期。

潘冬、樊艺杰：《论文化发展视角下中国武术的现代化转型》，《上海体育学院学报》2014年第3期。

彭鹏：《武术在当代教育中的文化责任》，《武汉体育学院学报》2009年第5期。

乔凤杰、王刚：《让"标准"成为多元之一：论武术的现代发展》，《中国体育科技》2015年第5期。

乔玉成：《象思维：中国传统武术文化的方法学之维》，《中国体育科技》2014年第5期。

秦子来、王林：《影响武术跨文化传播的障碍》，《体育学刊》2008年第4期。

邱丕相、郭玉成：《论武术体系框架的构建》，《上海体育学院学报》2001年第3期。

邱丕相、王国志：《当代武术教育改革的几点思考》，《体育学刊》2006年第2期。

邱丕相、杨建营：《武术概念研究的新视野》，《上海体育学院学报》2009年第6期。

邱丕相、杨建营：《武术特征的文化研究》，《武汉体育学院学报》2009年第7期。

屈国锋、王羽辰、高嵘：《试论武德教育误区》，《体育文化导刊》2015年第4期。

屈政梅：《对当代传统武术蜕变的若干思考》，《武汉体育学院学报》2013年第9期。

冉学东：《当代文化空间中传统武术的存在方式》，《成都体育学院学报》2014年第7期。

冉学东：《对中国武术体育化进程的文化反思》，《成都体育学院学报》2014年第1期。

冉学东、王岗：《对中国武术文化"走出去"战略的重新思考》，《体育科学》2012年第1期。

任锋：《文化生态学视域下的武术多元化发展》，《成都体育学院学报》2013年第11期。

申国卿：《百年中华复兴之路的武术发展思考》，《武汉体育学院学报》2015年第11期。

石华毕、翟少红：《学校武术的教育性与开展形式的反思》，《西安体育学院学报》2010年第3期。

石中英：《学校教育与国家文化安全》，《教育理论与实践》2000年第11期。

宋志臣：《教育文化论》，《教育研究》2012年第5期。

苏华伟、王岗：《制约学校武术发展的"教育现象学"思考》，《成都体育学院学报》2013年第12期。

孙刚：《生命美学视域下中国武术审美文化探索》，《武汉体育学院学报》2015年第1期。

孙杰远：《教育的文化范式及其选择》，《教育研究》2009年第9期。

汤立许：《建国60年来学校武术教育发展的嬗变与走向研究》，《西安体育学院学报》2010年第4期。

唐美彦、王岗：《身体视角下中国武术与西方体育的差异性比较》，《体育科学》2014年第3期。

唐韶军、戴国斌：《生存·生活·生命：论武术教化三境界》，《北京体育大学学报》2016年第5期。

田桂菊：《从武术的本质特征论中国武术的发展走向》，《成都体育学院学报》1999年第1期。

万瑜：《论宗教与武术的结缘及相互影响》，《体育学刊》2011年第6期。

王纯、王伯利：《国家文化建设中武术文化认同研究》，《成都体育学院学报》2015年第4期。

王凤杰：《试论我国古代学校体育的演变历程及现实意义》，《成都体育学院学报》2012年第11期。

王岗：《对学校武术教育的历史回眸与当代发展的思考》，《北京体育大学学报》2016年第6期。

王岗、郭华帅：《"文化立国"战略指导下的中国武术发展研究》，《成都体育学院学报》2009年第5期。

王岗、李世宏：《学校武术教育发展的现状、问题与思考》，《成都体育学院学报》2011年第5期。

王岗、刘帅兵：《中国武术师徒传承与学院教育的差异性比较》，《武汉体育学院学报》2013年第4期。

王岗、邱丕相、包磊：《重构学校武术教育体系必须强化"国学意识"》，《体育学刊》2009年第9期。

王岗、邱丕相、郭华帅：《重构武术教育新体系必须强化国家意识》，《体育学刊》2009年第3期。

王岗、邱丕相、李建威：《重构学校武术教育体系必须强化"文化意识"》，《体育学刊》2009年第12期。

王岗、邱丕相：《中国武术：尴尬的境遇与发展的新策略》，《体育与科学》2006年第4期。

王岗、邱丕相：《重构中国武术教育体系的理论研究》，《上海体育学院学报》2008年第3期。

王岗、邱丕相、朱佳斌：《重构学校武术教育体系必须强化学科意识》，《体育学刊》2009年第1期。

王岗、王柏利：《中国武术发展：我是谁？依靠谁？为了谁？》，《天津体育学院学报》2014年第4期。

王岗、吴松：《"大武术观"视域下的中国武术发展路径研究》，《北京体育大学学报》2013年第9期。

王岗：《武术发展的文化学思考》，《北京体育大学学报》2001年第

2 期。

王岗:《武术发展中的"文化围城"现象审视》,《北京体育大学学报》2005 年第 10 期。

王岗、张大志:《从"体育"走向"文化":中国武术当代发展的必然选择》,《成都体育学院学报》2013 年第 6 期。

王岗、张道鑫:《中国武术"度"之要义诠释》,《北京体育大学学报》2015 年第 5 期。

王岗:《质疑:"技击是武术的本质特征"》,《北京体育大学学报》2009 年第 1 期。

王国志、钱志强:《论中国武术的艺术化发展》,《武汉体育学院学报》2014 年第 3 期。

王国志、邱丕相:《中国武术"越武越寂寞"的症结及发展策略》,《武汉体育学院学报》2010 年第 4 期。

王国志、张宗豪:《文化"走出去"战略背景下中国武术对外发展研究》,《上海体育学院学报》2013 年第 6 期。

王海鸥、闫民:《哲学视角下武术传统与现代传承的反思》,《天津体育学院学报》2013 年第 3 期。

王鉴:《当前民族文化与教育发展所面临的主要问题及对策》,《民族教育研究》2010 年第 2 期。

王军:《关于中国武术文化形态及演变的研究》,《北京体育大学学报》2006 年第 9 期。

王林、虞定海:《传统武术非物质文化遗产传承的困境与对策》,《上海体育学院学报》2009 年第 4 期。

王林、虞定海:《全球化语境下武术发展的文化版图审视》,《武汉体育学院学报》2008 年第 5 期。

王明建:《武术教育价值的重审与再释》,《成都体育学院学报》2010 年第 12 期。

王维、胡凯:《武术价值观变迁的回顾与反思》,《北京体育大学学报》2010 年第 11 期。

王伟、邱丕相、杨建营：《武术休闲的存在方式——一种哲学的视角》，《武汉体育学院学报》2011年第7期。

王晓晨、赵光圣、乔媛媛：《历史·身体·教育：百年学校武术教育中的身体变迁》，《沈阳体育学院学报》2016年第1期。

王晓晨、赵光圣、张峰：《回归原点的反思：中小学武术教育务实推进研究》，《天津体育学院学报》2014年第3期。

王晓东、王建华、高嵘：《学校武术教材建构模型及试验研究》，《北京体育大学学报》2006年第11期。

王燕、柯易、桂晓红：《论武术的文化与技术的关系》，《武汉体育学院学报》2013年第9期。

王智慧、蔡宝忠：《对我国近现代学校武术内容及活动变迁过程的研究》，《北京体育大学学报》2004年第10期。

温搏、王静、王旭景、石牙牙：《武术文化变迁及其文化生态成因》，《武汉体育学院学报》2016年第6期。

温搏：《中国武术教育模式现状及其反思》，《北京体育大学学报》2011年第9期。

温力：《传统文化的时代性和武术运动的综合创造》，《武汉体育学院学报》2006年第4期。

温力：《民族的文化精神和武术的对外交流》，《武汉体育学院学报》2008年第7期。

吴福友、付文生、席饼嗣：《从生命哲学探讨武术的本质与发展策略》，《上海体育学院学报》2008年第5期。

吴松、王岗、张君贤：《武术意象：一种典型的艺术化物象——对中国武术艺术理论的初探》，《体育科学》2012年第5期。

吴松、王岗、朱益兰：《武术意境——中国武术艺术理论初探》，《体育学刊》2013年第2期。

吴永存、张振东：《全球化场域下我国少数民族传统武术文化的传承与发展》，《北京体育大学学报》2016年第1期。

谢延龙：《教育与文化强国：耦合逻辑与实现机制》，《湖北社会科学》2013 年第 8 期。

徐伟军：《武术的嬗变与发展》，《北京体育大学学报》2006 年第 5 期。

徐向东：《东西方体育文化价值观融合下的武术国际化发展》，《体育学刊》2015 年第 2 期。

薛冬雪：《文化自觉语境下武术传承与发展的思考》，《沈阳体育学院学报》2016 年第 3 期。

薛欣、薛扬：《武术的传承方式浅析》，《体育学刊》2009 年第 2 期。

闫民：《武术的主体性思维及表达》，《体育与科学》2015 年第 2 期。

闫民：《武术"走出去"的形象定位及哲学反思》，《上海体育学院学报》2015 年第 1 期。

阎彬、马学智：《文化视野中的武术热：历史回溯与现实观照》，《北京体育大学学报》2016 年第 2 期。

杨建营、程丽平：《大武术观统领下广义武术概念的确立》，《上海体育学院学报》2013 年第 4 期。

杨建营：《从 20 世纪武术的演进历程探讨其发展趋向》，《体育科学》2005 年第 7 期。

杨建营：《普通学校武术教育改革理念探析》，《沈阳体育学院学报》2016 年第 4 期。

杨建营、邱丕相：《武术的文化进程探析》，《上海体育学院学报》2008 年第 2 期。

杨建营、王家宏：《三种武术教育改革思想辨析》，《武汉体育学院学报》2015 年第 8 期。

杨建营：《现代性支配下的武术现代化发展研究》，《上海体育学院学报》2012 年第 5 期。

杨建营、谢恩杰、王常龙：《武术的现代化演进对其本质和定义的影响研究》，《西安体育学院学报》2011 年第 2 期。

杨祥全:《武术与体育:相异、交叉与包含》,《山东体育学院学报》2010年第6期。

杨祥全:《中国武术:一个观念的历史形成》,《天津体育学院学报》2012年第2期。

杨啸原:《试析武术教学改革》,《成都体育学院学报》2001年第5期。

杨旭峰:《武术现代化转型研究》,《体育文化导刊》2011年第6期。

尹碧昌、彭鹏、郑锋:《文化政策视野下中国武术文化发展研究》,《中国体育科技》2010年第1期。

虞定海、张茂林:《高校武术课程改革的文化路向》,《上海体育学院学报》2012年第3期。

袁东:《武术的技击之道与文化之源》,《武汉体育学院学报》2014年第6期。

袁金宝、王静、李阳、林佑其、杨伟、串凯:《当代中国武术教育模式的研究》,《西安体育学院学报》2010年第6期。

袁金宝、王静、温搏:《论武术文化传统的继承特征及发展意识的觉醒》,《体育学刊》2009年第8期。

袁金宝:《武术文化软实力的构成内涵及提升路径研究》,《北京体育大学学报》2014年第5期。

袁同凯:《传统文化习俗与学校教育——教育人类学的视角》,《西北民族研究》2009年第1期。

袁同凯:《学校、社会与文化:教育人类学的情境观》,《西北民族研究》2008年第3期。

曾桓辉:《文化自觉视阈下武术传承方式的反思与整合》,《广州体育学院学报》2010年第6期。

曾小月:《由技入道——论中国武术之体道思维》,《上海体育学院学报》2010年第4期。

曾于久:《武术本质论》,《武汉体育学院学报》2009年第11期。

曾于久、肖红征：《对武术概念及层次分类的研究》，《体育科学》2008年第10期。

张长念、王岗：《中国武术发展文化转型的时代动因》，《首都体育学院学报》2014年第1期。

张长思、张长念、王占坤：《冲突与规避：竞技武术与传统武术关系之研究》，《北京体育大学学报》2015年第7期。

张德良、石萌、张峰、张小敬：《回归武术之本真：再论我国学校武术课程设计》，《首都体育学院学报》2015年第2期。

张东辉：《教育中存在什么文化——兼论教育人类学与民族志的研究取向》，《教育理论与实践》2013年第7期。

张峰：《武术本质的文化审视》，《北京体育大学学报》2010年第8期。

张峰、闫民：《学校武术教育的自觉与反思》，《西安体育学院学报》2008年第3期。

张峰、赵光圣、吉洪林：《回归武术之本真——从技术取向再论我国中小学武术课程设计》，《上海体育学院学报》2014年第3期。

张峰、赵光圣：《学校武术教学改革的实践路径》，《上海体育学院学报》2015年第1期。

张胜利、郭志禹：《武术文化的地域特征研究——基于甘肃境内武术文化的地域分布及典型拳种的地域风格》，《北京体育大学学报》2015年第3期。

张胜利、郭志禹：《中国地域武术文化的研究模式构建》，《武汉体育学院学报》2011年第4期。

张震、张长念：《传统社会中武术的异化及其现代性复归》，《体育科学》2015年第5期。

赵光圣、戴国斌：《我国学校武术教育现实困境与改革路径选择》，《上海体育学院学报》2014年第1期。

赵岷、李金龙：《竞技武术是一项现代体育运动项目吗？——在古特曼现代体育特征体系下对竞技武术的再审视》，《中国体育科技》2013年第5期。

赵岷、李金龙、李翠霞：《身体：武术教育的原点与归宿》，《武汉体育学院学报》2015年第3期。

钟志勇：《学校教育视野中的民族传统文化传承》，《民族教育研究》2008年第1期。

周伟良：《简论武术技术特征的历史演化》，《北京体育大学学报》2005年第2期。

周云红：《当代中国武术发展的文化反思：迷失与救赎》，《北京体育大学学报》2010年第8期。

朱东、马克蒂姆、姜熙：《中西方不同视角下武术国际化发展的现状和未来》，《体育科学》2010年第6期。

朱君：《论武术的本质与质变》，《体育科学》2013年第1期。

朱玲萍：《大学传统文化教育困境探析》，《中国高等教育》2008年第22期。

三　学位论文

李春木：《新形势下皖北地区武术学校现状与对策研究》，博士学位论文，武汉体育学院，2009年。

邱少明：《民国马克思主义经典著作翻译史》，博士学位论文，南京航空航天大学，2011年。

王飞：《民族传统体育武术专业课程理论基础研究》，博士学位论文，武汉体育学院，2007年。

王细芳：《中国古代"天人合一"》，硕士学位论文，西安建筑科技大学，2005年。

王绪琴：《老子"道法自然"思想研究》，硕士学位论文，东北师范大学，2005年。

温搏：《当代武术传承中华传统文化的历史使命》，博士学位论文，福建师范大学，2009年。

伍方清：《文化生态视域下传统武术文化的研究》，博士学位论文，武汉体育学院，2012年。

许可：《国传统武术文化教育传承研究》，硕士学位论文，西安师范大学体育学院，2005年。

朱美荣：《中国传统文化的继承与批判》，硕士学位论文，东北林业大学，2006年。

四　外文文献

Da Chun Zhang, Shuang Yin Zhang, "The Influence of Internet on Sport Culture Communication", *Advanced Materials Research*, 2014.

Daniel Jaquet, Claus Frederik Sørensen, *Historical European Martial Art a Crossroad Between Academic Research, Martial Heritage Re-creation and Martial Sport Practices*, Acta Periodica Duellatorum, 2015.

David L., Jackson, Steven J., *Sport, Culture and Advertising: Identities, Commodities and the Politics of Representation*, Routledge, 2004.

Ersin Eskiler, Summani Ekici, Fikret Soyer, Ihsan Sari, *The Relationship Between Organizational Culture and Innovative Work Behavior for Sports Services in Tourism Enterprises*, Physical Culture and Sport. Studies and Research, 2016.

MichaelIan Borer, Tyler S. Schafer, *Culture War Confessionals: Conflicting Accounts of Christianity, Violence, and Mixed Martial Arts*, Journal of Media and Religion, 2011.

Molloy, Barry, "Martial Arts and Materiality: A Combat Archaeology Perspective on Aegean

Mullis, Eric C., "Martial Somaesthetics", The Journal of Aesthetic Education, 2013.

Rowe, Donald W., *Sport, Culture and the Media: the Unruly Trinity*, Open University Press, 2003.

Swords of the Fifteenth and Fourteenth Centuries BC", World Archaeology, 2008.

Wojciech Cynarski, Kazimierz Obodyński, *Corporeality in Martial Arts Anthropology*, Human Movement, 2011.

Xue Sheng Zhang, Xing Wei Guo, *The Study on the Present Situation of Chinese Martial Art Teaching in the Common Universities in China*, Advanced Materials Research, 2011.